U0895040

终南文化书院

中华文化传承学术丛书

论道终南

终南文化书院 编

Lundao Zhongnan

中国社会科学出版社

图书在版编目（CIP）数据

论道终南/终南文化书院编．—北京：中国社会科学出版社，2016.12

ISBN 978－7－5161－9730－1

Ⅰ.①论…　Ⅱ.①终…　Ⅲ.①哲学—研究—中国　Ⅳ.①B2

中国版本图书馆CIP数据核字(2016)第322267号

出 版 人	赵剑英
责任编辑	王　曦
责任校对	孙洪波
责任印制	戴　宽
出　　版	中国社会科学出版社
社　　址	北京鼓楼西大街甲158号
邮　　编	100720
网　　址	http：//www.csspw.cn
发 行 部	010－84083685
门 市 部	010－84029450
经　　销	新华书店及其他书店
印　　刷	北京君升印刷有限公司
装　　订	廊坊市广阳区广增装订厂
版　　次	2016年12月第1版
印　　次	2016年12月第1次印刷
开　　本	710×1000　1/16
印　　张	16.25
插　　页	2
字　　数	243千字
定　　价	59.00元

凡购买中国社会科学出版社图书，如有质量问题请与本社营销中心联系调换

电话：010－84083683

版权所有　侵权必究

论道终南编委会

主　任　吴建新　漆　思

委　员：（按姓氏拼音排序）

常　新　陈志伟　段新龙　蒋冬双　刘　缙

马得林　孙江可　魏　萍　许勇强　郁志强

袁立国　张静斐　张丽珍　张鹏伟　张斯珉

张文娟　朱丹琼　朱锋刚　朱文慧

主　编　朱锋刚

编　辑　郁志强

序　言

现代社会的人们在获取知识途径越来越便捷、越来越多样的同时，驻足静心的闲暇却没有如期而至，反而显得有点奢侈。随着资本对现代社会无孔不入的渗透，个体不管喜欢与否都在见证着“钱”的魔力，遭受其“效用至上”原则的驱使。曾在商业领域被广泛使用的“时间就是金钱”的名句，开始在知识生产等精神领域生效。时间成本与知识生产的效率问题就这么不期而遇。当人们在生产知识的过程中过度关注生产效率时，“目的”背后所蕴含的价值往往会因与效率原则相抵牾而备受质疑。然而目的往往需要置于“道”的高度予以审视才能正确评价。给心灵留一点闲暇以供思考就显得非常必要。

面对面的交流早已不再是人们获取知识、互通信息的唯一途径。随着人类拓展生存空间能力的大大提升，即便交通工具的运输能力给人们带来了极大的便利，身处不同地方的个体若想进行面对面的交流还是要花费大量时间来克服空间所造成的隔阂。相较而言，移动通信、互联网等传递信息、实现沟通的方式所花费的时间几乎可以忽略不计。既然面对面需要花大把时间才能将参与者聚在一起，因而除非必要，否则这种交流方式会因效率问题而遭嫌弃。

生产知识的终极目的是什么？是效率吗？显然不是。安身立命，或许更接近答案。“独学而无友 ，则孤陋而寡闻。”（《礼记·学记》）学人之间的交流切磋是避免固执己见、突破知识狭隘、寻求安身立命的有益方式。因此，人们往往不顾所谓的“效率”问题，尽力克服困难一起切磋学问。这有赖于信念与定力的支撑，才会有如此执着的行为。“百姓日用而不知，故君子之道鲜矣。”（《周易·系辞》）这份执着正是基于对“道”的关切与觉解，正可谓“人能弘道，非道弘人”（《论语·卫灵公》）。

“形而上者谓之道，形而下者谓之器。”（《周易·系辞》）虽然整天在日新月异的器物世界中忙碌、牵挂、受制、享受，依然有那么一群人真切关注“道”的种子留存心田。甘雨降临，种子就会萌发生命力量。“君子学以聚之，问以辩之，宽以居之，仁以行之。”（《周易·文言》）地处终南山脚下的西安电子科技大学终南文化书院师生以此为宗旨，成立“论道终南读书会”，潜心于学，定期聚集讲学、相互切磋，共勉前行。参与者不言艰辛，只为在求学问道的路上思考、探索生命的意义与世界的精彩。

本书的篇目以时间为顺序，个别文章与主题演讲者当时的题目略有差别，这正好见证了“论道终南读书会”的成长与全体参与者的共同参与、用心付出的心路历程。由于本书缘起于“论道终南读书会”，故取名为“论道终南”。读书会的顺利开展得到了西安电子科技大学人文学院、终南文化书院的大力支持，在此深表感谢。是为序。

朱锋刚

2015 年 12 月于终南文化书院

目　录

“读图时代”意识形态的镜像

——从冷战思维到技术逻辑看意识形态的存在方式

常　新

摘　要： 随着科学技术的发展，图像在文化中的地位日益凸显，它使整个社会在人际关系和社会功能方面发生了巨大的变化。在政治层面，冷战以前“斗争性”的意识形态被“消费性”的意识形态掩盖，这似乎呼应了一些西方的思想家有意或无意提出的“意识形态终结”论。从政治学的角度可以发现，问题的实质并非如此，意识形态的斗争以新的形式在传媒领域展开。网络化时代通过网络建立了一个交流信息和观点的平台，图像中承载意识形态的内涵隐而不显，通过制造一种虚幻的假象，诱惑了人们的欲望，转换了意识形态存在的方式，转移了人们的视线，但其本质并未发生改变，并使意识形态的斗争更加复杂，更加难以驾驭，它决定着未来意识形态的博弈结果。

关键词：“读图时代”　意识形态　隐蔽性

一　从政治意识形态到技术意识形态

当代资本主义社会意识形态发展的总体趋势是“技术化”，其社会根源是整个资本主义社会都完成了工业革命且向信息社会演变，其间所引起的整个社会系统的变化致使早期资本主义社会的意识形态所呈现出的尖锐的阶级性逐渐衰弱。物化和商业化了的社会重新调整了

作者简介：常新，西安电子科技大学人文学院教授，历史学博士，文艺学博士后，研究方向为西方马克思主义、中国古代哲学史。

社会的人际关系，整个国家机器运转、机器功能相应地发生了转型，技术意识形态成为意识形态的主要表现方式。诸多西方马克思主义者揭示了这一演进轨迹。

意识形态这一概念并非马克思首创，而是由法国启蒙理性哲学家特拉西于1796年首先提出来的，概念语意并不是从政治层面着眼，而是从认识论层面建立对概念和感知进行科学分析的方法的学问，“德·特拉西认为我们无法认识事物本身，只能认识对事物的感知所形成的观念。如果我们能系统地分析这些观念与感知，就能为一切科学知识提供坚实的基础，并得出更为实际的推理。特拉西对这一新兴的事业提出的名称是Ideology——从字面上说就是‘观念学’。观念学是‘肯定的、有益的，可以具有严格精确性的’。在谱系上，它是‘第一科学’，因为一切科学知识都包罗观念的结合”①。在马克思的著作中，关于意识形态概念含义的表述，最重要的两种著作是《德意志意识形态》和《〈政治经济学批判〉序言》。在这两部著作中，马克思对特拉西的理性主义“意识形态”概念进行了革命性改造，对青年黑格尔派及费尔巴哈的不彻底唯物主义进行了批判。马克思、恩格斯认为特拉西和青年黑格尔派的哲学思想都是从观念，即意识形态本身出发去解释历史，而不是从历史及人们的实际生活去解释观念、意识形态。正是从这样的见解出发，马克思把颠倒地反映着外部世界的“意识形态”与正确地反映着外部世界的“科学”尖锐地对立起来，阿尔都塞正是从这样的理论语境出发去思索意识形态和科学之间的关系。他在《保卫马克思》（1965）等一系列著作中把科学与意识形态尖锐地对立起来，认为“纯粹的理论实践是不存在的，任何科学在其历史过程中不可能由于上帝的恩典而永远不受唯心主义的威胁和玷污，即不受包括它的各种意识形态的威胁和玷污。我们还知道，纯科学只是在不断清除唯心主义的条件下才能存在，科学只是在不断摆脱那些窥伺、袭击和缠绕它的意识形态的条件下，才能成为在历史的必然中的自由科学。为了实现以上的条件，科学就必须同意识即唯心主

① 汤姆森：《意识形态与现代文化》，译林出版社2005年版，第32页。

义进行不懈的斗争"[①]。阿尔都塞将意识形态不恰当地泛化了，且过分强调科学与意识形态的对立，无疑是对意识形态的简单理解，他通过对主体性真实性的否定，最终背离了他自己"保卫马克思"的初衷。

卢卡奇主要是从两个方面来讨论意识形态问题的，即"资产阶级社会的物化现象"以及"与之相适应的物化意识"[②]。在卢卡奇看来，"意识形态的东西乃是人类物质的自我再生产过程的一种产物，一种衍生物。认识这一点，乃是揭开意识形态之谜的关键步骤"[③]。总体性批判是卢卡奇意识形态的方法论基础；对阶级意识和意识革命的强调是卢卡奇意识形态的理论基础。同时，卢卡奇使意识形态问题从单纯的认识论问题转变为阶级主体的自我认识和自我塑造问题，赋予了这一问题更多的实践性。他以资本主义商品拜物教为核心，并且结合资本主义的政治、经济乃至日常文化生活，对资本主义的文化工业不遗余力地进行批判，这种批判成为意识形态主要批判的内容，具有非常明显的政治倾向。

韦伯从社会行为层面理解理性，认为目的与价值是合乎理性的，他在对东西方文化进行比较时认为，西方文化特有一种理性主义特质，它使西方走上了资本主义的发展道路，而东方缺乏这种理性主义。韦伯认为，在资本主义社会之前，在文化、社会以及人们头脑中价值合理性占据着主导地位；资本主义社会产生之后，价值合理性逐渐衰落，目的合理性逐渐占据了主导地位。韦伯的这一理论可以视为意识形态由强调"阶级性"转向"技术性"的一个过渡环节，法兰克福学派则主要从技术层面对资本主义的意识形态问题展开批评。

法兰克福学派视虚假性为一切意识形态所固有的普遍特性，意识形态是其创造者为本阶级或阶层利益而杜撰出来的一种控制他人思想的力量，他们所倡导的是意识形态批判理论。如马尔库塞试探性地提出技术理性、统治的合法性与意识形态的关系时说："把思想意识吸收到现实之中，并不表明'思想意识的终结'。相反，在特定意义上，

① 阿尔都塞：《保卫马克思》，商务印书馆 1984 年版，第 143 页。
② 孙伯鍨：《卢卡奇与马克思》，南京大学出版社 1999 年版，第 1 页。
③ 卢卡奇：《社会存在的本体论》下卷，重庆出版社 1995 年版，第 355 页。

发达的工业文化较它的前身是更为意识形态性的，因为今天的意识形态就包含在生产过程本身之中。以某种富有争议的形式，该命题揭示了现行技术合理性的政治成分。”① 到哈贝马斯那里，技术与科学就是意识形态的观点则得到了更为明显的阐述：“一方面，技术统治的意识同以往的一切意识形态相比较，‘意识形态性较少’，因为它没有那种看不见的迷惑人的力量，而那种迷惑人的力量使人得到的利益只能是假的。另一方面，当今的那种占主导地位的，并把科学变成偶像，因而变得更加脆弱的隐形意识形态，比之旧的意识形态更加难以抗拒，范围更加广泛，因为它在掩盖实践问题的同时，不仅为既定阶级的局部统治利益作辩解，并且站在另一个阶级一边，压制局部的解放的需求，而且损害人类要求解放的利益本身。”② 按照哈贝马斯的观点，在当代社会中，一旦技术与科学成了意识形态，与传统的意识形态比较起来，它就具有更多的中立性和隐形性，从而也就更容易迷惑人。哈贝马斯还一针见血地指出：“技术统治意识的意识形态核心，是实践和技术差别的消失。”③ 哈贝马斯认为，只是在晚期资本主义社会，由于出现了国家对经济的干预和技术的科学化的趋势，资本主义社会“公平交换”的意识形态瓦解了，出现了意识形态危机和合法化危机，科学技术才成为新的合法性基础和意识形态，由此缓解了晚期资本主义社会的危机，控制、压抑了民众，巩固了社会统治。

二　图像中的意识形态

文化在某种程度上说是人类生活方式的一种体现，人类通过和外部世界发生物质和信息的交流来创造自己的文化。当代发达资本主义社会已进入后现代，其文化相应地呈现出后现代的特征，意识形态问题的范式也具有了后现代的特征，呈现出隐语性的特征，社会现实和

---

① 马尔库塞：《单向度的人》，上海译文出版社 1989 年版，第 12 页。

② 哈贝马斯：《作为“意识形态”的技术与科学》，学林出版社 1999 年版，第 69 页。

③ 同上书，第 71 页。

日常生活中所具有的阶级性不再明显，而是潜在于文化的方方面面，这类文化不仅是作为自我意识的一种工具，甚至在此之前首先是作为一种症候以及可能性的自我意识的一个符号。

意识形态的各种理论是对媒介分析最有影响的理论之一，通过媒介中意识形态的表现形式可以揭示媒介如何协助观点和信仰的维系，进而维系一定社会秩序中的各阶级的利益和地位，尤其是占统治地位的阶级。这意味着在后现代社会中随着传统宗教信仰与习俗的削弱和社会生活的日益理性化，意识形态的问题不再集中于有组织的政治集团所制定和信奉的世俗信仰体系，而是置于大众传媒的技术媒体所传输的象征形式和社会领域中流通并与权利关系相交叉的诸多领域中。

第二次世界大战后，马尔库塞和哈贝马斯等人对资本主义国家的现实形态给予了更多的关注，认为在第二次世界大战期间诸如德国、苏联、美国等国由独裁统治转变为"福利国家"，提出"现代国家"概念，认为"现代国家"最明显的发展趋势是"国家干预活动"的增强。"政治权力的运用突出地表现为它对机器生产程序和国家机构技术组织的操纵"（马尔库塞），尤其是在新兴媒体领域，霍克海默与阿多诺说："广播系统是一种私人的企业，但是它已经代表了整个国家权力……切斯特农场不过是国家的烟草供给地，而无线电广播则是国家的话筒。"① 毫无疑问，完全受国家权力控制的广播、电影等大众媒介所代表的是国家的力量和国家的权力，而诸多媒体就形式而言，图像化是其总的特征。

对世界文化趋于视觉化、图像化，维特根斯坦说："图像俘虏了我们，而我们无法逃脱它，因为它置于我们的语言之中，而且语言似乎不停地向我们重复它。"② "在通行的将眼目作为最重要的感觉器官的文明中，当各类社会集体尝试着用文化感知和回忆进行自我认知的时刻，图像已经掌握了其间的决定性'钥匙'。"③ 这种新的视觉文化令人迷惑和焦虑。它把本身非视觉性的东西视像化，将文字的深刻含

---

① 霍克海默、阿多诺：《启蒙辩证法》，重庆出版社1993年版，第150页。

② 米歇尔：《图像转向》，天津社会科学院出版社2002年版，第15页。

③ 肖伟胜：《视觉文化与图像意识研究》，北京大学出版社2011年版，第16页。

义具体化和直观化，给阅读者增添了新的意趣和视觉快感，在解析现象的深刻内涵和思想的深度方面，有着独特的表意功能。文化的图像化意味着技术化了的意识形态也发生着某种嬗变。

20世纪70年代，欧美的许多社会学家开始将从媒体那里收集和创作新闻及信息的过程重新概念化。他们认为，媒体在传送现实的过程中阐释现实。这里的核心思想是，新闻故事是以影响公众领会其内容的某些方式被构架（framed）出来的。构架是通过选择某些故事而舍弃其他故事而进行的，还借助那些用来表现被选择提供广泛传播的故事所使用的技巧，例如将信息融会贯通在叙事格式之中，或将特定的角度强加给观众，这些角度强调某些细节而舍弃其他细节，例如争执、危险或冲突。[①] 文化的图像化使人们的思维方式发生了重要转换。利奥塔曾经强调“话语”和“形象”是两种不同的文化，他认为前者是理性主义的，依据的是“现实原则”，而后者是感性主义的，依据的是“快乐原则”。在读图时代，由于利奥塔所说的“现实原则”居于主导地位，人们的观念发生了转型。作为大众文化最重要表征的图像文化不再是一种生硬的统治阶级的意识形态的体现，大众通过一种为我所用的方式解读图像文化的文本创造自己所需的快感体验，从而逃脱了统治阶级意识形态的强行控制，但隐形的控制始终如影相随，并通过幻象的制造控制着人们。

“形象是某种或可获得或可利用的特殊权力的场所。”[②] 不同于文字符号，图像是具一定实在存在的特征，世界被图像化之所以可能，正是因为人们总是习惯于在图像的直观行为中，把图像本身等同于实物，这使图像有时会将资本主义的意识形态通过处理过的图像“镶进”人们潜在的感官生活。阿多诺和霍克海默看出了文化产业的经济力量越来越集中在一群人手中的现实，广告、宣传品和产品成为操纵人们的一种手段，二人相信，“当代美国社会中这种需求无论如何是一种幻觉，因为顾客已经被美国的社会制度塑造成只对同样的文化产

① 戴安娜·克兰：《文化生产：媒体与都市艺术》，译林出版社2001年版，第15页。

② 米歇尔：《图像学：形象、文本、意识形态》，北京大学出版社2012年版，第152页。

业有同样的'生产需求'","自由的民主仅是大众的一致"[1]。约翰·哈特利在《理解新闻》中认为，电视新闻能够加强主导观念和信仰的最为重要的方式之一是它能让观众理解事件的意义，新闻播报总是试图把观众置于和新闻内容相关的立场上。视觉化的新闻播报运用旁白评论，使事件看上去似乎完全透明，自然而极具真实性，观众被这种有意识的"真实"的情境所蒙蔽，殊不知特定阶级的意识形态毫无察觉地被观众所接受已成为一件再自然不过的事情。

三　物化中的消费意识形态

马克思在批评资本主义社会拜物教现象时说："在论述资本主义生产方式甚至商品生产的最简单的范畴时，在论述商品和货币时，我们已经指出了一种神秘性质，它把在生产中由财富的各种要素充当承担者的社会关系，变成这些物本身的属性（商品），并且更直截了当地把生产关系本身变成物（货币）。一切已经有商品生产和货币流通的社会形式，都有这种颠倒。"[2] 马克思对商品的这一论述不是一种简单的意识形态观念批判，而是对客观存在的被物化了的资本主义市场上人与人的关系的指认，揭示了资本主义社会中通过这种物与物的关系对人与人之关系实质的掩盖。在西方马克思主义那里，从卢卡奇开始，对商品拜物教的批判就成了对资产阶级意识形态批判的核心内容，正如卢卡奇所说，"商品拜物教问题是我们这个时代，即现代资本主义的一个特有问题"[3]。

当代法国著名思想家居伊·恩斯特·德波在其 1967 年出版的《景观社会》一书中谈到景观与当代资产阶级意识形态之间的关系问题，他认为景观是资产阶级经济关系拜物教的具象化实现。景观已经将隐含在意识形态中的霸权变成了可见的虚假影像，这种虚假影像通

---

① 约翰·多克尔：《后现代与大众文化》，北京大学出版社 2011 年版，第 30—40 页。

② 马克思：《资本论》第 3 卷，人民出版社 2004 年版，第 936 页。

③ 卢卡奇：《历史与阶级意识》，商务印书馆 1992 年版，第 144 页。

过无处不在的对象性诱惑，引导人们进入欲望之域，进而形成了对人的无形控制。德波说，“景观是意识形态的顶点，因为它充分曝光和证明了全部意识形态体系的本质：真实生活的否定、奴役和贫乏”[①]。德波这句话真实地揭示了生活在虚假影像下人们的真实的角色——仅仅是被操控的玩偶，操控玩偶的当然是具象化了的资产阶级的经济关系。

我们遵循德波的思路，可以把以图像为主的视觉文化的超真实性所形成的幻觉视为德波所说的一个景观，图像使得主体对观照的客体产生一种内容与形式完全统一的幻觉，这种幻觉在被动的人的眼前完全被视为真实的再现，镜头的一切是绝对的在场和绝对的真实，用鲍德里亚的话说就是，这种历史“不是产自一种变化的、矛盾的、真实经历的事件、历史、文化、思想，而是产自编码规则要素及媒介技术操作的影像”[②]。我们抛开鲍德里亚对马克思对资本主义拜物教批判的误读，仅从视觉技术层面而言，隐而不显的资本主义的意识形态被图像巧妙地“消融”，不能不引起我们的警觉，这也意味着当代传统的统治阶级的意识已经悄然发生形式上的变化，传统的意识形态之间的斗争方式不再是社会的主流，但幻象化了的意识形态对人的操控无处不在。尽管图像并非有意操控意识形态，但其最终的效果使得隐蔽的非阶级对立的意识形态范畴的再现成为可能并得到强化，这种强化的手段主要是通过“消费的幻象”来实现的。

资本主义商品生产的扩张，引起了商品消费，其结果便是当代西方社会中闲暇及消费活动的显著增长，正如巴塔耶所认为的，资本主义社会试图引导普涨，使之成为一种全面的、无止境的经济增长。资本主义也生产出了各种消费的影像与场所，进而导致了纵欲的快感。这些影像与场所，还混淆着艺术与日常生活的界限，狂欢要素转化或置换为媒体影像、设计、广告、摇滚录像、电影的过程。[③] 在文化经济中，流通过程并非货币的周转，而是意义和快感的传播。消费者就

① 居伊·恩斯特·德波：《景观社会》，南京大学出版社 2005 年版，第 127 页。

② 让·鲍德里亚：《消费社会》，南京大学出版社 2001 年版，第 135 页。

③ 迈克·费瑟斯通：《消费文化与后现代主义》，译林出版社 2000 年版，第 31—32 页。

是意义和快感的生产者。商品成了文本，一种具有潜在意义和快感的话语结构。[①] 鲍德里亚也谈道"我们今天生活在物的时代"，"我们的周围，存在着一种由不断增长的物、服务和物质财富所构成的惊人的消费和丰盛的现象，它构成了人类自然环境的一种根本性变化。恰当地说，富裕的人们不再像过去那样受到人的包围，而是受到物的包围"。[②] 费瑟斯通和鲍德里亚对当代资本主义社会消费现象的描述无疑是正确的，但鲍德里亚的"物的功能性拟像"所形成的"符码"说明，意识形态不是建立在马克思所分析的生产、交换赖以存在的社会关系之中，而是生成于符号政治经济学之中。"消费只身取代一切意识形态，并同时只身担负起整个社会的一体化"[③]，这一观点其实掩盖了资本主义社会中的人与人，人与物的经济关系，物已不是一种客观存在，而是人通过物的操持所进行的一种表意。消费社会中人们通过使用物的消费，似乎在社会中找到了自己在社会特定秩序和结构中的位置。进而鲍德里亚认为当代资本主义社会所追求的不再是资本增值，而是被激活了的无限的生产力和社会需求之间的矛盾，消费的逻辑成为消费社会中最重要的意识形态，"消费是用某种编码及某种与此编码相适应的竞争性合作的无意识纪律来驯化他们；这不是通过取消便利，而是相反让他们进入游戏规则。这样，消费才能取代一切意识形态，并同时只身担负起整个社会的一体化，就像原始社会的等级或宗教礼仪所做到的那样"[④]。鲍德里亚的理论虽然掩盖了资本主义社会意识形态的本质，但其对消费意识形态成为资产阶级非强制性同一手段所进行的批判极其深刻，显示了技术意识形态和消费意识形态的合一性。

物质生活资料的生产与再生产是马克思和恩格斯在研究资本主义社会时的逻辑起点之一，在《费尔巴哈》中马克思和恩格斯谈道："第一个历史活动就是满足这些需要的资料，即生产物质本身。而且这是这样的历史活动，一切历史的一种基本条件，人们单是为了能够

---

① 约翰·菲斯克：《理解大众文化》，中央编译出版社 2001 年版，第 33 页。

② 让·鲍德里亚：《消费社会》，南京大学出版社 2001 年版，第 1—2 页。

③ 同上书，第 90 页。

④ 同上书，代译序，第 9 页。

生活就必须每日每时去完成它，现在和几千年前都是这样。”[1]“劳动的目的是保证各个所有者及家庭以及整个共同体的生存”[2]，消费社会无法摆脱马克思和恩格斯所描述的这一社会规律，以视觉刺激为特点的消费社会所体现的虽不再是简单的马克思主义所谓的直接的阶级对立的意识形态问题，但人们通过对商品的消费来确立彼此的关系，这种社会关系尽管有时存在利益的一致，但资本主义社会中意识形态的对立从根本上无法消除，资产阶级的经济利益通过幻化的影像得到实现，这其实是一种更为巧妙的意识形态方式。

四　文化的霸权与意识形态的“终结”

按照马克思关于意识形态的理解，意识形态是建立在一定社会经济基础之上，为统治阶级提供思想保证的理论，只要世界上存在不同的社会制度，意识形态就不会消失，不同阶级、不同制度间意识形态的斗争仍会存在。阿尔都塞更是提出“人生来就是意识形态的动物”[3] 的论断。

在当代西方资本主义国家，资产阶级不仅依赖军队和暴力来维持自己的统治，而且在更大程度上不断地通过各种文化宣传，向人们兜售自己的价值观念，从而让广大人民群众普遍接受他们的世界观，以此来维持他们的统治地位。正如我国学者符勇在其《帝国危机》一书中所言：“后现代帝国主义——美国是其主要甚至是唯一的倡导者——所追求的并不是传统意义上的土地占领——即从本土派人在殖民国建立定居点，也不是进行自然资源的直接开采。在经济全球化的大背景下，已无需对外国进行直接的政治控制。它所追求的是将民主作为一种最佳的政治制度加以推广。”[4] 由此可以看出，在当代的资本主义国家，上层建筑中的市民社会，意识形态和文化方面起着比政治

① 马克思、恩格斯：《费尔巴哈》，人民出版社 1988 年版，第 23 页。
② 《马克思恩格斯全集》第 46 卷上册，人民出版社 1979 年版，第 299 页。
③ 陈越：《哲学与政治：阿尔都塞读本》，吉林人民出版社 2003 年版，第 362 页。
④ 符勇：《帝国危机》，朝华出版社 2005 年版，第 17 页。

国家更重要的作用。因此，在当今时代，由于还存在着两种不同社会制度，以及西方发达国家对其他国家的经济和文化霸权，意识形态领域的斗争不会歇息。

在现代西方社会，意识形态活动对于实现自己的文化霸权显得越来越重要，这些国家在文化霸权方面的一个很重要的特点是借助广播、电视、广告、流行音乐、通俗文化等大众媒介和大众文化，将自己的强势文化渗入人们的日常生活。对此，汤林森指出：“大众媒介正以平稳而快速的步调扩张其技术能力，在西方社会当中，它们对于公私领域的生活，挟其渗透、报道及再现的能力，已经具备非凡的影响效果。”“经由大众媒介所中介的文化”已然扩张全球。[①]“文化霸权”为意识形态的领导权，借助电子媒介人们似乎获得了自由的空间，同时，其背后技术、商业、权力等诸多要素的复杂运作，又隐然构筑着对大众的控制。电子传媒时代的审美文化交织着自由与控制的双重逻辑，自由的让渡和控制的图谋永不停息地运作于这一文化形态中。

当代西方国家对意识形态的重视是通过宣传“意识形态终结”来体现的。在20世纪50年代雷蒙·阿隆、丹尼尔和西摩尔·马丁·李普塞特等人提出“意识形态终结”这一命题后，后现代主义哲学家更是宣布包括意识形态终结在内的哲学的终结和历史的终结。德里达认为，历史不会终结，也不可能出现所谓的“同质社会”，他在《马克思的幽灵》一书中对福山所提出的“历史终结”回击道：“有人居然以自由民主制的理想的名义——这种理想已经自诩最终将是人类历史的理想——无耻地宣称新福音之际。那种新福音声称，地球和人类历史上的所有人类将永远也不会有暴力、不平等、排斥、饥饿以及由此而来的经济压迫的影响。不是在历史终结的狂欢中欢呼自由民主制和资本主义市场的来临，不是庆祝‘意识形态的终结’和宏大的解放话语的终结，而是让我们永远也不要无视这一明显的、肉眼可见的事实的存在，它已经构成了不可胜数的特殊的苦难现场：任何一丁点儿的进步都不允许我们无视在地球上有如此之多的男人、女人和孩子在受

① 汤林森：《文化帝国主义》，上海人民出版社1999年版，第45—46页。

奴役、挨饿和被灭绝，在绝对数字上，这是从前从未有过的。”[①] 在德里达看来，诸如福山之类的知识分子漠视社会存在的苦难，在虚假的狂欢中掩盖了资本主义社会的基本矛盾。

丹尼尔·贝尔《意识形态的终结》是20世纪50年代西方学者对冷战在观念上做出的最直接的反应。这本书的核心思想是：资本主义和社会主义之间正在日渐趋同，先前的冷战思维和对峙态势即将消失，马克思主义的阶级斗争理论即将终结。同样李普塞特在其《政治人——政治的社会基础》中谈道，所谓“意识形态的终结”其实“并不是说所有意识形态的死亡，或者不再有任何政治分歧或意识形态分歧。‘意识形态终结’这个短语，按照它的提出者和支持者的看法，只是意味着：第一，所谓一般的意识形态已不足以指导民众运动……第二，在先进资本主义国家，剧烈的意识形态冲突和政治冲突在日渐枯萎”[②]。特里·伊格尔顿就曾对所谓意识形态终结的荒谬说法进行过嘲讽，“‘意识形态终结’本身就是十足的意识形态：它想要我们完全忘掉寻求道德正当性，一门心思地好好享乐”[③]。在他看来，没有哪种设想能比把一切意识形态抛到身后这样一种设想更加唯心的了。塞巴斯蒂安·赫尔科默在谈到后现代主义的观点时曾批评说：“声称我们已经进入一个后意识形态时代，这本身就是一种意识形态。”[④] 因为在他看来，人们之所以就意识形态是否终结展开讨论，且不能达成共识，主要原因在于人们对“意识形态”一词的理解。

贝尔和李普塞特提出的“意识形态的终结”或者“意识形态斗争的日益枯萎”只能说明当代资本主义意识形态斗争形式的改变，对立的、公开冲突的意识形态随着冷战的结束和世界格局的变化，正如二人所说的“终结”或“枯萎”，但意识尤其是政治意识形态作为一种

① 雅克·德里达：《马克思的幽灵》，中国人民大学出版社1999年版，第120—121页。

② 西摩尔·马丁·李普塞特：《政治人——政治的社会基础》，上海人民出版社1997年版，第491页。

③ 特里·伊格尔顿：《历史中的政治、哲学、爱欲》，中国社会科学出版社1999年版，第99页。

④ 塞巴斯蒂安·赫尔科默：《后意识形态时代的意识形态》，《当代世界与社会主义》2001年第3期。

社会现象，都是统治者及其意识形态工作者有意识进行的。先前的表现形式是基于当时的社会历史条件，在当代图像作为科技意识形态的载体之一，则直接融入生产过程之中，无孔不入地渗透进整个社会生活，甚至内化到人们的性格、本能结构中，以无意识机制发挥作用。西方资产阶级学者不论以何种形式宣扬"意识形态终结"，其实质不过是意识形态领域斗争所呈现的掩人耳目的一种障眼法而已。

参考文献

[1] 汤姆森:《意识形态与现代文化》，译林出版社 2005 年版。
[2] 阿尔都塞:《保卫马克思》，商务印书馆 1984 年版。
[3] 孙伯锋:《卢卡奇与马克思》，南京大学出版社 1999 年版。
[4] 卢卡奇:《社会存在的本体论》下卷，重庆出版社 1995 年版。
[5] 马尔库塞:《单向度的人》，上海译文出版社 1989 年版。
[6] 哈贝马斯:《作为"意识形态"的技术与科学》，学林出版社 1999 年版。
[7] 弗雷德里克·詹姆逊:《文化研究和政治意识》，中国人民大学出版社 2004 年版。
[8] 米歇尔:《图像转向》，天津社会科学院出版社 2002 年版。
[9] 肖伟胜:《视觉文化与图像意识研究》，北京大学出版社 2011 年版。
[10] 霍克海默、阿多诺:《启蒙辩证法》，重庆出版社 1993 年版。
[11] 戴安娜·克兰:《文化生产：媒体与都市艺术》，译林出版社 2001 年版。
[12] 米歇尔:《图像学：形象、文本、意识形态》，北京大学出版社 2012 年版。
[13] 约翰·多克尔:《后现代与大众文化》，北京大学出版社 2011 年版。
[14] 马克思:《资本论》第 3 卷，人民出版社 2004 年版。
[15] 卢卡奇:《历史与阶级意识》，商务印书馆 1992 年版。
[16] 居伊·恩斯特·德波:《景观社会》，南京大学出版社 2005 年版。

[17] 让·鲍德里亚:《消费社会》，南京大学出版社 2001 年版。
[18] 迈克·费瑟斯通:《消费文化与后现代主义》，译林出版社 2000 年版。
[19] 约翰·菲斯克:《理解大众文化》，中央编译出版社 2001 年版。
[20] 马克思、恩格斯:《费尔巴哈》，人民出版社 1988 年版。
[21]《马克思恩格斯全集》第 46 卷上册，人民出版社 1979 年版。
[22] 陈越:《哲学与政治:阿尔都塞读本》，吉林人民出版社 2003 年版。
[23] 符勇:《帝国危机》，朝华出版社 2005 年版。
[24] 汤林森:《文化帝国主义》，上海人民出版社 1999 年版。
[25] 雅克·德里达:《马克思的幽灵》，中国人民大学出版社 1999 年版。
[26] 特里·伊格尔顿:《历史中的政治、哲学、爱欲》，中国社会科学出版社 1999 年版。
[27] 塞巴斯蒂安·赫尔科默:《后意识形态时代的意识形态》，《当代世界与社会主义》2001 年第 3 期。
[28] 西摩尔·马丁·李普塞特:《政治人——政治的社会基础》，上海人民出版社 1997 年版。

“技进乎道”与“道通为一”①

——关于中国传统技术思想的形而上考察*

马得林

摘　要： 在中国传统技术思想中，“技”与“道”是把握“存在”问题的主要方式，它们之间形成了“体用不二”式的圆融关系，这种关系是中国传统哲学“内在超越”特征在传统技术思想中的体现，具体表现为：“以技悟道”的技艺智慧和“以道统技”的炼养功夫。其中“悟”和“统”，就体现了中国思想“向内觅理”的特征。同时，中国传统技术思想也强调“道不远人”“道在器中”的生存哲学，体现了“道通为一”的整体思维及“够用就行”的“实用”观念，使“体用不二”也最终落实在“用”上。

关键词： 技术　道　体悟　存在

中国古代思想家历来重视“技”与“道”之间的凭鉴与通畅，在中国古代技术思想中，“技”与“道”之间是“须臾不可离”（《中庸》）的关系，这种关系体现为有形与无形、形而下与形而上的转换与互融。在“存在论”意义上，“技”与“道”之间的关系就体现为“存在”得以显现的生存方式。学界普遍认为，“技”“艺”在中国古

作者简介：马得林，男，1975年生，青海西宁人，西安电子科技大学哲学系教授，博士，主要从事技术哲学研究。

*（西安电子科技大学2012年）教育部人文社会科学研究青年基金项目资助，项目号：12YJCZH144。

①“技近乎道”出自《魏源全集》（默觚篇）“技可进乎道，艺可通乎神”。“道通为一”出自《庄子集释》（齐物论篇）“故为是举莛与楹，厉与西施，恢恑憰怪，道通为一”。原指刚柔、美丑、是非等在“道”的高度看来都是相通而同一的，这里引申为“技”“艺”“器”等统一于“道”。

代是不可分的，“技艺”思想丰富而博大精深，并形成了“技进乎道”和“道通为一”的独特技术思想传统，展现出“极高明而道中庸”的思想智慧。在如何“进”、如何“通”的问题上，中国传统技术思想又非常重视“体悟”和“炼养”的方式，以达到“游刃有余”“心与道合”的至高境界。因此可以说，中国传统技术思想有其独有的特质：一方面中国古代技术思想体现为“知常曰明”的实用智慧；另一方面中国古代技术思想超越了西方“体用”二分的思维路径，追求体用不二的圆融境界。

当代学术视域中的“技术”，在中国古代包括技、术、艺、器等诸多方面，而且其侧重点各有不同。概略而言，中国古代“技术”不仅是一种实用方法和操作程序，更是一种艺术的审美，一种彰显道、合于道的生存智慧。本文将着重梳理、讨论中国古代“技”与“道”，及“艺”与“道”的形而上关系。

一 “技”与“道”关系内蕴着中国人的“存在”问题及其方式

“存在”问题是哲学的主要问题，对“存在”问题的不同把握方式形成了东西方不同的哲学传统。“从哲学的语境来看，‘存在’作为问题不仅是西方哲学的主题，也是中国传统哲学的主要问题。西方哲学以‘在’与‘在者’把握‘存在’问题，而中国传统哲学中的道、阴阳、五行、生生、易、心等诸多范畴，内含的中道、中庸、不二等则应该是中国传统思想作为哲学把握‘存在’问题的思考方式。”[①] 从中国传统思想来看，“存在”不是指具体某物的实存与否，而是指生命的续存问题，以及古人所说的“生生不已”。在中国传统思想中，“存在”及其意义问题内化为“活着”及“如何活着”的人生问题。在中国传统思想的演进中，对人生之理的研判逐渐成为中国思想之大道观，此所谓“道”亦即中国人之人生哲学，体现了中国传

① 张蓬：《中道、中庸、不二、双运、圆融义解》，《人文杂志》2013年第8期。

统思想对生命过程、生命意义、生命价值等终极问题的关怀和思考。

"道"是中国传统哲学的核心概念。它既是中国哲学的本原性范畴，也是中国哲学的现实性法则，在中国哲学的视域里，"道"是有与无的统一，也是理想与现实的统一。因此，在中国哲学和文化系统中，本原的"道"从未离开过人们的生活世界，即"道不远人"。恰是不远于人的"道"成为中国人的精神寄托和终极关怀，成为古人如何"活着"与"存在"的根据，继而也体现了以"如何活着"为特质的中国古代技术思想的精神实质。由于对共同之"道"的持有，技术成为古人"活着"与"存在"的展示方式，正如学者李泽厚所说："人活着不是靠说话而是靠'干活'，即使用—制造工具的活动……这就是'技术'的起源。"[①] 而中国古代"技"的最高追求就是达至"道技合一"之境界。因而，技术构成了古人"生生不已"的生活世界，也由此形成了中国古代独特的技术思想，它立足于人的生活场域，关注存在的原初经验，不离于道。技术成为"我们原始的经验人与世界的根本视域。这意味着将以生活世界中的各种具体技术给予的原初经验为视域来理解人的行为、人的存在和世界的构造"[②]。技术构成了人的生活世界，在此生活世界中，不仅使他们"活着"，而且还能"活的精彩"，终至"游于艺"而"心与道合"（余英时语）的境界。可见，中国古代的"技"既是古人对"存在"的把握方式，也是"存在"得以显现的方式。

因而，在中国古代，"技"与"道"之间不是紧张的分裂与对立关系，而是紧密的统合与融通关系。中国古人很早就认识到，如果将"技"与"道"割裂，必将出现"道术将为天下裂"的分崩离析局面，因而中国古人一直追求"技兼于道""技进乎道"的境界。

为何中国古人坚持"技合于道"的理念呢？这与中国古人对"技""道"的内涵理解相关联。古人认为，技即艺，艺即技，技艺不分。这一思想在《考工记》中有着清晰的表达。作为中国古代

---

① 李泽厚、刘绪源：《中国哲学如何登场?》，上海译文出版社2012年版，第4页。

② 邓波：《形而上学的"原初"制作——西方哲学诞生的技术现象学考察》，《哲学研究》2011年第12期。

“技艺”思想的汇编性文献，《考工记》记载了当时技术的发展状况，对百工及其技艺给予了极高评价，“知者创物，巧者述之，守之世，谓之工。百工之事，皆圣人之作也”[①]。在《庄子·天地》篇中记载：“能有所艺者技也。”[②]可见，在《考工记》及《庄子》等典籍中都表达了中国古代技术思想是技艺一体的思想。

那么“技”为何追求“道”呢？这是因为在中国古代技术思想中，技艺是开显和展示“道”的方式，而“道”是技艺追求的最高目标。关于“道”的概念及其含义在《尚书》《周易》中已有记载，如《尚书·大禹谟》有：“满招损，谦受益，时乃天道。”[③]至春秋时，“道”已成为一个普遍概念，为诸子百家所共用。诸子之道既有共性，又有差异。如管子学派主张，“道者，扶持众物，使得生育，而各终其性命者也，故曰：道之所言者一也，而用之者异”[④]。他们认为，“道”是扶持万物，使它们生长发展的根据。儒家之“道”重在其伦理道德含义的发挥，更多地指道德修养。如“笃信善学，守死善道……邦有道，贫且贱焉，耻也；邦无道，富且贵焉，耻也”[⑤]。墨家的“道”立足于为百姓谋求实利，“惟法其言，用其谋，行其道，上可而利天，中可而利鬼，下可而利人，是故推而上之”[⑥]。但不管是儒家还是墨家，其“道”都未超出经验的层面。道家的老子将“道”提升至哲学高度，视其为宇宙万物的本原，即“道生一，一生二，二生三，三生万物”，“玄之又玄，众妙之门”。[⑦]“道”既是万物存在的哲学根据，又是万物存在的价值源头和追求目标。

可见，中国古人很早就将“道”看作人生智慧之大道，“道”是人“活着”的根本方式及最高目标。战国时期庄子更明确地将“道”和“技”联系起来。在庄子看来，当“技”能做到“游刃有余”时

---

① 林尹注译：《周礼·考工记》，天津古籍出版社1988年版，第419页。

② （清）郭庆藩撰：《庄子集释》，中华书局2004年版，第403页。

③ （清）孙星衍撰：《尚书古文今疏注》，陈抗、盛冬铃校，中华书局2004年版，第179页。

④ 黎翔凤撰，梁运华整理：《管子校注》，中华书局2004年版，第10页。

⑤ 杨伯峻：《论语译注》，中华书局2006年版，第197页。

⑥ 方勇译注：《墨子》，中国书店2011年版，第77页。

⑦ 陈鼓应：《老子注释及评介》，中华书局1984年版，第53页。

就可以实现"技进乎道"，此时"技"就已转化为"道"。庖丁解牛的故事明确地表达了庄子的这一思想，"庖丁为文惠君解牛，手之所触，肩之所倚，足之所履，膝之所踦，砉然响然，奏刀騞然，莫不中音。合于《桑林》之舞，乃中《经首》之会"[①]。庖丁解牛的过程中，"解"的技术达到"道"的境界并不是偶然的，不是一蹴而就的，从"技"入"道"，庖丁之境界有一个从逐渐开显到豁然开朗的过程。逐渐开显的过程追求的是"技寓于道"，而豁然开朗之后则可实现"道成于技"，从而才能达到"由技进道，由道统技"。庖丁以神遇而非目视的方式，超越了主体与对象的对立，实现了"技"[②] 和"道"的完美结合。

二 从"以技悟道"到"游刃有余"的实用智慧

"存在"问题不仅仅是一个形而上的"在"本身，其实也是一个"如何在"的具化问题，此一问题与我们的生活世界息息相关。海德格尔在《存在与时间》中讲述了一段 Cura 女神的故事，借以引出此在生存之本意为 Sorge（操劳）。这里的"操劳"（Sorge）即站出来存在的活动，意指艰苦的活动、照看的美德等"人类学经验"。海德格尔认为："存在总是某种存在者的存在，对存在的领会本身就是此在的存在的规定。"[③] 那种将存在看作认识的外在对象的方法乃是使存在

① （清）郭庆藩撰：《庄子集释》，中华书局 2004 年版，第 118 页。

② 在中国古代与"技"关系密切同属一个范畴的还包括"器""象""术"等概念，它们共同形成了广义的"技"与"道"的关系。在《易经·系辞》中有："形而上者谓之道，形而下者谓之器，化而裁之谓之变；推而行之谓之通，举而措之天下之民，谓之事业。"（周振甫译注：《周易译注》，中华书局 1991 年版，第 249 页）什么是"器"呢？《易传·系辞》说："见乃谓之象，形乃谓之器"。（同上书，第 246 页）《易传·系辞》认为"在天成象，在地成形，变化见矣。"（同上书，第 229 页）"象"与"器"同类，都是"道"的具体形态。"道"与"器""象"是可以转化的。宋代著名理学家张载从"动静""变化""神理"谈到了由"道"化"器"或由"器"化"道"的可能和过程。

③ ［德］海德格尔：《存在与时间》，陈嘉映等译，生活·读书·新知三联书店 1999 年版，第 14 页。

问题无法得到解决的根本原因。在此意义上，中国传统的“技”“道”就是日常生活中展示“此在”的显现方式。“此在”是存在“活着”的境域，要想解决存在的意义问题，就必须了解“此在”在日常生活中的生存活动。

从生存论角度分析，西方自古希腊时期就形成了崇尚理性、贬低“操作”活动的文化传统。正如胡塞尔所说，“只是在希腊人那里我们才发现一种普遍的（‘宇宙论的’）活生生的兴趣，它所感兴趣的是本质上创新的纯粹‘理性论’态度的形式”①。古希腊人重视理论体系，轻视技术研究，这种态度使希腊人为知识而“活着”。在古希腊人看来，以功利为目的的“操作”活动都是低贱的、卑微的；而以非功利的知识、真理为目的的理论构造，才是高尚的事业。技术由于是一种实用的艺术，其功利性特质与整个古希腊的时代精神格格不入。这种“思”和“行”分割的结果是“技”与“道”和“体”与“用”的对立。

而在中国古人那里，生存论意义上的“操作”是以“技”“器”“象”等方式显现为“生生不息”和“游刃有余”的镜像。中国古人在农、医、数、天文等“术”和冶炼、制瓷、纺织、建筑、水利、火药、造纸与印刷等“技”“器”方面的成就辉煌，是中国古人在实践层次上对存在问题体悟的结果，即古人不仅要“活着”，还要“活得好”，从而体现为中国古人“以技悟道”至“游刃有余”的生存智慧。

中国古人从实用智慧角度诠释了“活着”及“如何活着”的价值取向，李约瑟在《中国古代科学思想史》中指出：“中国哲学从不以超自然的理想主义为主……中国人是一群喜好把理论投入实践的先行军。”② 这里的“实践的先行军”，其实质指的就是“如何活着”的问题。它强调技术对于生存中所遇问题的驾驭能力，此种能力即是实用智慧。这种实用智慧在《墨子》中表达得最完整，“兴天下之利，

---

① ［德］胡塞尔：《现象学与哲学的危机》，吕祥译，国际文化出版社 1989 年版，第 148 页。

② ［英］李约瑟：《中国古代科学思想史》，陈立夫等译，江西人民出版社 1999 年版，第 122 页。

除天下之害"是墨子的价值夙愿。为实现兴天下之利的目标，墨子及其后学亲身实践、积极动手，形成了丰富的技术思想，这些技术思想都以现实关怀为指向，以利乎人为宗旨，"利人乎，即为，不利人乎，即止"①。这种关乎人的技术造就了墨家乃至中国古人的实用智慧。

实用智慧是"活着"的基础层面，若要"活得好"还要对"实用智慧"加以超越，扬弃其"小知不及大知"的视域局限。古人以"悟"作为扬弃之路，从而指向"道技合一"的境地。由此，"以技悟道"成为中国古代技术哲学的基本特征。

"以技悟道"的过程中，技术超越了"器""技""术"等诸类形下之约束和规定，最终达至了"道"之游刃有余。所以，中国古代的百工巧匠无不以成为本行业的"得道者"而得意。"羿之道，非射也；造父之术，非驭也；奚仲之巧，非斲削也。"② 后羿、造父、奚仲的绝技不在于技术本身，而在于对"道"的领悟。这正是《庄子·养生主》的精神实质，"今臣之刀十九年矣，所解数千牛矣，而刀刃若新发于硎。彼节者有间，而刀刃者无厚；以无厚入有间，恢恢乎其于游刃必有余地矣"③。庖丁在解牛过程中所表现出的巧夺天工、出神入化的技艺绝活，就是"以技悟道"的最好体现。正由于"道"的滋养和指引，使古代工匠充满了灵性，涌现了许多优秀的技艺家和能工巧匠。这些能工巧匠的技艺成就构思之巧妙、工艺之精湛、制造技术之高超、沿革时间之漫长，举世罕见。

由"技"到"道"的通道，主要涉及思维方式和行为方式。从思维方式上看，关键是通过"体悟"的方式。"道"是工匠们靠个体的体验、领悟才能获得的一种缄默智慧和灵性感悟。这正如李约瑟所指出的："由于从事手工艺的道家，对生产程序未加以科学的分析，所以就执著于那无法用言语来表达、无法由师徒相传的经验和手艺……他们必须借助于齐心和观想，以养成高度的情感和坚强的意

① 方勇译注：《墨子》，中国书店2011年版，第273页。

② 黎翔凤撰，梁运华整理：《管子校注》，中华书局2006年版，第270页。

③ （清）郭庆藩撰：《庄子集释》，中华书局2004年版，第119页。

志，才能有最高的造诣。"[①] 李约瑟所说的"齐心""观想"即是"悟"。"悟"是中国哲学的重要思维方式，由"开悟""体悟"到"证悟"是中国古代哲学的重要特点。中国古代的道家、儒家、佛家都特别重视悟性。道家老子的"涤除玄鉴"、庄子的"心斋"；儒家孟子的开显"良知""求放心"；佛家的"不立文字，以心传心，明心见性，顿悟成佛"皆以"悟"为体道的不二法门。

从行为方式看，中国古代各家都非常重视修心养性，皆在"心"上下功夫。老子讲"致虚极，守静笃"[②]，其要义是指通过身心修养，保持内心的安宁，在静观中体认事物的真相，见道、得道、体道。儒家讲："自天子以至于庶人，壹是皆以修身为本。"[③] 修身的目的其实就是修德。道家老子也认为："修之于身，其德乃真；修之于家，其德乃余。"[④] 而"修德"其实就是"修心"，余英时认为："'心'在中国精神史上占据了极为特殊的地位，我们可以很肯定地说，中国的精神传统是以'心'为中心观念而逐步形成的。极其所至，则'心'被看作是一切超越性价值（即古人所谓'道'）的发源地；艺术自然也不可能是例外。"[⑤] 在中国古人看来，"心"是人精神之总枢纽，"操则存，舍则亡，出入无时，莫知其乡，惟心之谓与!"[⑥] 朱熹继而认为"心之神明不测"[⑦]，具有不测之"心"才能是达至精微之"道"。可见，古代的修养过程其实是由修身到修德，由修德到修心，最终达到"心合于道"的过程。在此过程中，技体认着道，开示着道，彰显着道。

"体悟"和"修炼"源于人的生存智慧，又在生存镜像的"技""术""器"中浸染，在技术设计、技术活动、机械器具中显现，那么"道"的明证性也就显现在日常生活中，也就是说"道"并不远

① ［英］李约瑟：《中国古代科学思想史》，陈立夫等译，江西人民出版社1999年版，第141页。

② 陈鼓应：《老子注释及评介》，中华书局1984年版，第124页。

③ 杨天宇：《礼记译注》下，上海古籍出版社1997年版，第1304页。

④ 陈鼓应：《老子注释及评介》，中华书局1984年版，第273页。

⑤ 余英时：《从"游于艺"到"心与道合"》，《读书》2010年第3期。

⑥ 杨伯峻：《孟子译注》，中华书局2010年版，第197页。

⑦ （宋）黎靖德编：《朱子语录》，中华书局1999年版，第77页。

离生活，相反它具有鲜明的生活性。"道"的这种生活性在《庄子》中表现得极为充分。在庄子那里，"道"无所不在，周、遍、咸，是其特性。世间每一物都不离"道"，"道"就在"技""术""器"之中，甚至蝼蚁、稊稗、瓦甓中皆有"道"。吕梁丈人蹈水有道、梓庆削木依道、圃者抱瓮而灌也是"道"，他们皆抱"道"而生活。所以，"道"无处不在，其气息弥漫于任一生活、存在之中。唐君毅称庄子之"道"的此种特点为"与人间生活以悟道"①。

中国古代哲学重视"体悟"，形成了"悟性技术"的传统。古代的能工巧匠重视对自己"心""性"的炼养从而能做到"游刃有余""心与道合"，而这和中国古人生活在"道统天下"的中国传统文化氛围中有着天然密切的关系，"道统天下"的整体、"中道"思维使中国古代工匠们大受裨益，在他们的技术创造中充满了灵性。

三 "心与道合"的技艺感悟与"中道"的辩证智慧

中国传统哲学，不论儒家、道家、墨家、阴阳家等都重视整体②思维。古代的整体思维主要体现在"阴阳""五行"学说之中。《周易》《老子》等都主张"阴阳"和合的整体思想。"一阴一阳之谓道"，《周易》认为阴阳是天地万物运动和发展变化的根源及规律。老子认为："万物负阴而抱阳，冲气以为和。"③以"阴阳"观念为基础，老子为代表的道家思想表现出了极强的整体观念。"阴阳"的对立统一思想在《老子》中处处皆有体现，表现为有无、难易、高下、美丑、善恶、音声等各种差异的转化和融合，"有无相生，难易相成，长短相形，高下相倾，音声相和，前后相随"④。老子的整体思维对其技术思想也产生了深刻的影响，"朴散则为器，圣人用之，则为官长，

---

① 唐君毅：《中西哲学思想之比较论文集》，台湾学生书局1989年版，第281页。

② "整体"是近代以来才产生的词，古代称为"统体"或"一体"。

③ 陈鼓应：《老子注释及评介》，中华书局1984年版，第232页。

④ 同上书，第64页。

故大制不割"[①]。这里的"朴"指未雕琢的木，其特点是浑然整全。工匠将原初之木，雕琢为各种器物，顺由自然，彰显整全。庄子也将整体思想贯穿于自己的技术哲学中。庄子认为，技术的实质是工匠与对象、人与自然的整体展示。若以割裂、分立的方式进行技术的制作，既是对物之自然本性的破坏，更是对整全大道的戕害，所以"残朴以为器，工匠之罪也"[②]。残朴以为器的工匠，被庄子称为"一曲之士"，他们虽有所长，却破坏了周遍咸的宇宙大道，"百家众技也，皆有所长，时有所用。虽然，不该不遍，一曲之士也"[③]，这些一曲之匠的制作，导致"天下大乱，贤圣不明，道德不一"，最终造成了"道术将为天下裂"的悲剧境地。

秦汉以降，以"阴阳""五行"理论为基础的整体技术理念逐渐渗透到天文仪器、水利工程、中医理论、军事思想、建筑堪舆、机械设计制造等诸多领域。比如春秋时期已出现的灌溉工具——桔槔，就是整体思维设计的结果。桔槔始见于《墨子·备城门》。其主要结构《庄子·天地》中记载："凿木为机，后重前轻，挈水若抽，数如沃汤，其名为槔。"[④] 因其巧妙的设计而实现了经济、方便、省力。被誉为"世界水利文化鼻祖"的都江堰工程，其伟大之处在于充分利用自然环境而整体设计，历经两千多年而不衰。再如北宋时期，苏颂、韩公廉等人把浑仪、浑象、报时装置结为一体，制造而成的大型天文仪器。借助漏壶的水力转动机轮，从而带动浑仪、浑象、报时装置一起运动起来。《宋史·景表议》称赞："三器一机，吻合躔度，最为奇巧。"[⑤] 水运仪象台是古代整体思维巧妙设计的杰出代表。

这些以整体思维为基础的技术设计和制作，有力地促进了中国传统社会的发展。对此李约瑟在《中国科学技术史》中感叹道："中国的这些发明和发现往往远远超过同时代的欧洲，特别是15世纪之前

---

① 陈鼓应：《老子注释及评介》，中华书局1984年版，第178页。

② （清）郭庆藩撰：《庄子集释》，中华书局2004年版，第331页。

③ 同上书，第1065页。

④ 同上书，第404页。

⑤ （元）脱脱等：《宋史》，皮庆生、张焕君译，毛佩琦编，中华书局2011年版，第1075页。

更是如此（关于这一点可以毫不费力地加以证明）。"① 因此，与欧洲同期相比，中国古代很长时期就在科技文明方面独领风骚。

技术的整体思维在文化形态上表现为"中道"观念。"中道"是中华民族独创的哲学观念和文化理念。"中道"很早就已成为积淀在中国古人日常生活中的常态文化心理结构。传统儒家、道家、佛家都提倡以"中道"作为生命智慧的最高境界，实际上表现为人如何"存在"。"中道"思维要求不着二端、消融对立、解黏去缚，这使得中国哲学避免了西方式的本体与现象二重世界的分裂。概而言之，"中道"二字，意指事物与它所处的环境相联系的总体结构中实现融会统一。即使分别使用"中""道"二字，也可以表达"中道"的总体内涵。这体现了中华民族历来就有从整体上、总体上认识事物及发展规律的思想传统。

"中道"不仅是中国传统文化的精髓，也是中国古人的价值观和方法论，故庄子说："物固有所然，物固有所可。无物不然，无物不可。恢恑憰怪，道通为一。其分也成也；其成也毁也。凡物无成与毁，复通为一。通也者得也，适得而几矣，因是已。"② 这种"适得"即"适当""适度"是中国古代的理想人生境界，其必然对中国古代技术思想及其设计方法产生重大影响。这在古代诸多涉及工程技术的典籍中得到了体现。《考工记》中关于技术设计、机械制造等方面就体现了"中道"的制作思想与方法，重视"中道"的价值，保证制作过程的完满和谐，进而使制作达到"材美、工巧"的目标。《考工记》"总叙"提出了"天有时，地有气，材有美，工有巧，合此四者，然后可以良"③的设计目标。而其中"辀人为辀"则提出相应的设计准则和质量要求："辀注则利，准则久，和则安，辀欲弧而折，经而无绝。"④ 这里，"和"即为适宜、适合之"中道"。此外《礼

① ［英］李约瑟：《中国科学技术史》，汪受琪等译，科学出版社 2008 年版，第 18 页。

② （清）郭庆藩撰：《庄子集释》，中华书局 2004 年版，第 70 页。

③ 林尹注译：《周礼·考工记》，天津古籍出版社 1988 年版，第 419 页。

④ 同上书，第 420 页。

记·王制》有:“用器不中度,不粥与市,兵车不中度,不粥与市。”[①] 这里的“中度”即合适,符合标准。《庄子·马蹄》记载了陶工冶埴“圆者中规,方者中矩”[②];木工“我善治木,曲者中钩,直者应绳”,《达生》篇更是记载了鬼斧神工的“梓庆削鐻”,被郭象赞为“尽因物之妙,故乃疑是鬼神之所做也”[③]。可见,“中道”是当时工匠们普遍遵循的“恰到好处”而达“鬼斧神工”的最高原则。正如《墨子·法仪》篇所言:“巧者能中之,不巧者虽不能中,放依以从事,犹愈之。”[④]

总之,中国先哲们对“技”与“道”关系的思考丰富而深邃,可以说,中国古代技术思想是中国优秀传统文化的重要组成部分,体现了中国古人的早慧和中国传统文化的博大精深。然而就技术的哲学思考而言,目前学界仍然拘泥于西方 19 世纪以来的技术哲学之话语体系和逻辑框架,而对中国传统技术思想的研究还不够深入和全面。笔者认为,“技”与“道”的关系是中国传统哲学“内在超越”特性的集中体现,以下几个维度突出反映了中国传统技术思想中“技”与“道”之间的形而上关系:首先,从本体论维度来看,中国古代技术思想中“技”与“道”之间是圆融互通的关系,它们超越了西方体用二元对立的思维方式,显示了中国古人整体性思维的早慧特性;其次,从生存论维度来看,中国古人追求从“以技悟道”及“以道统技”而至“游刃有余”“恰到好处”之生存境界,这是古人不仅要“活着”的诉求,更是要“活得好”的智慧写照,体现了中国传统社会对“存在”的独特把握方式;最后,从方法论维度来看,中国古人追求以直觉体悟的方式达至“道”之境界,“体悟”才能窥天道,由此摆脱概念体系对人之智慧的限制和束缚,所以“悟”是中国古人“向内觅理”的主要方式,也是超越“技”“器”等形而下规定和限制的不二选择。

---

① 杨天宇:《礼记译注》下,上海古籍出版社 1997 年版,第 220 页。

② (清)郭庆藩撰:《庄子集释》,中华书局 2004 年版,第 330 页。

③ (晋)郭象:《庄子注疏》,中华书局 2011 年版,第 76 页。

④ 方勇译注:《墨子》,中国书店 2011 年版,第 20 页。

确定性的终结*

——大数据时代的伦理世界

朱锋刚　李　莹

摘　要：现代技术遮蔽了生活世界中其他维度的生存空间，塑造着伦理情景的格局。互联网改变了人们生存的时空秩序；数字技术颠覆了信息传播模式。伦理情景的确定性消解，开放性和不确定性成为其新的重要特征。主体是确定的，与之相对的客体是匿名的、未知的。技术所造成的这种伦理情景是现代主体无法逃避的。随着伦理客体的隐匿未知，主体的义务、责任、权利甚至自由的基本内涵变得不确定。大数据为伦理世界带来的最大改变就是确定性的终结。

关键词：数字技术　隐匿　陌生的熟人

一　引言

信息增长态势近乎恐怖、泛滥，其传播速度与规模达到前所未有的水平，彻底颠覆了人们运思世界的习惯，以至于人们无法用惯常方式与工具处理相关信息。生存经验的改观将促成伦理世界以新的模式呈现。“德性分两种：理智德性和道德德性。理智德性主要是通过教导而发生和发展，所以需要经验和时间。道德德性则通过习惯养成，

作者简介：朱锋刚，山西文水人，哲学博士，西安电子科技大学人文学院副教授，主要研究方向为伦理学、中国儒学；李莹，内蒙古满洲里人，哲学博士，西安电子科技大学马克思主义学院讲师，主要研究方向为马克思主义哲学、媒介伦理。

* 本文系陕西省社会科学基金重点项目大数据时代的伦理问题（立项号：2015ZD004）阶段性成果。

因此它的名字‘道德的’也是由‘习惯’这个词演变而来。由此可见，我们所有的道德德性都不是由自然在我们身上造成的。因为，由自然造就的东西不可能由习惯改变。”[6]35 相较于以往时代，空间之于人类生存经验的意义和两种德性的发生方式都有了实质性的改变。互联网使得人们不受限于地域而可以进行实时性协同作业。大量时间不是用来捕获信息和克服空间距离造成的隔阂，而是用来从浩瀚的信息中找到有益内容。人类经验的失灵和时间意义的改变将颠覆以往的教导方式。亚里士多德所言的理智德性的发生与发展注定会因新的教导形式而改变。人们依赖于互联网来获取信息、感知世界，互联网原住民在社会人群中所占比重越来越大。互联网在成为生活世界必不可少内容的同时也为人类存在经验开辟了新的领域。它的重要不在于所展现的现代科技水平与提供的生活便利，而在于其信息交互模式的“无中心”本质。这完全不同于人类以往的“中心—边缘”信息呈现模式。大数据正是互联网世界信息领域新交互模式出现后的必然局面。信息模式的改变导致人们生活方式的蜕变。互联网将人类带入新时代的同时，诸种历经千年的人类习惯将终结。伦常德性的养成也注定会因以往习惯的废止而出现革命性变革。信息大爆炸带来的大数据所开启的是一次人类重大的时代转型。随着伦常德性与理智德性养成机制的彻底改变，德性以何种方式呈现充满不确定性。舍恩伯格在《大数据时代》一书中指出，大数据时代最大的转变就是，放弃对因果关系的渴求，取而代之以关注相关关系。就是说，只要知道“是什么”，而不需要知道“为什么”。[7] 这颠覆了千百年来人类的思维惯例，对人类的认知世界和与世界交流的方式提出了全新的挑战，伦理世界将会呈现不同风貌。

二　解蔽与数字技术

技术为好人所使用则会造福，为坏人所利用则会为害。鉴于这种两重性，人们通常会将科学技术视为中立性工具，其价值取向取决于使用者的目的或后果。科学技术对于现代社会的塑造和影响之深远大大超出了以往时代，甚至从根本上改变了人类的生存模式。技术本质究竟是什么、它与人之间究竟是什么关系开始引起思想家的反思。重新审视技术工具论，并以此为基础思考现代技术之于人类的伦理关系变得非常必要。其中，海德格尔关于技术本质的追问与沉思较有代表性。“技术是真理的发生方式。它作为工具就是发挥作用，而发挥作用以‘带出’（poiesis）的可能性为前提。‘带出’就是去蔽，是一种真理的发生方式。在真理的发生中，人并不是一个决定性的角色。他倾听并且应和存在的召唤，把自己向着敞开领域敞开，并在这种敞开中达到‘自由’。”[1]33现时代几乎所有方面都受制于技术的表现形式，技术成为现代社会的操盘手。作为工具，每种技术延伸或改变着生活世界的可能性，这种可能性正是人们追寻真理的方式。无论是技术所拓展的生活领域，还是人类现有的领悟世界能力，人在世界中根本扮演不了决定性的角色，而是在面对人类现有能力与可能生活领域做出回应。现代技术在拓展或改变世界领域的过程中遏制着其他的可能性。面对技术所操盘的世界，人无能为力。这透视出技术并非纯粹的价值中立的工具。它挤压了生活世界中其他维度的生存空间，遮蔽了人类生活本真意义上的丰富的可能性。技术支配甚至统治着一切，成为真理的化身。技术的指向代表着人类现实境遇的走向。技术背后的工具理性成为规约整个现实的价值导向。人类与技术之间往往被视为主体—工具的关系，这种观点显然对人类的生存境遇及其技术在现时代的地位缺乏应有的反省。“如是看来，技术就不仅是一种手段了。技术乃是一种解蔽方式。”[5]11从解蔽的视角来解读技术的本质，以便将这一问题深入下去。解蔽一词出自《荀子·解蔽篇》，意指消除遮蔽。荀子没有谈及关于技术本质的理解。柏拉图的洞穴隐喻和培根的四假象说都是对人类认知能力诸种局限的揭示。世界向人所呈现的面貌与人类的认知状况直接关联，无尽遮蔽促使人始终无法洞悉其本真状态。技术为人类认知世界拓展新视角的同时往往导致新的遮蔽。海德格尔将解蔽解释为真理，最后达到无蔽状态。无蔽是真理的发生领域，技术本质正是在这一领域中得以呈现。追问技术的本质成为人类达至真理境遇的必经之路。那么，数字技术本质上将会带来什么样的改变？

在诸种现代技术形态中，与计算机伴生的数字技术无疑是较有代表性的一种。图片、文字、声音和影像，这些承载世界信息的介质都可以用计算机语言进行存储、传送、还原。数字技术已经成为当代各类传媒普遍采用的核心技术。互联网、新媒介皆与数字技术的广泛应用密不可分。数字技术在表征整个世界的过程中以新的方式塑造着世界。这为生活提供诸种便捷的同时，也以数字化方式敞开新的维度。任何信息皆可通过相应的程序转化为能够度量的数据。个体呈现于世界面前的异质性变得可以量化。量化意味着可转化。这一原则与黑格尔所批判的“数量原则”不期而遇。数学的范式效应影响到人文学科甚至渗透生活世界的各个层面。“数学的目的或概念是数量，而数量恰恰是非本质的、无概念的关系。因此，数学知识的运动是在表面上进行的，不触及事情自身，不触及本质或概念。”[4]28 数学的量化原则所依据的是同一性路线，根本无法表达本质差异性，这会导致将生命原则置身事外。只有包含否定性东西的肯定真理才能解决量化原则的困境，“构成着现实和真理的生命运动”[4]30。包含否定性环节的哲学原则将空间与时间融为一体，真正把握生命运动。人们依赖于哲学原则来把握生命运动，但信息变得可量化、数字化维度的开启改变了生命运动的形式。互联网的兴起及普遍应用让不同空间的个体在同一时间参与共同的事变得可能。这促成世界成为一个有机体。信息的数字化和世界的有机体化改变了人类认知世界、塑造历史的模式。信息可转化原则在何种程度上强化了量化原则是一个值得重新审视的问题。信息交互模式的彻底变革意味着人与人之间的关系将完全不同。这种可转化性在互联网时代催生了大数据。大数据的未知性不在于信息内容本身，而在于信息数量的几何级剧增给人们思维习惯所带来的颠覆性改变。思维惯例和生存经验遭遇颠覆，人类在享受数字化技术提供诸多便利的同时，尚无能力辨识这种改变将会带人类去往何方。

随着现代生存内容受科技规定的程度越来越深，尤其是当技术成为衡量人类进步标志的时候，技术不仅意味着是合乎目的、实现自由的工具与手段，而且还成为强制规定并统治人们实现秩序的主导力量。面对无处不在的技术，人往往会对因自身的独立性面临丧失的危险而深陷恐惧。我们无法醉心于享受现代科技为人类生活带来的便捷，而应重新审视它究竟从何种意义上改变着生存秩序、思维方式等。每一项现代科技都在塑造完成人类生活的一种可能生活。“什么是现代技术呢？它也是一种解蔽。唯当我们让目光停留在这个基本特征时，现代技术的新特质才会向我们显示出来。”[5]12 从解蔽的视角来审视包括数字技术在内的现代技术为世界带来的改变成为我们理解互联网时代伦理世界面貌的进路与方向。

三 隐匿、踪迹与未知性

由于网络传媒技术的普及与推广，信息碎片化成为人们认知世界过程中主要介质的特征。海量信息会向你涌现，大多数不会使你留下深刻记忆，也不会有助于提升理解，但世界却会在某个角落留下这些过眼云烟甚至出现在你面前也无暇关注的信息的印迹。在以时间为主轴的生活模式中，碎片化时间不仅获得有效安置，还成为人们安顿生活内容的主导性特征。随着智能技术及新媒介功能的进一步完善与提升，互联网技术改变了人们的空间观念。时间与空间的秩序重组促成人类新天地的开拓。人们所面对的不只是信息呈现模式的转变，而是关乎如何重新寻找和定位自我价值的实现途径。信息发布与接收渠道呈现多元化，绝对话语权力源不再。“长期被边缘化或被抑制的某些价值观开始受到关注，甚至赢得了广泛认同。”[2]109 如何筛选、重组与解读诸多碎片化信息、合理利用碎片化时间成为极其重要的议题。纯粹闲暇自此不再，常有效率的踪迹相伴。信息来源的多元化和解读视角的异质化构成信息碎片化的主要特征。随着微博、微信等个人信息发布平台的广泛运用，原有的“中心—周边”的话语机制在生存上遭遇实质性的解构。话语权力的中心源转变为个体，个体皆有机会成为信息中心。涉及公共事务的重要事件依然需要靠传统的话语权力中心来发布，但这并不能实质性地改变话语权力生存模式所出现的改变。碎片化致使信息组合的自主性与多元化，碎片化信息社会与多元化价值体系随着新媒介的广泛使用而得以汇合。个性在这种多元化趋势中获得充分的实现途径，主体的权利表达空间得以拓展、提升。“整个社会已不再被一种价值体系所垄断。社会价值多元化在更高层面上表现为对文化制度等层面的重新思考。……自我权利意识的萌生和成长，以及对传统权威所产生的怀疑或抗拒。”[2]109信息碎片化与信息组合的自主性促成个体可以拥有多重信息世界，公共价值认同因信息背后所蕴含的价值多元化而难以达成一致。人与人之间的伦理关系随之呈现不同的样态。

以往，人在特定时间只能在特定空间与具体人群进行交往。受技术所限，绝大多数信息都无法复制、保存。加之传播相对迟缓，人无法参与以往的历史信息，人与人之间的伦理情景大多仅限于现时。数字技术使信息完整再现成为可能。随着信息突破了空间阻隔与时间延迟，伦理情景中的主体不再局限于具体在场的人。互联网的无处不在使得体验并生成共同宇宙经验成为可能。“人与宇宙共同持存的原始经验产生了不朽的这种肖像。”[3]277信息的可复制性使得不朽不再拘泥于象征意义而获得实际性的存在。潜在并不意味着只是一种可能性，而是表示它没有在当下出场而已。不朽的实际性存在使得参与者的在场变得不再是伦理情景中的关键。地球作为一个共同的伦理情景场域业已形成，传统的在场只是原初情景状态，不足以反映互联网出现后的改变。任何有接收信息渠道的主体都以隐匿在线或离线的方式关注着世界，并以这样的方式生成现代伦理世界。伦理世界中的诸多要素因对可描述的世界“未现”而被称为“隐匿”。隐匿者的参与使得伦理世界由封闭走向开放。

何谓隐匿？伦理世界的开放性使得具体情景中除了传统意义上的确定因素外，始终存在着无从知晓、无法确认的参与者。未现并非基于人为策划，而是由参与者的不确定而造成的。离线、隐身还是在线，所有这些状态都贯通着世界，关注会使每个人进入另一个人的世界，现代技术为这种新的伦理情景提供支持。参与者既可能当下就在你身边，也可能地处遥远或间隔很久才会关注到你在网络上所留踪迹。个体的网络印迹勾勒出他的生活轮廓，提供找到他的线索。兴趣、关注、偶然都可能促使这种未知转变为确定。未知者不受时空阻隔。人根本无从控制媒介的传播途径与速度。随着大众与全球知识体系相连，传播主体在呈现多样化、普遍化过程中爆发出巨大能量。自媒体挑战着传统媒体的生存格局，改变了信息诉求的途径。信息诉求中的踪迹成为伦理世界中无形的网。信息的传递速度和规模的无限放大都超出以往时代人们对于媒介的掌控，伦理世界中主体与客体的关系变得复杂。在场的主体面对隐匿的客体似乎缺失了主动性，主体的伦理世界因为隐匿者的闯入才真正开启，否则伦理世界会以另一种面貌呈现。人在世界中畅游得越自由就越无力成为自己伦理世界的主角。未知者的力量与主体的畅游广度、深度成正比。这正是技术造成的人的无力状态在互联网中所建构的世界的表现。

没有人愿意在现实中遭受隐匿者的挑战与支配，更不想沦为自己生活世界的配角，重新审视新媒介所造成的人与人之间关系的改变被提上议事日程。新媒介所构建的网络世界拓展了人类的现实空间，带人们进入了一个信息生成、传递模式都不同的世界。旧媒介还在发挥功效，但其诉诸现实的效果却正遭受着挑战。在线意味着在场，即便离线并不影响信息的传递。这一信息传递特征使所有的人同时在场成为可能。个体行为因在线而传遍四方，从而获得可能性层面的世界意义。世界意义的形成取决于行为本身能否吸引世人关注或洞悉人们的需求。难以数计的需求为个体找到适合自己的天地提供了契机。新媒介“即时传播”特征使得个体在第一时间得到世界反馈成为可能。普通人具有世界意义不再是一句调侃玩笑。世界的反馈会因信息的持续存在而绵延不断，即便个体亡故，其所留下的数据依然会将他带入现实伦理世界，并根据现实需要来扮演它自身的角色。个体以这种方式获得不朽。传统社会中，人们以各种方式来追求生命的不朽，以立德、立功、立言方式来书写各种传奇，唯恐不逮。现代社会人们的行为只要在线都会留下记录，你对网络使用越频繁，依赖越紧密，世界对你的记录就越完整。行为塑造人格。你的行为可以通过这些数据来获得准确描述，即便是陌生人，只要能关注到你上网的踪迹，那么他就可能会熟悉你的基本行为习惯。这个陌生人是隐匿的，是陌生的熟人。人们专注于智能终端而忽视了与熟人世界的交流，只关注着终端的另一头。人类以往的伦理经验面临着遭受被颠覆的危险。当生活中熟人变得陌生成为一种现象时，陌生的熟人就登场了。

四 陌生的熟人

互联网大大改变了人们的交往模式，远远超出了人们当初分享资料的预期。当踪迹成为陌生者闯入生活世界的线索时，对于互联网的过度使用及其依赖成为个体重新审视的问题。面对互联网改变、塑造后的生存秩序，拒绝上网的解决措施近乎简单地否定世界生存秩序所出现的改变。互联网从技术层面实现了全球一体化，使得地球真正成为个体实践活动的生存空间。个体的活动会触及地球上互联网覆盖之处，不再受制于空间阻隔。随着没有中心与边缘信息格局的降生，由国家或利益集团主导的中央与边缘式的模式渐显衰微。公共权力依然保护着个体权利，但卷裹在海量信息中的个体显得有点单薄。面对网络世界，个体不仅须具备足够意志力来克制过度依赖的网瘾问题，关键在于海量信息数据改变人们接触世界的方式后所产生的不适。世界呈现在人们面前，不管你是否愿意，都将参与其中。

每一项技术进展在为人类提供便利的同时也从世界范围改变着认知世界的方式。互联网技术的持续更新对于人们认知世界的能力提出挑战。没有中心的世界，每个人都是平等的参与者，但人类的认知思维能否跟得上技术所带来的世界的改变却是一个未知数。终身学习不再是少数好学者的标志，而成为每个人跟上社会步伐的必要条件。其中，关注技术进展及其相关的衍生产品是重要内容。个体对技术及其产品的态度会决定世界与个体的距离。从理论上讲，一个人的交际范围可以触及地球上任何网络覆盖之处。这意味着信息数据的相关性而非性格决定着个体在现实中谋面的概率。除了兴趣爱好、研究领域等共通性因素外，偶然性在伦理世界中的戏份越来越重。一次无心的网络搜索或不经意间的鼠标页面点击都可能开启对于另一个陌生世界或陌生人的关注。微信、微博等能够及时互动的智能终端的出现，人们活动踪迹留存于点击与触摸之间，在悄无声息中以数据形式留存、累积。

与以往为帝王将相著书立传、树碑立传的模式大相径庭，大多数人的活动印迹将会永久保存，只有少数人会因技术、政治等因素而得到删除。文字、图片、声音和视频等记录人类生存活动的形式走进了数字化方式。这些数据成为人们进行观察、研究、查证中最忠实的载体，并可以据此计算、预测事情趋势、结果。每个人都以这样的方式留下数量不等的活动足迹，汇集成为规模庞大的数据资料，以至于在合理时间内无法进行常规性的有效处理。随着以云计算为代表的技术手段的出现，这些原本难以收集和使用的数据逐渐为人们所利用。各式各样的仪器遍布地球各个角落，个体随心或无意间记录下生活的点滴成为可能。个人记录汇聚融为大数据中的一粒尘埃。随着大数据分析技术的日趋精进，尘埃与尘埃之间不再系于因缘际会的偶然，大数据的真实特点使得相遇变得可以预测。具备相关的设备与技术成为一个人预知另一个人生活的前提。他们彼此完全可以是未曾谋面的熟人，倘若两个掌握相应技术的人百无聊赖中通过脸谱识别关注对方，那么就会出现这样的情况：两个人未曾谋面，却非常熟悉，但彼此不知道对方也熟悉自己。熟悉完全取决于浏览网页时的机缘。在传统语境下，此类伦理情景基本可以当作悖论来看待，但这样的事情现在却变为真实。这样的事实可能成为现实生活的常态。每个人所掌握的技术决定了他能在多大程度上适应世界秩序的改变。

一个与技术绝缘的人知道另一个掌握技术的人毫无恶意却能够熟悉自己一举一动的时候，做何感想？该怎么办？与网隔绝是他唯一能做的，但这依然无力阻隔他与网络所构筑世界之间的联系。人一旦无法主动适应技术所带来的改变，他会陷入令人绝望的无知之网。别人只要关注就可以洞悉他的一举一动。适者生存的天性注定会让互联网原住民免于如此被动的绝境。被动会转化为对等，陌生的熟人无处不在的窥视却未曾改变。由主动—被动的窥视变为相互窥视。窥视仅仅是一种可能性，若要成为现实或许只源于偶然，这就像你在路上遇到了风景，只因为你经过，而非你专程来欣赏。网络的技术力量让人们在充分享受生活便利的时候感受自由的美好，倘若一旦我们发现，人在享受美好时一直在被他者关注，即便这种关注无损生活画面却依然影响着你的世界。互联网为人类创造什么样的未来世界至今依然是个谜。但它所孕育的陌生的熟人将彻底改变人类的伦理世界。我们将以何种方式来面对？熟悉与陌生的错位扭转了人与人之间以往的交互模式，人情表达出现变异。天天照面的熟人，你没有兴致关注，而你热衷于交往的人或许在远方，也许就在身边，但唯一共同之处是他在智能终端的那头。没有生活交集的邻里街坊则沦为陌生人。

最熟悉自己生活轨迹的人可能是从未谋面也不会谋面的陌生人，这样的熟悉可能源于无聊、好奇之类的偶然，也可能出于蓄意的谋划与计划性的掌控。伦理情景不确定性的出现正是源于大数据时代的来临。

参考文献

[1] 吴国盛：《海德格尔的技术之思》，《求是学刊》2004 年第 6 期。

[2] 彭兰：《碎片化社会与碎片化传播断想》，《华南理工大学学报》（社会科学版）2012 年第 6 期。

[3] Eric Voegelin, Immortality: Experience and Symbol, *The Harvard Theological Review*, Vol. 60, No. 3. (Jul., 1967).

[4] 黑格尔：《精神现象学》上，贺麟、王玖兴译，商务印书馆 1997 年版。

[5] 海德格尔：《演讲与论文集》，孙周兴译，生活·读书·新知三联书店 2005 年版。

[6] 亚里士多德：《尼各马可伦理学》，廖申白译注，商务印书馆 2006 年版。

[7] 维克托·迈尔－舍恩伯格、库克耶：《大数据时代》，盛杨燕、周涛译，浙江人民出版社 2013 年版。

从社会问题到社会正义*

——思想史与现实双重维度的政治经济学批判

袁立国

摘　要：思想史的考察表明，青年马克思告别法哲学阶段转向经济学研究的动机是出于物质利益问题所遭遇的“苦恼的疑问”，即贫困与社会问题。这也是《资本论》的起点。在《资本论》中，马克思彻底批判了古典经济学掩盖社会矛盾的本性，认识到社会问题的制度根源与资本主义的剥削本质。但是，对社会问题的关注并没有降低马克思的政治与自由概念，只有在“联合起来的个人对全部生产力的占有”与“自由人联合体”对物质生产逻辑的重新规划中，才能打破现有的价值体系，使社会的异己力量复归于人本身、使自然的必然性转化为自由的自主性。正由于马克思始终坚持在对社会问题的求解中诉求于正义与自由之来临，社会主义才是兼具现实性与理想性的统一体。

关键词：《资本论》　社会问题　社会正义　自由

在马克思主义发展史上，《资本论》的命运几经沉浮。一方面，它作为“工人阶级的圣经”，曾对20世纪社会主义革命与工人运动产生了广泛、持久而深刻的影响；另一方面，苏联集权主义的灭亡使社会主义经济制度遭受重大的打击，严重损害了马克思主义政治经济学的理论声誉。在此之后，西方马克思主义的出现曾一度代表了马克思

作者简介：袁立国，西安电子科技大学人文学院哲学系副教授，哲学博士。主要研究领域为马克思主义政治哲学与政治经济学。

* 本文系国家社会科学基金青年项目“历史唯物主义与古典经济学理论传承关系研究”（15CZX004）阶段性研究成果。

主义的潮流和希望，但由于它放弃了经典马克思主义最为关注的经济与政治问题而转向哲学与美学领域，从而导致其理论脱离实践基础，不再具有把握社会现实的能力。

然而，太阳底下没有新鲜事！近些年来，随着2008年全球金融危机造成的巨大震荡以及资本主义全球化引发的世界性的生态危机、平等危机、种族主义等问题，理论界开始重新把目光投向马克思的《资本论》这一思想经典。在当代学者中，大卫·哈维、弗里德里克·詹姆逊、雅克·比岱、安东尼奥·奈格里等人都对《资本论》有深入研究，这种现象绝非偶然，实际凸显了一种时代性的理论需要。当意识形态之争的迷雾散退，今天我们还能否如其本真地理解马克思及其著作？《资本论》在今天提出了什么样仍然具有重要意义的理论问题，并做出何种具有启示性的解答？以及“在我们这个时代应如何运用这一文本”①？对此，本文回到近代思想史的语境重审马克思所提出的那些理论创见，并立足于社会现实激发其思想的当代价值和意义空间。

一　重访《资本论》的起点

按照通常的理解，人们把《资本论》看作马克思主义哲学在政治经济学领域中具体运用的产物，强调“辩证唯物主义和历史唯物主义为马克思主义政治经济学提供了科学的世界观和方法论。唯物史观是马克思主义政治经济学的哲学基础，剩余价值论则是马克思主义政治经济学的基本理论原理”②。这种观点或许不错，但如果仅仅停留于此，却很容易把政治经济学部分视为其哲学内容的“证实”、忽视马克思主义政治经济学的原初之意和《资本论》的思想独立性。对此，孙正聿先生认为《资本论》是“建构”而非“运用”了马克思主义

① 大卫·哈维：《跟大卫·哈维读〈资本论〉》，刘英译，上海译文出版社2014年版，第15页。

② 本书编写组：《马克思主义政治经济学概论》，人民出版社2011年版，第9页。

哲学，它在对资本主义的政治经济及其政治经济学的双重批判中追问“人类解放何以可能”，因此是“关于现实的人及其历史发展的科学”[①]。这一判定丰富了《资本论》的理论空间，可以说，就其现实性而言，《资本论》本身就是一部社会政治哲学著作。在此意义上，我们立足于严格的政治性分析，激发其经济论述中潜藏的现实力量。

那么，马克思创作《资本论》的本真之意究竟何谓？对这一问题的回答要求我们必须放下成见、追溯其思想历程，从源头上澄清理论背后的现实意识。

纵观马克思的思想历程，其中具有决定性的转折点是从哲学与法学阶段转向了政治经济学研究，其时间标志是从《德法年鉴》（1843）的法与政治批判到1884年转入经济学研究，最终在《德意志意识形态》（1845）中确立了历史唯物主义的基本形态。这一转变的触发契机是克洛茨纳赫时期的林木盗窃法案。马克思在《〈政治经济学批判〉序言》中自述，源于物质利益问题所遭遇到“苦恼的疑问”，促使他对林木盗窃法和摩泽尔河地区农民处境进行研究，并“推动他由纯政治转向研究经济关系，并从而走向社会主义”[②]。这一案件的要义在于：穷人拾捡私有森林中的枯木是否应该判定林木盗窃罪？拾捡枯木在传统上作为穷人的“习惯权利”历来不受限制，但19世纪20年代农业危机造成的匮乏和工业需求的增加，导致普鲁士政府进行法律干预、倾向于处罚穷人以维护林木所有者的利益。马克思激烈反对这项法案，通过诉诸习惯法来维护穷人的利益，证明穷人的习惯“合乎本能的法的意识”，而贵族的习惯法同法的概念相抵触。[③] 让马克思“苦恼的疑问”是：国家按照其本意应该以普遍理性的尊严保护公民权利，但它不仅没有对公民进行保护，反而被贬低为私人利益的手段。这个结论冲击了现代政治的固有意识。黑格尔主义政治哲学承诺了伦理国家中特殊利益与普遍利益的同一原理。但事实证明，“私人利益的空虚的灵魂从来没有被国家观念所照亮和熏染，

---

① 孙正聿：《〈资本论〉与马克思主义哲学》，《学习与探索》2014年第1期。

② 戴维·麦克莱伦：《马克思传》，王珍译，中国人民大学出版社2008年版，第44页。

③ 《马克思恩格斯全集》第1卷，人民出版社1995年版，第250、253页。

它的这种非分要求对于国家来说是一个严重而切实的考验"[①]。正是在这里，马克思在法哲学中隐约地把握到了现代政治问题与经济问题的相关性。此后，基于对黑格尔法哲学的系统研究，马克思得出了"对市民社会的解剖应该到政治经济学中去寻求"这一重要结论，遂从此转入了对具体的政治经济学研究。

事实上，贫困自古以来就存在于一切人类社会中。只是随着19世纪的资本主义兴起，社会上开始出现大量的贫困人群、失业大军，从而危及社会和政治的稳定，这时贫困才上升为社会问题、获得普遍关注。社会问题背后的更深刻理据是现代政治哲学的一系列道德承诺，即作为现代政治基础的自然权利与契约论承诺了人的自由与尊严，但社会问题的出现却挑战了这一承诺，迫使国家必须出面予以解决。就此而言，穷人的诉求并非是自明的，而是启蒙的结果。在这个过程中，近代启蒙思想家对于个人的自由与尊严提供了深刻论证。首先，洛克把"劳动创造财富并确立财产权"确立为现代社会秩序的起点，为个人自由奠基了一个先验的自由前提；其次，卢梭追溯自然状态，以原初社会的自然正义批判现代私有制的不义，并诉求于公民意志的结合体，开拓出了现代政治的平等主义；最后，亚当·斯密也卓有贡献，他在经济学论述中提出了让穷人摆脱贫困的重要性，在伦理上改变了西方人自古以来对待穷人的歧视性态度。

马克思同样分享了启蒙政治的这一道德诉求。其经济学研究从一开始就具有强烈的政治性和价值性，这就是要为资本主义社会中受压迫的无产阶级说话。从思想史来看，马克思不仅吸收了洛克、斯密这些自由主义始祖的思想，并且延展了从卢梭、蒲鲁东、西耶斯、巴贝夫以来的近代西方政治理论的"异端传统"，即追求平等主义的激进政治。张盾先生认为，马克思的最大创见就是把西方的道德政治哲学从一般的权利扩展到财产的权利，而财产权的根本是"穷人的权利"问题，也就是社会问题。[②] 事实上，在《1844年经济学哲学手稿》时

---

① 《马克思恩格斯全集》第1卷，人民出版社1995年版，第261页。

② 张盾、田冠浩：《黑格尔与马克思政治哲学六论》，学习出版社2014年版，第214页。

期，马克思就把共产主义定义为“私有财产的积极扬弃”。而在《资本论》及其手稿中反复强调的“自由人的联合体”概念，都是这种政治意识下的实际建构。如果说社会问题是马克思进行政治经济学研究的起点，那么，他经历了一个漫长的过程才把握到问题本质。虽然在法哲学时期，马克思就已经为穷人的利益进行锐利的辩护，但法与政治批判还更多地具有道义和情感的性质，缺少经济学的科学分析的力量。马克思诉诸自然法捍卫穷人的利益，并不能从根本上超越资产阶级意识形态的基础，也无法说明贫困的真正社会根源。而当他把社会问题归结于国家的虚假普遍性时，实际上已经偏离了社会问题的真实论域，没有领会造成现代政治悖论的基础是现代社会的所有制结构与经济关系的内在矛盾。这种情况直到1845年以后，马克思在《哲学的贫困》、《政治经济学批判大纲》和《资本论》及其手稿中才深入到社会结构的内部分析，以政治经济学为实体内容在一个真正的科学平台上探索了社会问题的实质。

二 对社会问题的政治经济学批判

对于1845年以后的马克思而言，其理论的主要对象是古典经济学，既包括其中具有革命性的古典政治经济学家斯密、李嘉图，也包括西尼尔、巴师夏等庸俗经济学家，但主要的批判对象还是庸俗经济学。原因在于，斯密、李嘉图等古典政治经济学家固然存在着一些理论错误，但他们毕竟坚持着科学研究的客观立场，为马克思奠定了一定的方法论基础。马克思认为，他们甚至一度触及了劳动价值论与剩余价值学说的真理，走到了科学社会主义的入口处。相比之下，庸俗经济学家则不然，他们歌颂私有制、贬低无产者，赞美所有权、无视工人劳动，他们仇视社会主义，为资本主义制度进行不遗余力的辩护。

在斯密那里，他还出于一种真诚的态度乐观地认为商业社会能够很好地解决让人头疼的社会问题。《国富论》中有个著名的说法，即一个发达商业社会的工人也远远好过一个落后的非洲酋长的生活。斯密认为，社会繁荣的秘密在于劳动分工，随着交往扩大、分工的精细化程度提高，结果也必然提高生产力，“于是普遍富裕的状况自然而然地扩散至每个社会阶层”[①]。斯密并不避讳劳动阶级遭受资本所有者的剥削，但他认为商业社会的法则保证了劳动者的份额能够在绝对水平上不断增长，穷人的生存必须通过富人对财富的盲目贪婪才得以满足。自由市场就像一只“无形之手”在暗地里运作，无论穷人还是富人，都不是出于乐善好施之心，而是出于自利的动机，结果推进了社会的整体和谐。

斯密的论述只是体现了处于历史上升期的新兴资产阶级的盲目自信。在此之后，随着资本主义生产方式居于统治地位，它逐渐显露出严重的结构性矛盾、动荡的社会问题与阶级冲突。在这时，如果资产阶级经济学家仍然秉持自由市场的教条，那么就明显地带有值得怀疑的为制度辩护的意味。在《国富论》出版十年后，威廉·汤森（William Townsend）通过对动物世界的观察描绘了人类社会的自然平衡原理：“饥饿将驯服最凶猛的动物，它将教导最执拗的人正派和谦恭、恭顺和服从。一般地，只有饥饿才能激励并且驱策他们（穷人）去劳动；然而我们的法律却说他们绝不应该挨饿。必须承认，法律同样说过，应该迫使穷人们去工作。”[②] 汤森绕开了价值与规范问题，完全从自然角度来讨论社会。所谓自然角度，根本来说是把人之动物性层面作为探讨社会的起点。古典政治哲学认为，人和动物的区别是本质性的，即使霍布斯也只是在超出社会的意义上讨论具有狼性的人。然而，新政治经济学却构想了一个反对法律和政府存在的人类世界。正如自然界没有政府存在而生物链却保持稳定一样，人类社会也不需要政府去保持平衡：“一方面是饥饿的折磨，另一方面是食物的缺乏，两者结合即重获平衡。”[③] 穷人的目光短浅是一种自然法则，否则卑贱、肮脏、不体面的工作就没人做了。对于生存而言，法律什么也做不了。科学地对待穷人就是让他们在市场上为自己的劳动力找到合适

① 亚当·斯密：《国富论》，谢宗林、李华夏译，中央编译出版社 2011 年版，第 9 页。

② 卡尔·波兰尼：《大转型：我们时代的政治与经济起源》，刘阳、冯刚译，浙江人民出版社 2007 年版，第 98 页。

③ 同上书，第 99 页。

的价格，让市场掌管穷人的命运。

整个18世纪，相信贫困作为社会的自然选择机制、穷人的存在是社会繁荣的一部分的思想家并非少数，它已不再具有斯密草创经济学之初的人道主义精神，而是走向一种粗俗的精英主义、远离了启蒙的自由理想。这种论调相信“贫困只不过是每一次分娩时的阵痛，无论是自然界还是工业都要经历这种状况”①，它实际上掩盖了资本主义制度的历史性前提，把资本主义社会进行了永恒化想象。在斯密那里，虽然他认为资本主义是最完美的“文明社会”，但却仍然坦诚地承认资本主义的历史起源，并提出著名的“历史四阶段”理论。到了李嘉图，政治经济学开始变得毫无历史感，仿佛资本主义从来就有、永不消亡。自发调节的市场一旦形成，它认为所有产品都以在市场上出售为目的，劳动力、土地、货币这三大工业发展所依赖的要素都被商品化。地租被认为是土地的价格，它形成了土地所有者的收入；工资是劳动力的价格，形成了劳动力出卖者的收入；利润是资本所有者售出的物价与成本的差额。对此，马克思在《1844年经济学哲学手稿》中就发现了古典经济学的内在非历史性，并指出资本主义社会关系的斗争性本质——“工资决定于资本家和工人之间的敌对斗争”，“资本是对劳动及其产品的支配权力”，地租作为“土地所有者的权利来源于掠夺”。② 并且，在社会方面资本家的联合常常有效，工人的联合则遭到禁止并给自己招致恶果。

然而，在资本主义发展之初，经济关系的人的性质还能看得比较清楚，但随着这一发展继续进行，商品形式成为整个社会的统治形式，人们就更加难以看清物化结构的面纱。在物化的支配下，萨伊、西尼尔等人无法看透商品形式背后的社会关系本质，而是从市场和交换领域里来寻找价值的来源。西尼尔臭名昭著的“资本节欲论”是说，资本、土地、劳动力作为不同的“生产性服务”共同创造了产品的价值，正如工人在劳动中牺牲了自由时间和体力，资本家却为了生产而牺牲了消费和享受。这意味着，同工人获得工资一样，资本家依

---

① 《马克思恩格斯文集》第1卷，人民出版社2009年版，第615页。

② 马克思：《1844年经济学哲学手稿》，人民出版社2000年版，第7、21、35页。

据资本的所有权而拿走利润也并没有什么不当。言外之意，贫困并非结构性的制度问题，而是源于工人阶级本身的道德水平低下，他们被认为迟钝、麻木、酗酒、无节制的生育等，这就是马尔萨斯等人所持的论调。在《资本论》第3卷中，马克思尖锐地指出，庸俗经济学观点的实质是将资本主义生产方式神秘化："这是一个着了魔的、颠倒的、倒立着的世界。在这个世界里，资本先生和土地太太，作为社会的人物，同时又直接作为单纯的物，在兴妖作怪。"[①] 这种颠倒和错认是在商品成为普遍范畴、商品形式成为社会统治形式之后，拜物教遮蔽了人们对事实的认知。"在生产者面前，他们的私人劳动的社会关系就表现为现在这个样子，就是说，不是表现为人们在自己劳动中的直接的社会关系，而是表现为人们之间的物的关系和物之间的社会关系。"[②] 从现象上看，人们似乎只是在市场上使他们的各自产品作为价值彼此相等，仿佛考察了供给与需求关系就可以把握价格变动。一旦接受市场的拜物教，人们就很容易把商品的价值形式自然化，仿佛价值并不是来源于劳动的社会建构，而是从资本、土地中派生出来的。

在这个意义上，只有放弃从市场交换，改从生产视角分析社会关系，才能把握问题的实质。从市场和交换视角出发，只能看到市场上的互惠与和谐，从而把资本主义分配方式视作天然合理的制度；而从劳动和生产视角出发，观察到的则是资本主义生产关系的本质，即劳动的主体性、阶级的对抗性和冲突的必然性。可以理解，为什么马克思是坚定的劳动价值论者，而不是效用论者。这是因为只有严格的劳动价值论才能证成剩余价值，并说明工人阶级遭受剥削的过程实质。并且，只有当观察者把目光从商品流通领域转移到劳动过程和生产领域中时，才能观察到这种隐蔽的价值生产与社会关系再生产的全部秘密——"因此，让我们同货币占有者和劳动力占有者一道，离开这个嘈杂的、表面的、有目共睹的领域，跟随他们两人进入门上挂着'非公莫入'牌子的隐蔽的生产场所吧！在那里，不仅可以看到资本是怎样进行生产的，而且还可以看到资本本身是怎样被生产出来的。赚钱

---

① 《资本论》第3卷，人民出版社2004年版，第940页。

② 《资本论》第1卷，人民出版社2004年版，第90页。

的秘密最后一定会暴露出来。"[①] 回到社会问题的语境，试问马克思为什么创造这样一个因其无法实证与量化而被现代经济学激烈抨击的剩余价值学说？答案可能并不在于其是否真的具有可量化的经济意义，而是在于从价值生产这一事实领域才具有重建一种政治价值的可能，从而为无产阶级穿越拜物教幻象、指认压迫性的来源——资本逻辑。现在，"资本越来越表现为社会权力，这种权力的执行者是资本家，它和单个人的劳动所能创造的东西不再发生任何可能的关系；但是资本表现为异化的、独立化了的社会权力，这种权力作为物，作为资本家通过这种物取得的权力，与社会相对立"[②]。

三 社会问题、社会正义与自由

从上述思想史来看，《资本论》的革命性是显而易见的。马克思在19世纪资本主义获得充分发展时，以更高的思想水平回应了斯密在"资本的文明"的开端所发现的那一深刻问题：现代人对自由的追寻，离不开财富的生产与分配。

需要注意，在当代的马克思阐释中，关于政治经济学批判与自由问题存在着两种有待澄清的错误认识。一种是以政治哲学家汉娜·阿伦特为代表，否认马克思对社会问题的关注具有自由的积极含义。在《论革命》中，她说马克思哲学的最大弊病在于受法国大革命的误导，过分关注无产阶级的贫困问题，把解决贫困设计为现代政治的核心。而一旦马克思把社会问题上升为政治问题，其后果则是放弃了建立真正的政治自由、走向社会恐怖。因为贫困的本质乃是"肉体支配下的必然性力量"，不能表达自由的积极意义。自由的本义应该是"政治的"，即建立一个包含公共精神、公共幸福的共同体。[③] 与之相对，阿格妮丝·赫勒代表了另一种反对意见。出于反驳阿伦特的需要，他令

① 《资本论》第1卷，人民出版社2004年版，第204页。

② 《资本论》第3卷，人民出版社2004年版，第293页。

③ 汉娜·阿伦特：《论革命》，陈周旺译，译林出版社2007年版，第50—52页。

人惊异地说明，马克思根本不关心社会问题。《资本论》第1卷中大量引用了英国工厂专员的调查报告，但马克思冷静地不受阶级命运的干扰，“而是利用这个阶级的痛苦来构建他们大胆的哲学概念”，其异化、阶级、剥削概念都是指向更高的哲学人类学计划的一部分，“马克思发明了一套关于未来的，不包括支持社会问题的任何信息的理论：在这一计划的未来中，没有社会问题”①。

在上述观点中，如果说阿伦特的本意是出于维护古典共和主义的政治精神而反对社会主义与现代性的观念，从而误解了马克思的政治经济学与政治理论，那么，赫勒的“为马克思辩护”却并没有提高马克思的声誉。无论如何，《资本论》中对资本主义压迫性和非人化的血泪控诉与对工人阶级悲惨遭遇的揭示，都是不可辩驳的事实。马克思与恩格斯同样赞扬工人阶级在为争取生存权与缩短劳动时间的斗争中所取得的每一次成就，这种成就相比于社会主义终极目标而言尽管还是暂时的，但无论如何不能忽视其实际的重要性。如果没有现实的工人斗争的步步累积，社会主义与共产主义就可能成为空洞的乌托邦而失去实际内容，因为“共产主义对我们来说不是应当确立的状况，不是现实应当与之相适应的理想。我们所称为共产主义的是那种消灭现存状况的现实的运动”②。

这里的关键在于，既要肯定工人阶级的斗争活动对于改变现存不合理状况的努力，又不能仅仅满足任何现实的一点点改善、失去更高的革命动力。当拉萨尔派等庸俗社会主义者把争取“合理的工资”作为斗争目标时，马克思激烈地批判这种执着于“合理的工资”“平等分配的权利”的论调其实掉进了分配主义的陷阱，它与资产阶级政治经济学思维具有耦合性。因为“权利决不能超出社会的经济结构以及由经济结构制约的社会的文化发展”③，资本主义的交往关系连同其权利与法的观念，都与生产方式相契合而构成了一个独立的整体，在分配关系背后具有主导性的是生产方式的逻辑。就分配和交换关系而

① 阿格妮丝·赫勒：《后现代政治状况》，王海洋译，黑龙江大学出版社2011年版，第127—129页。

② 《马克思恩格斯文集》第1卷，人民出版社2009年版，第539页。

③ 《马克思恩格斯文集》第3卷，人民出版社2009年版，第435页。

言，工人和资本家之间反倒是并无不合理之处，“生产当事人之间进行的交易的正义性在于：这种交易是从生产关系中作为自然结果产生出来的。这种经济交易作为当事人的意志行为，作为他们的共同意志的表示，作为可以由国家强加给立约双方的契约，表现在法律形式上，这些法律形式作为单纯的形式，是不能决定这个内容本身的。这些形式只是表示这个内容。这个内容，只要与生产方式相适应，相一致，就是正义的；只要与生产方式相矛盾，就是非正义的”①。这段话的深意在于，从分配正义来理解科学社会主义并未抓住问题的根本。由于分配方式决定于生产方式，在任何产品分配之前首先是生产资料的分配，因此，必须从生产方式领域的变革来理解社会正义的全部规划。根据大卫·哈维的说法，那就是通过设计一套科学的路径、形成一种批判的理论，揭示出资本主义的深层结构、回应“公平交易”的路径，并且以全新的社会和物质关系为基础提出不同的价值体系、推翻资本主义的价值形式。② 这种生产方式与价值体系的重新规划，从《德意志意识形态》中关于“真正的共同体”条件下“联合起来的个人对全部生产力的占有”到《资本论》中被描述为“自由人联合体”观念和“重建个人所有制”的规定，内蕴了一种全新的“生产方式的正义”概念。③

在这个意义上，马克思《资本论》中的政治概念不仅不同于庸俗社会主义的分配正义理论，亦与自由主义立足于国家—社会、经济—政治的二元划分的政治概念相区分。近代早期自由主义把问题的焦点集中于在个人与社会之间划定明确的边界、肯定个人利益的绝对优先性，公共权力则被视为消极力量予以规避。结果，贫困等社会问题就被排除在视野之外。而在罗尔斯等当代左翼自由主义者那里，尽管社会问题被编织进了正义论的建构中，但罗尔斯所依据的方法论是理性主义先验论的，即从原初状态、无知之幕、最不利者的最大利益等预

---

① 《资本论》第3卷，人民出版社2004年版，第379页。

② 大卫·哈维：《跟大卫·哈维读〈资本论〉》，刘英译，上海译文出版社2014年版，第51页。

③ 参见袁立国《生产方式的正义：马克思正义论的存在论视野》，《社会科学辑刊》2015年第3期。

设出发建构正义的规范、实现社会整合。实际上，这种调节性的正义并没有对资本主义构成实质挑战，它在建构一种积极的规范时缺少对非正义状况的批判分析，更没有深入考察产生这一问题的真实根源。与之相对，马克思认为经济领域乃是真正的力量体系，在此之中形成现代社会的权力关系、主导着实际的政治结构。

而阿伦特在批评马克思过分关注社会问题时没有料到，马克思早已偏离了西方政治理论的传统习惯。基于生产方式的重建，马克思把以往属于政治概念的和平、安全、正义、自由等价值归属于社会概念。对于现代而言，最重要的固然是社会的经济结构问题，但这并不意味着人就完全堕入经济事务中而沦为动物性存在、远离自由理想。事实上，现代人的自由具有不同于古代自由的新内涵。与古代社会对财富与劳动的蔑视不同，现代人的自由并不需要为摆脱感性的制约而放弃现实中的物质财富的占有，转入沉思与内省的主观道德世界。真正人的存在就立足于物质生产之上而为自己开辟着自由的道路，即运用自身的力量把自然的必然性创制成自由的自主性。在这一社会中，每个人的自由发展是一切人发展的前提条件，它代表着真正的普遍性，而不是被阶级限制的有限普遍性。也正是因马克思始终坚持在对社会问题的求解中诉求于正义的来临与自由之实现，社会主义才是兼具现实性与理想性的统一体。就此而言，当代政治哲学还并未把握住马克思的问题意识，更无法替代马克思主义的政治分析方法。

文化创伤与民族复兴的阴影*

朱丹琼

摘　要： 国内在民族复兴的研究中有两种研究范式并存，通过与其他国家所使用的用来凝聚国民的概念比较，有助于厘清中国当代民族复兴的意义与价值取向。尽管民族复兴及与之相关的民族主义在国际话语体系中，遭受诸多非难，但也不乏力证其价值的学者。这些论证无疑也证明了中华民族在经历文化创伤之后实现民族复兴的合法性，文化创伤及当代与传统的断裂成为当代中国民族复兴的阴影，走出这一阴影才能够实现真正的民族复兴。

关键词： 民族复兴　民族主义　文化创伤　文化潜意识

一　两种范式的并存及对民族复兴的界定

在国内学界，最晚近的对民族复兴这一概念追根溯源加以历史考察的主要有郑大华与张弛以及俞祖华与赵慧峰。[①]这两项研究不约而同地将“民族复兴”的源头锁定在孙中山先生提出的“振兴中华”的口号上，研究者都将民族复兴明确当作一种社会思潮，其广为传播并产生广泛社会影响的时间定在“九·一八”事变之后。当时围绕民族

作者简介：朱丹琼，西安电子科技大学人文学院哲学系副教授。主要研究领域为环境美学。

* 本文为第五届中国近代思想史国际学术研讨会的参会论文。

① 郑大华、张弛：《近代“中华民族复兴”之观念形成的历史考察》，《教学与研究》2014 年第 4 期；俞祖华、赵慧峰：《近代中华民族复兴观念的生成及其衍化》，《天津社会科学》2014 年第 3 期。

复兴创办的刊物如《再生》与《复兴》等，共同的诉求都在于如何改变中华民族积贫积弱的现实状况。在俞祖华与赵慧峰对民族复兴内涵的探讨中，他们认为在20世纪初，民族复兴的概念虽未定型，但这一话语的含义已经比较清晰，包括救亡图存、赶超列强、革新中国、传承文脉四个方面。

将民族复兴当作社会思潮来研究，是中国近代思想史研究的路径与范式。当然，在国内也还存有另一种研究民族复兴的范式，即不是将民族复兴当作一种社会思潮而是当作一种执政纲领与治国策略来研究。这两种范式并存，但在方法、取向上存在许多差异，后一种范式受到国际学界关于民族与民族主义的探讨。安东尼·D. 史密斯（Antony D. Smith）在其著作《全球化时代的民族与民族主义》的中文版序言中宣称，“种族民族主义取代了西方自由资本主义和苏联马克思主义的意识形态的统治地位，成为全世界社会运动和政治理想的基础和语言”[①]。这一宣言，表示民族主义已经成为一种新的超越政治体制的意识形态，而在这种话语体系下的“民族复兴”也将不再只是纯粹的社会思潮，而是第二种范式，即在政治学、社会学意义上的研究。但是，作为社会思潮的民族复兴与作为政治意识形态的民族复兴，却在很多方面表现出细微的联系，发人深省。

民族复兴具有强烈的民族色彩。民族问题有生命不能承受之重的意味，在国际上对民族问题的研究体现出一系列相互矛盾又自成体系的观点。从世界范围来说，对民族主义的研究出现过三次大的浪潮，而且每次浪潮都伴随着世界历史的巨大动荡与世界政治格局的改变。令人不解的是，随着工业文明的发展与科学技术成就在20世纪的普及，从表象看来，无论政治体制、社会形态、宗教信仰如何，人类生活的表象正在一体化，走向一种以资源消耗、消费主义为主要模式的生活形式，但在这种前所未有的高度一致性之下，却存在着一波又一波的区域性冲突的暗流，不断地冲击着一体化的生活模式。这背后通常是一种价值冲突，一种关于一元论、世界主义与国际化的价值体

① 安东尼·D. 史密斯：《全球化时代的民族与民族主义》，龚维斌、良警宇译，中央编译出版社2002年版，第1页。

系，与多元论、个体主义、岛国主义与区域化的价值体系之间的冲突。

一个不争的事实是，大多数的国家即使不使用民族复兴的概念，也会用国民认同（national identity）、族裔认同（ethnic identity）、民族主义（nationalism）、国家地位（nationhood）等来增强国民的凝聚力。在所有这些术语中最重要的莫过于国民认同，它所指的应当是一个国家的公民无论人种、民族、族裔的区分，都对于自身作为国家公民，以及对于国家的政治制度、意识形态、文化与价值追求有认同。这种研究对于美国和加拿大这样的移民国家来说尤其重要。像这样的移民国家需要考虑的问题是，面临着一个多语言、多族裔的国民，如何使得民众自觉到自己的国民身份，并且能够随时随地维护本国利益，在国际事务中宣扬本国所追求的价值体系。在一项研究亚裔美国青年的民族认同的研究中，研究者们研究了韩国、日本、中国、印度、菲律宾等国的亚裔青年的多元文化表现，并且尝试去发现这些表象之后的价值。①这项研究的意义在于，即使族裔不同，作为少数族裔的亚裔美国青年形成了对自身族裔的身份认识，但这一身份认识并没有妨碍国民认同。

这对于中国的启示在于，中国虽然不是移民国家，但中国版图辽阔，区域分明，不仅历代已经有中原与四方、华夏与蛮夷戎狄的分别，历史上因民族冲突而烽火遍地也是史不绝书，国民认同尤其是边疆地区少数族裔的国民认同，既是历史问题也是现实问题。作为多民族国家，各个民族自身的身份认同因为中国实施的民族区域自治制度而得到一定程度的保全，但这也使得中华民族这一概念面临诸多挑战。尽管显而易见，但依然值得指出的是，目前中国话语体系下的"民族复兴"指的是中华民族的复兴，尤指以政治学为基础的国民认同意义上的民族复兴，而不是人类学族裔认同上的民族复兴，也就是某个民族的复兴。国民认同意义上的民族与民族复兴，被法国思想家

① Jennifer Lee, Min Zhou ed., *Asian American Youth: Culture, Identity, and Ethnicity*, New York: Routledge, 2004, pp. 314 - 315.

吉尔·德拉诺瓦称为“接近政府或政府内部的民族主义潮流”[①]。

二 民族主义与民族复兴的非难及其价值

民族与民族主义孰先孰后的讨论，似乎又陷入了一个逻辑怪圈。英国社会学家安东尼·吉登斯（Anthony Giddens）在其《民族—国家与暴力》一书中，在研究欧洲民族国家的成立过程中区分了两种社会，即现代的以民族—国家为体系的现代社会与传统的阶级分化的社会，在世界历史近300余年的演变中，传统社会已经瓦解殆尽，在新型社会秩序的形成过程中，产生了具有明确领土边界的民族集体，而民族主义指的却是一种情感与心理依附。在这种意义上，民族与民族主义是现代产物。在关于民族与民族主义的关系问题上，吉登斯指出，“民族若没有形成，就绝不可能会有民族主义，至少绝不会有现代形式的民族主义”[②]。

有一部分研究者认为，民族主义应当为19世纪乃至20世纪人类的诸多暴行如殖民主义、世界大战、区域战争等负责，使得民族主义遭受许多指责。根据安东尼·D. 史密斯的总结，对民族主义的非难主要来源于三个方面，其一，从知识论的角度来说，反对者认为，民族主义因集体文化认同中的冲突、集体意愿达成的困难、民族边界难以确定等，显得逻辑混乱，因此民族主义必须依靠其他思想体系或者理论框架来补充；其二，从伦理的角度来说，反民族主义者比较倾向于将民族主义等同于极端主义，认为民族主义对自身文化的认同会排斥其他民族的文化与社会封闭，会否定自由、民主与人权等普世价值，因而在伦理上是不可取的；其三，从地缘政治学的角度来说，反对者认为，在多民族混杂居住的区域，民族主义会导致民众之间相互

---

① 吉尔·德拉诺瓦：《民族与民族主义：理论基础与历史经验》，生活·读书·新知三联书店2005年版，第17页。

② 安东尼·吉登斯：《民族—国家与暴力》，生活·读书·新知三联书店1998年版，第141页。

憎恨、地区不稳定与社会分裂。①

基于以上三点对民族主义的指责，安东尼·D. 史密斯尝试提出三个观点，认为民族主义至少具有三种价值。第一，民族主义是一种政治需要，即尽管从知识论的角度来说民族主义存有现实中的逻辑混乱问题，但在现存国家体系中唯一能够拿来运用并且可以使大众接受从而认同“祖国”的却又恰恰是民族和民族主义。对此，他强调，“只要全球秩序是建立在国家竞争力均衡的基础之上的，族体原则（principle of nationality）就会提供唯一能够被广泛接受的合法性以及进行大众动员的中心”②。这样一来，各国利用民族与民族主义建立该国的政治秩序与政治文化，就相当合理，至此，价值问题并没有产生。价值问题只有在国家利用民族与民族主义动员大众建立何种政治秩序与何种政治文化时，才得以产生。比如拿破仑和希特勒发动战争时都借用民族主义与民族复兴的口号，将民族主义与民族复兴当作动员大众参与和支持战争的手段使用时，负面消极的价值产生，并使民族主义自身面临深重的危机。如果我们按照安东尼·D. 史密斯的逻辑推理，那么国际政治秩序应当是在各国依据自己的民族特色与历史文化建立的具有自身鲜明政治风格的一个多元化世界。

第二，民族认同具有社会功能，指的是民族和民族主义能够凝聚一个国家的公民，并且使公民对社会产生归属感，通过神话、文化历史记载、集体活动与仪式等使公民感受到自己是此集体的成员，“逐渐领悟到其依赖民族的社会职责……例如保护其共同体不可替代的文化价值、重新发现其真实起源、歌颂与仿效英雄模范之美德、重新建立手足之情与亲属情感，以及为共同的目标动员国民等”③。在这个意义上，中国当前对自身传统文化的思考以及对精神家园的构建显得尤为重要，每年一度的黄帝陵祭祖或者各种其他寻根问祖的活动，无形之中都在阐释上述的功能，都因民族认同而起到巨大的社会凝聚

① 安东尼·D. 史密斯：《全球化时代的民族与民族主义》，中央编译出版社 2002 年版，第 179—184 页。

② 同上书，第 186 页。

③ 同上书，第 187 页。

作用。

第三，民族与民族主义在各国的深厚历史基础及其独特性，必将在全球化现代化的进程中展示其独特的过程，用安东尼·D. 史密斯的话说，“一幕独一无二的民族解放与大众动员的现代戏剧”①。民族的现代化过程就是在各自的历史文化以民族共同体为载体，在现代化的洪流之中传承、挑战并接受挑战、回应着传统与现代化的永恒主题。在这一过程中，历史与文化不断地获得新的解释，新的解释背后维持的仍然是新一轮的民族认同与民族命运的写就。这种民族认同超越于意识形态和信仰体系，成为这二者的替代品。

基于以上三点原因，尽管民族与民族主义遭受诸多非难，但安东尼·D. 史密斯认为，民族与民族主义是现代世界秩序中唯一现实的社会文化框架。一个无可否认的事实在于，不管人们如何评价民族及民族主义，不管人们认为二者是毁灭性的还是建设性的，大多数的人都认可二者在当代社会中是不可替代的。法国思想家吉尔·德拉诺瓦将民族与民族主义在各种历史条件下的适应能力归结为民族主义的多种变种，是有一定道理的。而里亚·格林菲尔德（Liah Greenfeld）则在著作中宣称“民族性是现代性的构成原则”，“如果它（民族主义）真的消亡了，我们所生活的世界将不复存在”。②

在以上对民族主义的价值探讨中，民族与民族主义的价值已经毋庸置疑。但事实上，所有的人类学意义上的族裔与政治学意义上的民族的价值，还可以从生态学的角度进行阐释。各种族裔恰似生态系统中的各种物种，多族裔组成的国家类似于一个稳定的生态系统，众多的生态系统会组成一个美丽的星球。在生态学中，各种生态系统都有自己的特色，并且倾向于维护自身的稳定，正如各民族国家都具有自身特定的地域、语言、文化与政治结构一样。外来物种的入侵往往会扰乱原来的系统，通过长期演化会达成新的平衡。生态区域内的稳定与平衡具有很多不确定性，在生态学上值得注意的是，不同生态区域

---

① 安东尼·D. 史密斯：《全球化时代的民族与民族主义》，中央编译出版社 2002 年版，第 189 页。

② 里亚·格林菲尔德：《民族主义：走向现代的第五条道路》，上海三联书店 2010 年版，第 621 页。

的边缘，物种间的交流与活动是具有决定意义的，其寓意在于，地缘意义上的政治交流可以引发或避免种族冲突。民族复兴的意义是维持某种特定的生态系统自身的稳定与平衡。这里值得思考的一个问题是，地球上的生态景观既有森林、草原和湿地这样的绿地系统，也有荒漠、戈壁滩这样的不毛之地，我们对于荒漠、戈壁这样的不毛之地的平衡与稳定性，甚至可能是美，应该持有何种态度呢？

三　中华民族复兴的合法性及其价值冲突

事实上，通过第二部分的论述，中华民族复兴的合法性显而易见，并且不需要着墨太多。也就是说，既然民族与民族主义是现存秩序中唯一现实的社会文化框架，那么任何国家选择这一文化框架都是无可厚非的。但是，在框架确定之后，框架之中的内容却是值得深思的问题。讨论具体的民族复兴，当然民族认同形成的具体过程是无法回避的。

美国学者里亚·格林菲尔德分别研究了西方民族形成过程中占据核心地位的五种具体情况，作者认为世界近代的历史与命运就是由这些民族的发展塑造出来的。这五个民族分别是英格兰、法兰西、俄罗斯、德意志与美利坚，通过对每个民族的民族认同历史的细致追溯，里亚·格林菲尔德事实上考察了世界近代历史中的结构性矛盾，包括阶层、意识形态、宗教、观念世界等。英格兰以自由、理性而著称，法兰西引进了英格兰的民族概念，却将其抽象化和神圣化为一种集体人格，在这两个国家中，民族思想对政治文化产生了极其重要的影响。①

在对俄罗斯民族意识的形成过程的考察中，格林菲尔德认为俄罗

① 里亚·格林菲尔德：《民族主义：走向现代的第五条道路》，上海三联书店2010年版，第196页，作者在此后亦指出，英格兰与法兰西的区别还在于，英格兰因为宣扬个人理性与个体自由，因而使民族具有了自由，在那里个人是权威的来源，一如托马斯·霍布斯的论述；而法兰西则与其相反，首先是民族的神圣化从而使得民族先自由，而后才有个体自由的合法性。这是民族意识形成过程中发展出来的两种不同传统。

斯始终没有摆脱西方的阴影，渴望理性与自由却又憎恨自身文明的不成熟，从而导致了对西方的怨恨而拒绝了西方的模型，作者也用这一理论来解释俄罗斯历史上一次又一次与西方的碰撞与对抗。①在对德意志的民族意识与民族认同的考察中，格林菲尔德注意到，德意志民族认同的关键阶层不是贵族与社会精英分子，而是职业知识分子，外来的启蒙哲学与本土的虔敬主义和浪漫主义都促成了德意志的民族认同，但初生的德意志民族面临反法战争，在对法兰西民族的仇恨中德意志的爱国民族主义最终产生，而反犹主义正是从浪漫主义与爱国主义中演化而来的，在这种反犹的思想中也纠缠着复杂的如俄罗斯民族般的憎恨西方的情绪。美利坚民族的形成继承了英格兰的理想，又因为移民而融入了多种族裔，在作者看来，这个民族是个人主义与公民民族主义进行结合的典范。②

里亚·格林菲尔德虽然研究了西方与对西方的憎恨，但他的研究中并没有涉及中亚和东亚民族，这多少有西方中心主义的嫌疑。相比之下，德拉诺瓦的视野更加开阔，其著作中充满了一种对东亚民族的洞察。③值得一提的还有，在格林菲尔德的研究中，民族主义对政治结构与经济行为的影响是不言而喻的，“社会性质是由社会对自身的意向或由社会的本质认同决定的”④。当我们理解了西方民族认同的形成过程，再反观中华民族的民族认同与复兴时，我们会发现巨大反差，中华民族最原初的规定中强调的不是个体价值诸如批判理性与自由，而是人的社会实用理性，人作为个体在社会中存在所必须遵循的那些社会规范、伦理规范，是一种人本主义的集体主义。中国历史上的民族纷争、冲突与融合此起彼伏，但无论是20世纪初梁启超关于小民族主义与大民族主义的界定，还是80年代费孝通的多元一体格局的

① 里亚·格林菲尔德：《民族主义：走向现代的第五条道路》，上海三联书店2010年版，第304—310页。

② 同上书，第615页。

③ 吉尔·德拉诺瓦：《民族与民族主义：理论基础与历史经验》，生活·读书·新知三联书店2005年版，第89—90页。

④ 里亚·格林菲尔德：《民族主义：走向现代的第五条道路》，上海三联书店2010年版，第619页。

论述，[1]都表明我们是与美利坚类同的公民民族主义，但我们是集体主义的，不是个人主义的。

对中华民族的民族认同的特质的探讨，似乎契合并且论证了当代我们对于自身路径与命运的预见。但是仔细思考会发现，当代所倡言的民族复兴其背后是存在些许价值冲突的。第一个深刻的冲突来源于，作为中国当代意识形态主流的马克思主义哲学所追求的是普遍的人类解放与自由，但是我们在国际话语体系中并没有倡言这一点[2]，相反，主张的是革命不输出的理论，虽然代之以发展后的或者中国化的马克思主义哲学，强调特色与路径，固然有自身意识形态宣传的需求，但这根本上是一元论的普世主义与多元论的区域主义的冲突。这多少导致，国际言论上倾向于评论中国的民族复兴是以自我为中心的，这种评价并不因中国付出巨大代价去进行国际援助而有所不同。

其次，因为自身发展与国际生存格局的设定，我们试图以“和而不同”在国际体系中论证自身价值取向的合法性。这当然是明智的选择，却不一定是厚道的选择。因为“和而不同”更多论证的是我们的“不同”与国际上的其他社会政治结构、意识形态及文化差异的合法性。当面对自身内部的诸多不同时，却很难以同样的逻辑去论证和容纳这些不同。只有当“和而不同”在各个层面真的能够付诸实践时，我们自身在逻辑上才是完整的。

事实上，如果我们再进一步思考，还可以发现更多的冲突，包括我们是将民族复兴当作手段或是目的等。本文思考这些冲突的目的不在于否定民族复兴及其实践，而在于我的一个相当形而上学的观点：冲突本身是有益的，是进化的动力。只有认识了这些冲突，认识了当前民族复兴过程中的内在张力，民族复兴的过程才能够真正展开。

---

① 费孝通：《中华民族的多元一体格局》，载《费孝通自选集》，首都师范大学出版社2008年版，第537—574页。

② 部分原因在于西方话语体系已经将自由与私有财产权、人性根深蒂固地联系在一起，20世纪的国际政治运动更加深了全球对马克思主义及其政治结构的质疑。

四 文化创伤与民族复兴的阴影

前面已经论及，在中国近代思想史的研究范式中，民族复兴在晚清已经逐渐萌发，在20世纪二三十年代已经成为一种社会思潮。不言而喻，这一萌发是在中国晚清社会的历史现实下催生出来的。从这个意义上讲，中华民族在凌辱之下应该是怀着如德意志与俄罗斯憎恨法兰西的那种情绪去凝聚新的民族精神，但是我们看到的事实却与此不同。国际强权秩序引发的是对强权的景仰与追求，大多数精英知识分子本着见贤思齐的心态，提倡以科学和民主救国，五四运动表现出来的文化叛逆事实上表征的是文化前途的迷惘。

在80年代之后，中国的知识分子更是念念不忘启蒙，是这种迷惘的延续。①我们推倒了几千年来赖以支撑自身的价值，却没有发展或重建出一套新的价值来，继续挣扎在传统与现代、中国与西方、意识形态与经济行为的两极分化中，没有什么好的出路。即使在当代，当国际舆论都热衷于讨论华盛顿共识之后的北京共识、美国之后的世界第二大经济体、中国和平崛起之类的话题时，讨论的多是政治精英的执政策略，却鲜有舆论热衷于讨论究竟中华民族本着何种世界观、持有何种价值体系，执政理念与普世情怀毕竟还是存有很大的差异，尤其是当执政理念过多地强调了路径依赖，或即政治结构依靠历史决定论来进行阐释时。这背后缺失的是中国自身的文化宣言。种种迹象表明，辛亥与五四之后，救亡、解放等革命运动以及科学救国、全盘西化等言论已经使中华民族面临着深刻的文化危机，经历了剧烈的文化创伤。如果文化创伤难以疗复，那么文化自觉与文化自信始终是一场空谈，而最终成为民族复兴的阴影。

文化创伤（cultural trauma）是美国社会学家杰弗里·C. 亚历山

① 李泽厚在其《启蒙与救亡的双重变奏》中表示，“革命战争挤压了启蒙运动和自由理想”，因而中国20世纪下半叶出现的种种历史悲剧就并非匪夷所思了。引自《中国现代思想史论》，东方出版社1987年版，原载《走向未来》1986年创刊号。

大（Jeffrey C. Alexander）提出来的概念，其发生指的是“当一个集体的成员感到他们经历了可怕的事件，以至于在其群体意识上留下了难以磨灭的痕迹与记忆，进而根本性地不可逆转地改变了其未来”①，可怕事件的类型包括诸如奴隶制、纳粹大屠杀等。罗恩·艾尔曼（Ron Eyerman）研究了奴隶制作为一种集体记忆而不是一种制度或个体经验对非裔美国人认同的影响，正是在美国内战和奴隶制被废除之后，这种集体记忆（collective memory）仍然根植在一代又一代的非裔美国人的记忆中，最终形成了非裔美国人这一集体认同，为奴的叙事结构导致的集体认同甚至在第二次世界大战之后仍然影响着非裔美国人。②同样，伊蒂丝·塔尔（Idith Zertal）在其研究中也探究了大屠杀与种族灭绝以及犹太裔作为受害者的集体记忆和文化事件，在以色列的公共领域塑造了这一族裔的自觉意识与认同，创造出民族性并且使国家具体化。③

正是与奴隶制和大屠杀一致的文化创伤，正是晚清弊政之下列强侵华与日军在第二次世界大战中的屠杀，使中华民族在近代历史的书写以及传播中一直秉承推翻三座大山、屈辱与抗争、勿忘国耻的叙事结构，这一叙事结构也成了中华民族的集体记忆，在历史的车轮滚滚走向21世纪时，这种叙事结构依然在强烈地影响着当代国民，并且在相关事务领域起到重要作用。杰弗里·C. 亚历山大将文化创伤集中在公共领域而不是局限于心理学意义上的个体分析，主张文化创伤是社会建构起来的，而不是事件本身的创伤性质，其社会建构指的就是事件发生之后叙事过程中代际展开的过程，从四个非常关键的问题中展开叙事达到向未在场的后代再现过去，或者共同追忆可怕事件，让当代人将自我与该事件联系起来。④

---

① Jeffrey C. Alexander, Toward a Theory of Cultural Trauma, see Jeffrey C. Alexander et al., *Cultural Trauma and Collective Identity*, Berkeley, CA: University of California Press, 2004, p. 1.

② Ron Eyerman, *Cultural Trauma: Slavery and the formation of African American identity*, New York: Cambridge University Press, 2003, pp. 174 - 175.

③ Idith Zertal, translated in English by Chaya Galai, *Israel's Holocaust and the Politics of Nationhood*, New York: Cambridge University Press, 2005, pp. 1 - 2.

④ Jeffrey C. Alexander et al., pp. 12 - 15. 这四个问题包括，痛苦的性质、受害者的性质、受害者与广大受众的关系、责任归属（指的是对迫害者的身份认定与责任界定）。

然而，除了侵略这种来自外部环境的势力压迫，新中国成立之后的内部历史进程，以及当代对政治结构的独特阐释，也以集体记忆的形式暗示着当代中国人，我们不仅与众不同，与西方不同，我们更是与自身传统断裂的当代中国人。但新中国成立以来，对于传统价值体系的诉求却淹没于意识形态之争与急于求成的经济建设的狂澜之下，直到最近才有所改观。但是当部分知识分子终于可以客观探讨传统文化的价值所在时，可能亡羊补牢的局面已经出现。[①]断裂了近一百年的传统已经很难接续，而民族复兴显然并不是接续上传统就万事大吉的。

显然一切的所系仍然在人，仅仅靠外在的意识形态宣传而不是人自身的内在诉求，是很难建立起真正的文化自信的。从这个意义上讲，文化创伤已经不仅仅是杰弗里·C. 亚历山大所指的惨烈历史事件留下的集体记忆，而是文化自身作为一个根本，作为一种本体，已经因失去与载体的联系而遭到极其严重的破坏，这里的载体不是指经典著作，也不是指某种礼仪规范或者传统节日，而是指活生生的当代人。目前的时代，究竟有多少大众在日常生活中的情绪表达、情感诉求与生命态度的确认是出于传统的价值，又究竟有多少知识精英因为文化的自觉意识而支撑其生命以及生活的全部意义呢？

文化创伤既是以文化自身为本体的创伤，又是以文化潜意识[②]的状态存在传统断裂之后的群体里面，以前面所述的民族认同的形式存在。这种潜意识表明的是，无论当代与传统断裂到何种程度，文化潜意识表征的是我们无法忽视的一个事实，即尽管历史决定论让人生厌，我们无法忽视中华民族是从这种文化中走出来的事实。文化潜意识会不断地以各种形式存在于精英与大众的群体心里，在这种意义

---

① 虽然放眼国内外，外有孔子学院，内有各种形式的国学院，但真正主宰当代中国国民价值取向的仍然是根深蒂固的实用理性，与文化的原初状态已经相去甚远。

② 文化潜意识的概念受到“生态潜意识”概念的启发，该概念主张，无论工业化与城镇化将人与自然隔离到何种程度，但人是从自然中进化出来的事实会在人类潜意识中存在，召唤人类回归自然。参见 Theodore Roszak et al. , *Ecopsychology*: *Restoring the Earth*, *Healing the Mind*, NY: Sierra Club Books, 1995。罗尔斯顿在其环境研究中也指出，没有纯粹的自我，意识是社会的，这里似乎应该再强调一点：意识更是历史的。参见 Rolston, Holmes, *Philosophy Gone Wild*, 1st ed. NY: Prometheus Books, 1989。

上，当代的民族复兴不是我们目前的理性选择的结果，而是从内在于国民认同之下的所有个体的潜意识中发展出来的。文化自觉因而应该是从文化潜意识中发展出来的。

问题在于，文化潜意识普遍而内在，千呼万唤始出来，但对文化的诉求与这千千万万却有太多不同，这将是当代民族复兴的最大阴影。除此之外，在于目前我们在认识传统文化的价值时，依据的仍然是那些与传统的政治结构（封建主义）结合得较为成功并且得到推崇与传播的那些价值，我们需要的是进步的政治结构所真正需要的价值。中华文化源远流长、博大精深，作为文化本体自身不会因为当代人选择什么而缺失什么，如果我们面对的是进步，我们一定会让作为本体的文化自身获得更为旺盛的生命力，而且，我们应当坚信的是，中华文化在其萌发初期就已经预备了她自身成长的一切动力。

元代水浒杂剧与《宣和遗事》关系新论*

许勇强　李蕊芹

摘　要：自胡适、鲁迅以来，关于《水浒传》成书演进的基本脉络（历史上宋江故事—宋代民间口传故事—南宋话本故事—元代水浒杂剧—小说《水浒传》）已成为学界共识。但仔细比较《宣和遗事》与元代水浒杂剧的异同，发现二者乃同源并生的南北两种不同系统的水浒故事，而非前后继承的关系。明初的《水浒传》主要吸纳了以《宣和遗事》为代表的南派水浒故事，以元代水浒杂剧为代表的北派水浒故事对小说的成书贡献相对较小，故而形成杂剧与《水浒传》"无关"的假象。

关键词：《水浒传》　成书　《宣和遗事》　元代水浒杂剧

一　《遗事》是水浒戏的源头吗

自20世纪20　30年代胡适、鲁迅和郑振铎等巨擘开始考证《水浒传》的成书，迄今为止已近一个世纪。经过学人的努力，学界对《水浒传》成书过程大致趋于一致，即历史上宋江故事—宋代民间口传故事—南宋话本故事—元代水浒杂剧（以下简称水浒戏）—小说

作者简介：许勇强，西安电子科技大学人文学院中文系副教授，研究方向为中国古代文学；李蕊芹，西安电子科技大学人文学院中文系副教授，研究方向为中国古代文学。

*本文系国家社科基金青年项目"明清戏曲改编研究"（项目批准号：12CZW036）阶段性成果；江西省高校人文社科重点研究基地招标项目"明传奇与小说关系研究"（项目批准号：JD1151）阶段性成果。

《水浒传》。由于南宋有关水浒的话本存世极少，除了《醉翁谈录·小说开辟》所著录的《青面兽》《花和尚》《武行者》等小说篇目之外，至今能够看到的唯一说话材料就是刊刻时间未明的《大宋宣和遗事》（以下简称《遗事》）。因此学界在探讨《水浒传》成书问题上自然对其格外重视。例如胡适就说："我们看《宣和遗事》便可看见一部缩影的'《水浒》故事'。"[1]陈中凡也说："《宣和遗事》确定了水浒的根据地，提出了'天书'和重要人物'公孙胜'和'林冲'，使整个故事和《水浒传》更加接近……《宣和遗事》作于元人，才是《水浒传》最早的底本。"[2]徐朔方也说"后来《水浒传》的骨架已经在这里（笔者按，指《遗事》）具备了"[3]。

由于《遗事》在小说演进过程中近乎活化石的特殊地位，学人在讨论《水浒传》成书问题的时候往往有意无意地将南宋水浒说话等同于《遗事》，甚至将其视为元杂剧的直接源头。如何心先生说："元曲中写众英雄，虽然还没有定型，但是叙述宋江与晁盖的关系以及上梁山落草的原因，却大都根据《宣和遗事》……到了元末，有人搜集了话本中和杂剧中一部分梁山泊英雄故事，连缀起来，再加上他自己的创作，成为一部长篇小说，这就是原始的《水浒传》。"[4]陈中凡在论述元代的话本《遗事》后，接着就说"元代的水浒故事流传既广，戏曲家也就取为编剧的资料，遂写出许多水浒的剧本"[5]，言下之意显然是说元代杂剧是从元代的话本故事（如《遗事》）而来的。崔茂新则认为："从现有资料看，元代水浒杂剧与《宣和遗事》在基本的美学意趣上有着虽很隐蔽但却十分确凿的血脉联系和发展痕迹。""水浒杂剧把《宣和遗事》'反叛'与'忠义'之间的外在矛盾对立内化为宋江的身世、行迹及性格特征。"[6]其实不仅是以上所举数例，大多数文学史著作和研究论著在谈到《水浒传》成书问题的时候，其论述模式通常是：先举历史上宋江的若干材料，然后就是宋元说书的材料如《醉翁谈录》中的小说篇目、龚开《宋江三十六赞并序》和《遗事》，然后就是元杂剧。显然，以上这些论著其实在有意无意中将《水浒传》的成书脉络简单化、直线化，认为水浒戏就是直接承袭南宋话本，甚至是《遗事》而来。然而仔细考察水浒戏与《遗事》的异同，却发现中间有很多问题值得深入探讨和商榷。

二 水浒戏未直接承袭《遗事》

学界将水浒戏看作《遗事》的继承和发展，很大程度上是认为后者产生在宋代，前者在元代，时间上具有先后继承的关系。但事实是这样的吗?

首先，关于《遗事》的成书年代，学界目前有四种观点：或曰南宋，代表人物如高儒、郎瑛、胡应麟、黄丕烈和胡适等人[7]；或曰宋元之际，代表人物如马成生、王晓家等[8]；或曰元代，代表人物如周绍良、章培恒、陈中凡等[9]，或曰宋人旧作而元人增益，代表人物如鲁迅、胡士莹、徐朔方[10]。这些论者或从版本，或从文字内容，或从遗民思想等方面进行论证，似乎都有道理。但考虑到《遗事》是“钞撮旧籍”“掇拾故书”而成的，那么其中的“宋江三十六人聚义始末”的成书时间可能未必就是《遗事》最后刊刻的时间，因此仅仅以《遗事》的成书时间来判断其中水浒故事的产生时间可能未必准确。对于这个问题，笔者将另行撰文详述之。

关于元代水浒杂剧的数量，学界目前还没有统一的认识，但就现存杂剧而言，则一般都以傅惜华《水浒戏曲集》中所选的6种（《双献功》《争报恩》《燕青搏鱼》《还牢末》《李逵负荆》《黄花峪》）为准。从这些杂剧的作者（如康进之、高文秀）和文字风格来看，他们的创作时间应该是非常接近的，大概都在元代初期。既然《遗事》中水浒故事的产生时间未能定论，那么从时间的角度来论证元杂剧是《遗事》的继承和发展显然是不合适的，所以齐裕焜认为二者是“并生关系，非继承关系”[11]。

其次，从故事内容来看，二者也显然非继承关系。目前我们能够看到的6种水浒戏，除了《李逵负荆》外，其他几种戏的叙事模式都很接近，主要写某人的妻妾与衙内发生关系，被梁山好汉发现然后锄恶扶善，伸张正义。《李逵负荆》虽然与之稍异，但与表现梁山好汉为民除害行侠仗义的基本主题是一致的。反观《遗事》中的“宋江三十六人聚义始末”，其故事则讲述以宋江为首的江湖豪侠发迹变泰故事，与6种水浒戏的内容完全不同。

值得注意的是这几种水浒戏中都有一段非常类似的宋江独白。如《李逵负荆》：

> 涧水潺潺绕寨门，野花斜插渗青巾；杏黄旗上七个字：替天行道宋公明。某姓宋名江字公明，绰号顺天呼保义。某曾为郓州郓城县把笔司吏，因带酒杀了阎婆惜，迭配江州牢城营。路打这梁山过，遇见晁盖哥哥，救某上山。哥哥三打祝家庄身亡，众兄弟推某为头领。某聚三十六大伙，七十二小伙，半垓来的小喽啰，威镇梁山。[12]

许多学者都认为这段独白概括了当时流行的水浒故事的基本情况。如果我们再看看《遗事》中的水浒故事，则发现二者区别很大。水浒戏只提到了宋江个人的传奇经历，对杨志卖刀、花石纲、智取生辰纲、授天书和招安征讨方腊等只字未提——而授天书和招安征讨方腊这两大情节在水浒故事演进过程中至关重要，它关系着水浒故事的基本框架和主题。由此可推想在元杂剧的水浒故事中，应该还没有出现招安和讨方腊的情节。此外单就宋江个人的故事而言，二者还是有区别的，最明显的是水浒戏提到了晁盖在打祝家庄身亡，与今本小说很接近，而《遗事》则是宋江上山前晁盖就已死了，根本没有祝家庄的事情。可见《遗事》与水浒戏无论在具体内容还是在故事框架上都差距甚大，因此二者之间不可能是直接的继承关系。

再次，从二者的主要人物来看，区别亦非常大。《遗事》主要是写以宋江为首的三十六人如何落草然后招安的发迹变泰故事，其中宋江、杨志等人物形象着墨较多，比较饱满，其他好汉则基本上只是天书上的一个名字，谈不上形象刻画。在水浒戏中，着墨最多的是李逵，然后就是燕青。对于元杂剧中的李逵形象，今人研究甚多，兹不赘述。但许多学者都承认李逵是杂剧家独创的文学形象，对后来的小说有着深远的影响，而杂剧中的宋江基本上就是个主持公道的符号，往往在戏剧的开头和结尾出来起到串场和交代故事背景的作用（唯《李逵负荆》稍异）。所以从人物形象的角度而言，《遗事》与水浒戏区别也很大。

最后，从二者的主题来看，区别也非常大。作为说话故事，《遗事》讲的是以宋江为首领的一伙强人如何发迹变泰的传奇故事，但其中又出现了玄女授天书和招安讨方腊等情节，提出“广行忠义，殄灭奸邪”，“助行忠义，卫护国家”的口号，因此，它“包含了‘反叛’与‘忠义’两方面，而以忠义为主的忠义主题”[13]。但忠义思想在水浒戏中却非常淡薄——尽管戏里提到了“忠义堂”，但这种思想并没有在具体的文本中展开，仅仅是个符号。因此刘世德认为水浒戏是通过“梁山好汉凌强扶弱，除暴安良的英勇事迹，歌颂他们主持正义、‘替天行道’为民除害的侠义行为”[14]。齐裕焜也认为“元代水浒戏主要是惩恶除霸，反对奸臣、表现忠奸斗争的内容并不突出”[15]。

根据以上比较，我们认为水浒戏并非直接承袭《遗事》而来，所以才有学者说“元代关于梁山泊故事的五个杂剧剧本，都不是直接由《宣和遗事》取材”[16]。

三　水浒戏与《遗事》同源异流

既然水浒戏并非直接承袭《遗事》而来，那么会不会是另外一种可能，即《遗事》承袭水浒戏呢？根据目前学界的研究，《遗事》成书时间不会晚于元代前期，那么其中的水浒故事出现的时间自然也不会晚于水浒戏，所以也不可能是《遗事》承袭水浒戏。面对二者之间这种千丝万缕的联系，我们只能认为水浒戏和《遗事》都来自一个更早的水浒故事，它们后来因为各种原因走上了不同的发展道路，从而出现了上述的种种差异。

这种推测其实在文本上也能够找到证据。在6种水浒戏的第一折宋江道白中，有一段关于宋江为郓城县书吏，带酒杀惜然后上山的故事。这段关于宋江出身的故事与《遗事》颇为类似，都有“杀惜—落草”这样一个基本的故事脉络。由于二者之间没有相互继承的可能性，既非水浒戏抄袭《遗事》，亦非《遗事》抄袭水浒戏，那么就只有一种解释，《遗事》和水浒戏中的宋江故事应该都来自他们共同的母亲——最早的水浒故事。

众所周知，今天的水浒故事来自宣和初年真实的宋江故事。作为“横行齐魏，官军数万，无敢抗者”的淮南巨盗之首，北宋末年一定有很多关于宋江的故事流传在河北、山东等地，即鲁迅所说的“奇闻异说生于民间，辗转繁变，以成故事”[17]。一开始这类街谈巷议的口头传说肯定是以宋江为主角，内容大抵是强梁们烧杀掳掠的惊悚传奇故事，即《黑旋风双献功》所说的“风高敢放连天火，月黑提刀去杀人”——这个基因一直遗存到后来的小说《水浒传》中，成为遭受今人诟病的重要原因。因此我们推测，很可能在这个时候关于宋江“杀惜—落草”的故事就已经形成并成为当时宋江故事的基本框架。但很快北宋就灭亡了，中原沦落于金人铁蹄之下，中国出现了宋金南北对峙的政治格局。很可能就在这个时候，原来在中原地区讲述的宋江故事因为南北政权对峙而分道扬镳，各行其道，从而形成了南北两派不同的水浒故事。

可历史上是否曾经存在南北两派的水浒故事呢？我们认为是存在的。从理论上说，由于当时南北对立，相互之间文化不能正常交流，并且水浒故事在传播地域（一为异族统治的金国，一为偏安的南宋王朝）、传播媒介（一是以院本、杂剧为主，一是以说话和戏文为主）和接受者方面均出现很大差异，因此水浒故事在传播过程中必然会出现不同程度的新变，从而形成既相互联系而又各自独立的新的水浒故事支派。对此，孙楷第先生明确指出：

> 水浒故事当宋金之际，实盛传于南北。南有宋之水浒故事，北有金之水浒故事。其伎艺人之所敷衍，虽不必尽同，亦不至全异其趣。……及元平金宋，南北混同。其时梁山泺故事之在南北，当亦因政治之统一而渐成混合之象。南人说梁山泺故事，可受北人影响。北人说梁山泺故事，亦可受南人影响。故《水浒》故事源于北宋，分演于南宋金元，而集大成于元。[18]

尽管孙先生说的是水浒词话（这一点学界还存在争议），但就南宋时期而言，各种不同形态的水浒故事因为宋金对峙而在各自地域内形成风格内容迥异的不同派别则是完全可能发生的[19]。戴不凡则更为具体地指出南北二派故事的区别，认为“南派写招安等，而北派主要是写类似于包公的主持正义故事”[20]。

从文献上看，水浒故事分为南北两派也是存在的。根据元人陶宗仪的《南村辍耕录》，我们知道在金国就出现了一些与梁山好汉故事相关的院本题材，比如“上皇院本”中的《太湖石》《打毬会》，“诸杂大小院本”中的《闹元宵》，“拴搐艳段”中的《打虎艳》等[21]。到了蒙古和元朝早期（1234—1295 年间），北方的院本被流行的杂剧取代，并出现了以东平作家创作为主的元代水浒杂剧。今天我们还能够看到的水浒杂剧剧目有 30 多种。尽管大多剧目的内容已经不可知，但从剧目来看还能推测部分内容，如《折担儿武松打虎》很可能就是继承院本的《打虎艳》。

在南方，正如许多学者所论述的那样，在特定的时代背景下，宋江故事就由原来的讲述强盗的故事演变为讲述忠义人抗金的铁骑儿故事。[22]宋金议和之后，宋江故事进入说公案行列，大量单个英雄的故事产生并成为后世小说最精彩的篇章——《遗事》所记录的水浒故事可能就产生在这个时期。[23]到了宋末元初，[24]水浒诸多英雄的故事在以临安为中心的书会才人手中已经敷衍得丰富多彩了，龚开的《宋江三十六赞并序》就是一个明证。

由此可见，北宋末年作为街谈巷语的宋江故事因宋金对峙而出现南北分流，《遗事》和水浒戏其实就是南北水浒故事在不同时期的代表，它们共同来源于北宋末年的宋江三十六人故事，相互之间没有继承关系，属于同源并生的两种水浒故事形态。

四　水浒戏与《水浒传》的关系度

南北水浒故事随着蒙元的统一天下而出现交融汇合，但由于北派的水浒故事更醉心于具体的英雄好汉行侠仗义的故事，整体结构比较局促（这点从宋江道白就可以看出）；而南派的水浒故事情节完整，结构宏大，且有招安和讨方腊的故事，更能契合时代需要，故而最终成为小说《水浒传》的蓝本。当然北派故事的许多有益因子如武松打虎、三打祝家庄以及李逵形象等也被吸纳到《水浒传》中，但相对而言，这些对《水浒传》成书的贡献却比较小。

由于《水浒传》是以南派水浒故事为基础进行加工改造的，加之元代水浒杂剧流传下来的非常少，因而就造成了一种假象，似乎《水浒传》的成书与元代水浒杂剧无关。比如严敦易就认为，现存水浒戏无论是从内容还是从思想上“并未脱离了或是动摇了故事本身原有的线索和基础，他们只是凸显了某几个人物，他们所创作增撰出来的情节……是一种插话的性质，是定型故事以外的旁枝”，因此认为元杂剧“启发了、壮实了、汇入了还是雏形的未成长的不成熟的当时以及后来的《水浒传》，这种概念是违反了水浒传说演进发展的客观情势的”[25]。

曲家源将水浒杂剧和《水浒传》中的主要人物、故事情节等方面进行了比较，认为元代水浒杂剧与长篇小说《水浒传》的这些不同之处是“带有根本性质”的区别，“在整个水浒艺术发展的历史上，元代水浒杂剧和明初长篇小说《水浒传》是并生于水浒说话这株民间艺术之树上的两枝超绝的花。它们是同根生。但是它们之间却并无前后承继关系。水浒杂剧虽然较《水浒传》产生为早，但它并非后者的来源”[26]。此外陈松柏、戴云波和丁一清等学者也持此说[27]。

显然，这些学者之所以会认为元代水浒杂剧并非《水浒传》的艺术源头，是因为他们仅仅看到现存几种元杂剧与今本小说关系薄弱的表象，既没有从所有存目的元代水浒戏的角度全面考察小说与杂剧的关系，更没有从水浒故事演进的高度进行深入考辨。由于忽略了现存水浒戏只是北派水浒故事的一部分，而今本《水浒传》是以南派水浒故事为蓝本进行创作这一基本事实，研究者就难免得出诸如“元杂剧非水浒故事源流”这样错误的结论。

参考文献

[1] 胡适：《水浒传考证》，《胡适文集》（2），北京大学出版社 1998 年版。

[2] 陈中凡：《试论〈水浒传〉的著者及其创作时代》，《南京大学学报》1956年1月号。

[3] 徐朔方：《从宋江起义到〈水浒传〉的成书》，《中华文史论丛》1982年第2期。

[4] 何心：《水浒研究》，上海古籍出版社1985年版，第84页。

[5] 同[2]。

[6] 崔茂新：《元代水浒戏与〈水浒传〉诗性结构的先期发育》，《东方论坛》2006年第5期。

[7] 关于这一问题，参见高儒《百川书志》、郎瑛《七修类稿·事物类》、黄丕烈《重刊宋本大宋宣和遗事跋》和胡适《水浒传考证》等著作。

[8] 关于这一问题，参见马成生《南宋杭州与水浒故事的形成》(《杭州师院学报》1987年第3期)、王晓家《水浒琐议》(山东文艺出版社1990年版，第201页)。

[9] 关于这一问题，参见周绍良《修绠山房梓〈宣和遗事〉跋》(《水浒争鸣》第1辑，长江文艺出版社1980年版，第25页)、章培恒《不京不海集》(复旦大学出版社2012年版，第188页)、陈中凡《试论〈水浒传〉的著者及其创作时代》(《南京大学学报》1956年1月号)。

[10] 关于这一问题，参见鲁迅《中国小说史略》(上海古籍出版社1998年版，第82页)、胡士莹《话本小说概论》(中华书局1980年版，第714页)、徐朔方《从宋江起义到〈水浒传〉的成书》(《中华文史论丛》1982年第2期)。

[11] 齐裕焜：《水浒戏的贡献不可抹杀》，《明清小说研究》2009年2期。

[12] 傅惜华：《水浒戏曲集》第1集，中华书局1962年版，第33页。

[13] 王平：《〈水浒传〉“替天行道”考论》，《文史哲》2010年第1期。

[14] 刘世德：《李逵负荆摭谈》，《光明日报》1978年7月25日。

[15] 同[11]。

[16] 杨绍萱：《论〈水浒传〉与水浒戏》，载《水浒研究论文集》，作家出版社 1957 年版，第 343 页。

[17] 鲁迅：《中国小说史略》，上海古籍出版社 1998 年版，第 95 页。

[18] 孙楷第：《水浒传旧本考》，载《沧州集》，中华书局 2009 年版，第90—91 页。

[19] 关于这一问题，参见吕乃岩《〈水浒传〉故事在南北两地流传的情况》（《水浒争鸣》第 3 辑，长江文艺出版社 1984 年版，第 121—126 页）。

[20] 戴不凡：《疑施耐庵即郭勋》，载《小说见闻录》，浙江人民出版社 1980 年版，第 98 页。

[21] （元）陶宗仪：《南村辍耕录》卷 25，中华书局 1958 年版，第 307—312 页。

[22] 关于这一问题，参见严敦易《水浒传的演变》（作家出版社 1957 年版，第 69—70 页）、胡士莹《话本小说概论》（中华书局 1980 年版，第 112—114 页）。

[23] 关于这个问题，笔者将另行撰文进行论述。

[24] 关于这一问题，参见吕乃岩《试说龚开的〈宋江三十六人赞〉及其史传之作》（《文学遗产》1999 年第 4 期）及袁世硕、阿部晋一郎《解识龚开》（《文学遗产》2003 年第 5 期）。

[25] 严敦易：《水浒传的演变》，作家出版社 1957 年版，第 120—122 页。

[26] 曲家源：《元代水浒杂剧非〈水浒传〉来源考辨》，《山西师大学报》1986 年第 2 期。

[27] 关于这一问题，参见陈松柏《水浒传源流考论》（人民文学出版社 2006 年版）及戴云波、葛传彬《〈水浒传〉故事演变与农民起义》（《复旦学报》（社会科学版）2001 年第 3 期）、丁一清《论〈水浒传〉的成书类型》（《西北民族大学学报》2005 年第 2 期）等论著。

南宋讲武礼的动态考察

刘　缙

摘　要：“讲武礼”是中国古代军礼的重要一种，起源于先秦，最初是君王检阅军队训练成果的一项皇家礼仪，具有政治与军事双重意义。南宋时期，由于在皇室权力继承上的某些因素，除去传统军事含义之外，“讲武礼”又与当时风行的“神圣政治”发生密切联系，发挥着炫耀皇帝权威、昭示皇权至高无上的政治功用，逐步增加仪典内涵。当然，随着困扰皇权政治因素的消失，这项礼仪也就失去生存土壤，仅剩的积极军事因素也在国家孱弱的武力现状下消磨殆尽，不可避免地走向衰亡。

关键词：南宋　讲武礼　大阅

“讲武礼”是中国古代军礼中由帝王亲自讲习武事、检阅军队的一项礼仪制度，起源甚早。①进入中古时期，在唐宋的礼制体系中，军礼所占比重并不是太大，但其中“讲武礼”很受统治者重视，成为国家政治生活中不可或缺的一环。两宋时期，“讲武礼”在诸多军礼项目中的地位更可以说是居于第一的，而它究竟蕴含着怎样的内容和深刻含义，除军事方面的意义之外，与现实政治有何种联系，都有进一步探讨的必要。②

作者简介：刘缙，西安电子科技大学人文学院历史系副教授，研究方向为宋史。

① 关于“讲武礼”的起源、发展以及在北宋时的基本情况，参见陈峰先生与笔者合著之《北宋讲武礼初探》一文，《清华大学学报》（哲学社会科学版）2007年第5期。

② 关于两宋时“讲武礼”的一些情况，在之前出版的几部礼制通史方面的书中有较为疏略的论述，参见杨志刚《中国礼仪制度研究》，华东师范大学出版社2001年版；陈戍国《中国礼制史·宋辽金夏卷》，湖南教育出版社2001年版。

一　南宋“讲武礼”的发微

建炎元年（1127），宋高宗赵构作为宋徽宗留在中原的唯一皇子，在北宋王朝的废墟上登上皇位，延续了宋朝的统治。依据传统儒家关于正统性的表达，他的继位不容任何置疑——至少符合了当时人希望皇位应该在赵宋皇室内部继续传递，而不是由伪“楚”或伪“齐”的其他姓氏来僭越中原王室血统的正当性。此外人们更加期望能够结束当时战火纷飞、满目疮痍的国势，恢复帝国以往的繁荣局面，这样的理想也当然就维系在这位年轻的君主身上。

南宋初年的士大夫力求使帝国军队能够在金的强悍进攻面前保持旺盛的战斗力，并且肩负起恢复北方失地的重任。但是南宋军队的孱弱现状，又不得不令大家必须在短期内找出解决方法。咸平二年（999）宋真宗在强辽威胁之下举行的盛大阅兵式，在某种程度上激发了南宋初朝臣对于“讲武礼”的关注热情——尽管在北宋后期此项礼仪几乎在国家的政治生活中消失。

建炎三年（1129）胡寅上书谈到治理军队三事，其中之一就是希望宋高宗能够亲自检阅军队，促使士兵加强训练，早日承担保卫国家的职能。[①]而高宗也适时表达了自己继承先祖重视武备的传统及考察武将能力的意愿。[②]绍兴五年（1135），时任资政殿学士的李邴上奏“上战阵守备措画绥怀各五事”，其中之一就是希望高宗能够亲自“大阅”，“宜因秋冬之交，辟广场、会诸将，取士卒才艺绝特者而爵赏之”。[③]明确提出举行“讲武礼”，检阅训练成果，激发士气，期望高

---

① 徐梦莘：《三朝北盟会编》卷131，建炎三年闰八月十四日，文渊阁《四库全书》本，《中国野史集成·续编》第四册，巴蜀书社1993年版，第89—91页。

② 脱脱等：《宋史》卷121《志第七十四·礼二十四》，中华书局1985年版，第2831页；李心传：《建炎以来朝野杂记》甲集卷3记载：“高宗建炎中，常谕吕忠穆、张忠献二公，欲讲其礼。后以避敌，不果行。”中华书局2000年版，第95页。

③ 李心传：《建炎以来系年要录》卷87，绍兴五年三月壬寅，中华书局1956年版，第1459页。

宗能够遵循古礼，实现广大士大夫的“恢复”心愿。不过，未见宋高宗对此作出明确表态。此后虽仍有人提出相似建议，但是遭到了与李邴相同的命运，没有得到高宗皇帝任何回复。

然而与此种状况恰恰相反，之后的宋孝宗和宋宁宗初期，“讲武礼”呈现出非常兴盛的局面，宋理宗也一度将它作为一件很重要的政治事件。那么究竟“讲武礼”有着怎样的意义，使得南宋的数位君王采取了两种截然不同的态度，而它与南宋政治与军事之间有何种联系，都是以下将要阐述的内容。

二 南宋“讲武礼”与现实政治之间的关系

尽管“讲武礼”只是古代军礼中的一项皇家专用礼仪，但是它蕴含着政治与军事双重含义，又是其他各项军礼所不能比拟的，在某些特定的历史时期，甚至可以成为国家政治生活的莫大议题。

作为昭示皇权至高无上的很好手段，咸平二年（999）的真宗大阅“讲武”除军事含义之外，就有为了向辽国宣扬宋朝皇帝唯一合法性，而辽终究是“夷狄之国”①，与宋朝之“正统”不可同日而语的意味——至少当时广大士大夫持这样的看法。“这种正统观，由于绵延已久的几个世纪的君权统治而得到加强，而正是它培养了士人对王朝的认同感。”②

作为唯一留在中原的徽宗子孙，高宗的继位具有与生俱来的合法性，虽然北方的金朝君主也称皇帝，但宋金双方对峙之初，这是不被文化上占据优势地位的中原士大夫承认的。在两宋之交纷乱的政治形势之下，王朝已经趋于崩溃，可是出于中国传统政治的“正统观”，只有赵宋子孙才能继续维持帝国的生命，其他试图进行改朝换代努力的任何人，都被称作“伪”或者“虏”。因此高宗的皇位自然而然地

---

① 之后北宋对于辽的承认只是对于现实政治实力的一种屈从，内心深处北宋上下始终认为辽是非法的，属于“戎狄”的僭越之举。

② 戴仁柱：《十三世纪中国政治与文化危机》，刘晓译，中国广播电视出版社2003年版，第145页。

带有与生俱来的权威性和合法性，他的权力是不容置疑的。即使我们不可否认这位“中兴之主”的个人才能以及追求均与当时国势格格不入，其不足以承载一个国家的命运——尽管南宋史家对于宋高宗多有讳言，竭力将其塑造成为一位“模范君主”。①

既然如此，“讲武礼”的政治意义对于宋高宗个人来说没有效用，而其一心求和的心态，更加决定了具有积极军事意义的“讲武礼”是宋高宗所不能容忍的。纵然有时在不得已情势之下作出必要的姿态，但是力主议和的高宗终究不能容忍“讲武礼”可能会引起金人对其“议和诚意”的误读，这决定了“讲武礼”不可能在高宗统治时期得到应有的重视。

然而，并不困扰高宗的“合法性”问题，却不断对之后南宋的几位皇帝施加重大影响——因为这些皇帝都需要证明其继承的合法性。

宋孝宗最初只是掏养于宫廷内的太祖子孙之一，十余年的宫廷生活在宋高宗不断的考察中度过，最终才在与另一位皇子的斗争中胜出——同时也要归结于高宗仁慈的主动退位，成为帝国新的君主。从现有的材料来看，即使在高宗当“太上皇”期间，对于朝政也有很大的影响力，直至高宗离开人世之前，孝宗总是生活在其阴影之中。上有“中兴之主”的君父，孝宗不得不通过其他方式来树立自己的权威，证明自己继位的正统性。②

如何证明自己的帝位不是来自太上皇的“施舍”，而是皇室血脉的一次正常延续，具有毋庸置疑的正统性——作为困扰孝宗的一个重大议题，亟须通过某种方式获得解决。“讲武礼”恰好充当了这样的角色，既能通过此表达自己力图“恢复”的决心，增加士大夫对自己的支持与信任；又可以向国民示威，昭示帝国唯一统治者的庞大权力来源。同时对于敌国也具有一种强大的威慑力，使其不敢轻视在两国关系中处于臣属位置的南宋皇帝。因此，为了摆脱自己卑微的出身和

① 关于宋高宗的个人评价，可参见王曾瑜先生《荒淫无道宋高宗》，河北人民出版社1999年版。

② 关于宋高宗与宋孝宗的“父子”关系，参见台湾学者柳立言先生《南宋政治初探——高宗阴影下的孝宗》，收于王健文主编《台湾学者中国史研究论丛——政治与权力》，中国大百科全书出版社2005年版，第337—368页。

太上皇带来的巨大政治压力，宋孝宗在无法效仿唐太宗通过战争手段建立功业的情形下，一直力图“恢复”的他必须表达“安不忘战”思想，而“讲武礼”就成为他的重要选择之一。

据南宋人记载，宋孝宗在位期间，一共举行“大阅”五次之多，时间跨度近二十年。①在其初继位的隆兴元年（1163）就下令举行“讲武礼”，但是由于天气原因作罢。②乾道二年（1166），在经过长时间的准备后，拉开了南宋历史上大规模“讲武”的序幕。

此次“讲武”首先确定在当年冬季举行，地点也由隆兴元年的“候潮门外大教场”改到了距城二十里的白石教场，“大阅”前三日便已经将命令下达。当日早晨，自宫内的“祥曦殿戎服乘马”，“戎服”即“御阅服。以金装甲，乘马大阅则服之”③，“太子、亲王、执政以下并从至大教场。进膳毕，上独与太子、亲王、管军、知阁、御带、环卫官俱往白石”④。宋孝宗登上将台，“三衙统制、统领官等起居毕，举黄旗，诸军皆三呼万岁拜讫，三衙管军奏报取旨，马军上马打围教场。举白旗，三司马军首尾相接；举红旗，向台合围，听一金止。军马各就围地，作圆形排立。射生官兵随鼓声出马射獐兔，一金止。叠金，射生官兵各归阵队。举黄旗，射生官兵就御台下献所获。帝遂慰劳，赐赉诸将鞍马金带，以及士卒。诸军欢腾，鼓舞就列。百姓观者如山”。当时天气已经多日阴霾，至宋孝宗出城“阅武”，天公作美，马上云开雾散，“时久阴曀，暨帝出郊，云雾解驳，风日开

---

① 周密：《武林旧事》卷2“御教”条，《中国古典名著民俗集粹（一）》，黑龙江人民出版社2003年版，第275页。此处言淳熙十年曾有“大阅”，和《宋史》记载相同，而《朝野杂记》与《玉海》均作“十二年”，《玉海》原文“十二年乙巳”下小注又称“《会要》作十年十一月甲辰”。《皇宋中兴两朝圣政》《续宋编年资治通鉴》记淳熙十年十一月龙山大阅。史书中条目如此繁多，未知孰是。如果以上记载均正确，部分只是漏记，那么宋孝宗在位期间的“大阅”次数应为六次，即“乾道二年、四年、六年，淳熙四年、十年、十二年”。

② 《建炎以来朝野杂记》乙集卷4“乾道淳熙五大阅”条，第574页；甲集卷3“大阅”条作“隆兴二年五月，孝宗将阅武于近郊，既涓日矣，会雨作而止”，第95页。

③ 《宋史》卷151《舆服三》，第3531页；而“御阅服”则是“天子之戎服也，中兴之后则有之”。综合分析，其很可能也是来自宋孝宗专为“阅武”而作，这更可证明宋孝宗对于“讲武”的重视。

④ 《建炎以来朝野杂记》乙集卷4“乾道淳熙五大阅”条，第574页。

霁"[①]。检阅结束后，宋孝宗相当满意，对指挥军队的殿前司主管王琪等人赏赐颇丰，"赐殿帅王琪以下金、银椀有差。三司主帅至统领官各十两金椀一。射生将佐、使臣等各七两、五两银椀有差"。回到幄殿又与随从的太子、亲王等饮酒为庆，晚饭后才起驾回宫。[②]而后宋孝宗对王琪等赞赏有加："前日之教，师律整严，人无哗嚣，分合应度，朕甚悦之，皆卿等力也。"而王琪等也适时地称赞皇帝英武，并且表示了为君主鞠躬尽瘁的决心，"此陛下神武之化，六军恭谨所致。臣愿得以此为陛下剿绝奸宄"[③]。

从此次"讲武"可以看出，当时朝内大臣几乎均有参与，而且允许百姓观看，种种规定再加上"讲武"内容如示范阵法等，虽然具有检阅、训练的基本目的，但更侧重宣传效果，显示皇帝权力的意识典礼意味更浓厚一些。因为对于宋孝宗而言，确立自我权力的神圣性是最重要的一项仪式，这种充满象征色彩的政治仪式可以使自己成为整个国家政治世界的中心，是对"君权神授"的恰当诠释。所以最终军队统领"陛下神武之化"的评价，可说是朝臣对于孝宗心态的良好把握。

三　从政治到军事——南宋"讲武礼"的角色转移

也许从"讲武礼"中得到了强烈权力满足感，加上孝宗一直期望能够收复北方失地的军事意愿，短短两年之后的乾道四年（1168），"讲武礼"再度举行，而此次所表现的意义也已经与前回不同，发生较大变化。

本回"大阅"从前次的白石教场改至茅滩教场，并且在事前对具体细节已经做好翔实规划，而内容与前次也大体相同，都是对于军队日常阵法训练的检阅。完毕之后，依例对负责"大阅"事宜的武将进

① 《宋史》卷121《志第七十四·礼二十四》，第2832页。
② 《建炎以来朝野杂记》乙集卷4"乾道淳熙五大阅"条，第574页。
③ 《宋史》卷121《志第七十四·礼二十四》，第2832—2833页。

行赏赐，而掌管兵权的将领再次对皇权表示效忠，作出俯首帖耳的态势。

与前回相比，这次“讲武礼”军事意义更多一些，检阅军队阵法训练的内容更详细，可能是经过几年的临朝听证，朝臣对这位出身并不是非常显赫的皇室旁支慢慢予以承认。而孝宗也从仪典政治中走出，更多检查军队的训练成果，寄望于在现实中实现自己“恢复”夙愿，真正让国民体会到“威武”之意。这也是南宋“讲武礼”从政治意义到军事意义的转移，笼罩在神圣政治之下的“讲武礼”逐渐恢复自己在军事层面的积极因素。

值得注意的是淳熙四年（1177）茅滩“大阅”后——也是宋孝宗时期“大阅”活动接近尾声之际，“（孝宗）还入候潮门，上皇于都亭驿设帘幄以观，邀上入幄中，传令宣唤管军于帘前赐酒果，饮各一卮，谢毕，导驾还内”[①]。目前所见资料已经无法得知高宗的这一举动是出自本意，还是孝宗的要求。不过依笔者所见，此处细节表明孝宗已经基本上从高宗的政治阴影中走出，因为之前高宗对于孝宗的态度，很多时候都是一种“施舍者”的角色，没有高宗的慷慨与主动让贤，孝宗是不可能登上九五之尊的。此回高宗主动观看“讲武”活动，是对孝宗地位与举动的间接承认，证明孝宗是当之无愧的“一国之主”。

“讲武礼”的这种内涵变化也揭示孝宗重视“武事”，立志“恢复”的决心。孝宗一直想极力扭转南宋偏安一隅的局面，多次大规模的“大阅”正显示了其重视军事的决心。而且此时南宋的“讲武礼”也正式定型，内容比北宋更加复杂，是朝野上下的一次大规模聚会，并非面对危险时的仓促行动，是宋孝宗对于三衙军队经常性的检阅，是对其日常军事训练成果的固定检查，反映了其对于“恢复”的急切心理。“孝宗当时平，无事不忘武备，搜卒于白石，阅艺于选德，以进士习射，以武举从军，又命士卒射铁帘，劝以官赏，人人奋励。”[②]孝宗如此重视武事的情况令当时的金世宗也颇为忌惮，大定二十六年

① 《建炎以来朝野杂记》乙集卷4“乾道淳熙五大阅”条，第575—576页。

② 王应麟：《玉海》卷145“讲武、田猎（下）”：“淳熙选德殿观击球”，文渊阁《四库全书》本。

（宋朝淳熙十三年，1186）金世宗对辅臣说："朕闻宋军自来教习不辍，今我军专务游惰，卿等勿谓天下既安而无豫防之心，一旦有警，军不可用，顾不败事耶。其令以时训练。"[①]

之后的宋光宗延续乃父孝宗重视"讲武礼"的传统，淳熙十六年（1189）甫一即位的光宗就依惯例，于当年冬季进行了一次"大阅"[②]，但是目前笔者所能见到的史料对此次"大阅"均言之不详，猜想大致仍遵守了宋孝宗以来对"讲武礼"所作的详细规定，其目的可能是在政权交接时通过"大阅"来稳定军心，保证皇权平安过渡，在此处表现出来的是政治和军事意味并重，与乃父时期"讲武礼"的内涵相比，既是继承，也是变化。

接下来的宋宁宗可说是在臣子们逼迫光宗退位之后被推上皇帝宝座的，按照传统儒家的道德观，甚至可说是"不孝"，因此其在登位后短短两年内先后两次举行"讲武礼"。[③]对待此礼在态度上竭力强调是"继承"祖父遗制，有意无意间将其父忽视，如前所述，正是在向全国宣布君主的合法性和神圣性。而韩侂胄排挤掉赵汝愚，成为宁宗朝第一位权臣后，经他人怂恿，想借"恢复"以巩固其地位。[④] 嘉泰二年（1202）的"大阅"大概就是为即将到来的"北伐"制造声势，激励士气，也是对"讲武礼"军事意义的一次延续。[⑤]

但奇怪的是，在之后的"开禧北伐"前没有举行"讲武礼"，以昭显皇帝对战事的重视，只是于开禧元年（1205）六月，草草命令各地长官检阅军队。[⑥]究其原因，可能是事出仓促，整个战争都是在匆忙中发动，更遑论出征之前举行君主亲临的盛大"阅武"这种费时费事

---

① 脱脱等：《金史》卷 8《世宗本纪》，中华书局 1975 年版，第 195 页。

② 《宋史》卷 36《光宗本纪》，第 697 页；另，《宋史》卷 121《礼志》记载："（淳熙）十六年十月，大阅于城南大教场。并如上仪。"

③ 徐松辑，陈智超整理：《宋会要补编》"大阅"，全国图书馆图书缩微复制中心 1988 年版，第 828—829 页。

④ 《宋史》卷 474《韩侂胄传》："或劝侂胄立盖世功名以自固者，于是恢复之议兴。"第 13774 页。

⑤ 《玉海》卷 145"讲武、田猎（下）"："庆元嘉泰阅武"，"嘉泰二年壬戌十二月二十日，又幸教场按阅诸军"。

⑥ 佚名：《续编两朝纲目备要》卷 8，开禧元年六月戊戌，"命教阅禁军。令诸路安抚司任责"。中华书局 1995 年版，第 150 页。

的仪式。而且也从侧面表达出“讲武礼”在南宋王朝的政治生活中已经显出颓势，更甚的是连军事意义也在慢慢消退。

四 南宋“讲武礼”的衰落

宋理宗的即位更是异乎寻常，突然之间绕开事实上作为“皇储”多年的济王成为皇帝，纵然有朝内权臣的支持，但是民众的议论免不了四处游走，这次的皇位继承不具有正当合法的基础，几乎可算是一次篡位。再加上之后的济王被逼自杀事件，令处于风口浪尖的宋理宗寝食难安。与之前的两位皇帝不同，宋理宗没有借用“讲武礼”彰显皇帝的威严，而是通过将“道学”上升为官学来换取士大夫对于自我的承认，并且取得了成功。解决了政治上的问题，来自外部的军事威胁日益严重。因此，理宗朝的“讲武礼”应该更多地表现在军事方面的积极意义。

端平年间，南宋趁金亡之际，中原一带暂时陷入权力真空，派人谒陵，并遣兵收复两京，朝野上下为之一振。但随着蒙古军队以此为借口转头南下攻宋，南宋的国防形势陡然紧张起来，此时朝廷内又因为之前的“入洛”举动议论不断，派系斗争激烈。面对蒙古铁骑咄咄逼人的气势，宋廷亟须重振“端平入洛”造成的低落士气，端平二年（1235）未行即止的那次大阅，大概便出于此种考虑。[①]然而却因此发生了士兵骚乱事件，“时议御阅不果，反骤汰之，殿司军哄，为之黜主帅，罢都司官，给黄榜抚存，军愈呼噪。（乔）行简以闻，戮为首者二十余人，众乃帖息”[②]。究其缘由，与这一时期南宋政府的财政危机密不可分。

以宋孝宗乾道四年“讲武”为例，大阅结束“加赐诸军中金四十镒，钱十余万缗”。之后历次大阅“皆用此例”[③]。再加上大阅筹备与

---

① 《宋史》卷121《志第七十四·礼二十四》，第2836页：“端平二年四月大阅，以时暑不及行”。《宋史·理宗本纪》作：“戊子，大阅。”第808页，并没有提及半途而废。

② 《宋史》卷417《乔行简传》，第12495页。

③ 《建炎以来朝野杂记》甲集卷3，“大阅”，第95页。

实施阶段的经费支出，实际耗费数目远不止此。而淳熙十年（1183）龙山大阅，“大犒兵师为钱三十六万缗”①。南宋政府一年收入一万二千余万缗，支出则高达二万五千余万缗，巨额财政赤字迫使宋政府必须采取措施节省开支，那么在国家政治生活中并非主要议题的“大阅”可能首当其冲。②基于此，“大阅”消亡不可避免。

而士兵则希望借大阅得到更高赏赐，增加收入。当士兵的目的不能满足时，那么爆发一定程度的骚乱在所难免。南宋政府本想借“讲武”激励士气，但由于财政危机不得不取消。并且因此引起了士兵骚乱，“兵骄将惰”的情况暴露无遗，在宋孝宗朝一度重振的武力，随着国家的衰败，已经不可避免地走向低落。

在蒙古军队的不断进攻下，南宋国势日渐衰败，国家处于风雨飘摇之中。虽然在宝祐元年（1253）又举行了一次大阅，但是史言不详，已经无从知道具体内容。③起因则可能是由于之前在军事上取得一次胜仗，宋理宗欣喜万分，面对蒙古军队的迅猛进攻，亟须趁此所谓“大捷”举行“大阅”，提升军队抵抗外侮的信心。

当时朝廷内的有识之士已经看到了国家面临的险境，期望宋理宗能够以军旅之事为先，其中“阅武”再次受到重视。真德秀在奏折中回顾了宋朝先代帝王的“阅武”传统：“昔我艺祖，肇造区宇，而北狄尚强，四方未一，故聚骁勇于京师，壮爪牙于宿卫，今日幸造船池以习战也，明日幸飞山营以阅炮也，武事之精，近世无匹，用能方行四表而坐服丑夷。及我孝宗躬受付托之重，欲成复仇之勋，亦于军政极意简练，今年大阅于白石，明年大阅于茅滩，躬御戎服，震慴天威。而铁帘之射，创自圣意，偏校小卒皆得奏技于万乘之前，以希一命之赏，当时将士，莫不竞劝。虽值虏方张，勋未

① 佚名：《皇宋中兴两朝圣政》卷60，北京图书馆出版社2007年版，第448页。

② 何忠礼：《南宋政治史》，人民出版社2008年版，第338页。

③ 佚名：《宋季三朝政要》卷2，癸丑宝祐元年“十一月大阅”，此处并言“上问边报如何，忽襄间大捷，上大喜”。粤雅堂丛书二编第十三集，《中国野史集成》第六册，巴蜀书社1993年版，第528页。佚名：《宋史全文》卷34《宋理宗（四）》宝祐元年十一月则记为：“辛酉……上谕辅臣曰：‘襄城一捷甚伟，数十年所无。’令降诏奖谕。”黑龙江人民出版社2005年版，第2309页。

克集，亦足大竞王室，使丑虏不敢渝盟者垂四十年。”[①]希望理宗能以孝宗为榜样，留心武备，激发士气，“使国威一张，殊邻远慴，襄汉之清，日月可冀矣”[②]，解除前线军事危机，抵御北方蒙古入侵，重振国势。

尽管许多臣下已经看到了王朝面临的危机，期望以“讲武礼”来激励士气，借此来挽回国家的颓势，但是理、度二帝先后将大权交与贾似道，无暇朝政。而贾氏无力振作国势，只是粉饰太平，得过且过。无视蒙古军队的危险，将“讲武大阅”置之脑后，“讲武礼”也同北宋末年一般，被人们淡忘，逐渐从南宋君臣的视野中消失。

五 结语

“讲武礼”既是帝王对外炫耀武力的手段，又是其向国民显示皇权至高无上的重要措施，是“神权政治”与军事威武的结合体。由于皇位继承上的特殊性，南宋的数位君王都需要证明自己的合法性，同时由于北方还有一位帝王的存在，又必须体现自我的正统、唯一、神圣，所以在南宋时期“讲武礼”一度是皇帝炫耀权力的重要手段，向国民确认人间社会秩序依旧不变。

缘于南宋的军事形势，“讲武礼”能够起到震慑外敌、显示国家强大军事实力的重要作用。所以南宋“讲武礼”的规模、持续时间，都要比北宋时期更加繁盛。当然，“讲武礼”终究是为现实服务的，在政治生活中不需要它时，它也会马上失去辉煌的地位，再加上当政者对边境形势和军队建设的忽视，富有积极军事意义的“讲武礼”不可避免地也从国家的礼制中消失。即便如此，南宋“讲武礼”依旧表现出其独特的政治含义，这与前后历代均有较大区别，同时也是我们考察两宋时期皇权政治的重要嵌入点。

---

① 《全宋文》第312册卷7152，真德秀：《十一月癸亥后殿奏已见札子二》，上海世纪出版股份有限公司2006年版，第314—317页。

② 《全宋文》第344册卷7945，高斯得：《秋八月壬午大阅疏》，第125页。

理论心理学中的马克思主义取向研究*

魏　萍

摘　要：马克思主义日益受到国际心理学界的关注。积极探究理论心理学中的马克思主义取向研究，是当今一项重要的课题。它对于丰富和发展理论心理学以及丰富、深化马克思主义学科建设和学术发展，有着极其重要的理论和实践意义。

关键词：理论心理学　马克思主义　意义

当今，心理学的马克思主义取向研究日益受到国际心理学界的关注。西方理论心理学研究中的马克思主义取向是一场色彩斑斓、内容庞杂、多线索、多形态的理论运动。这些含有马克思主义思想元素的学术研究，是由许多背景相异的学者们在不同地区、不同时期、不同领域、从不同角度以及对不同问题进行研究所产生的学术探讨与成果。这些学者们力图去建立科学的、统一的心理学理论体系，同时也关注对具体问题的探讨与解决。其表现不仅卷帙浩繁，内容广泛，他们的理论、观点以及方法也多有不同，呈现出百花齐放、百家争鸣的景象。

作者简介：魏萍，西安电子科技大学人文学院心理学系教授，研究方向为理论心理学。

* 本文系国家社会科学基金西部项目“西方心理学流派马克思主义取向当代发展研究”（13XKS023）研究成果。

一　西方心理学中的马克思主义取向研究

马克思作为近代伟大的思想家，不仅在哲学、经济学和科学社会主义领域为人类做出了杰出贡献，而且对心理学领域也产生着重要影响。尽管在西方心理学领域中，心理学的马克思主义者常常是遭受攻击的对象，但是正如英国批判心理学家帕克所讲："在现代社会科学的几乎所有领域中，马克思的思想和学说都占有特殊而重要的地位。马克思作为激励人心的典范，对类似心理学知识这样强有力的思想形式达到一个批判的高度。"① 西方理论心理学马克思主义取向研究的大致情况如下。

（一）西方理论心理学马克思主义取向的演化历程

近百年来，尽管理论心理学的马克思主义取向研究遭遇到过这样或那样的抵制与歧视，但这丝毫不影响它在理论心理学中的渗透力。因此，在一个世纪中不断有相关的心理学论著出现。比较有影响力的如：弗洛姆的《马克思关于人的概念》（*Marx's Concept of Man*）（1961）、赛弗的《马克思主义与人格的理论》（*Marxism and the Theory of Human Personality*）（1975）、帕瑞克（Bhikhu Parekh）的《马克思的思想理论体系》（*Marx' s Theory of Ideology*）（1982）、巴斯（Buss A. R.）的《辩证法心理学》（*A Dialectical Psychology*）、吉利根（Gilligan）的《不同的声音：心理学理论与妇女发展》（1982）、沃芬斯滕（Wolfenstein V.）的《精神分析马克思主义：基础》（1993）、本赛德（Bensaid D.）的《马克思对我们时代的意义：批判的利弊》（*Marx for Our Times: Adventures and Misadventures of a Critique*）（2002）、帕克的《心理学的革命：从异化到解放》（*Revolution in Psychology: Alienation to Emancipation*）（2007）等。这些论著与心理学紧紧相连，都体现了马克思主义的一些基本精神。它们的特点是：这些取向比较重视研究社

① Ian Parker, Critical Psychology and Revolutionary Marxism. *Theory & Psychology*, 2009, 19: 75.

会、经济以及上层建筑对人的心理影响；尽管有些人很少自称是马克思主义者，但从文献中所显示的特点来看，的确可以把他们归为马克思主义的流派；在方法论方面，大都力图遵从马克思主义的研究方法论；同时，许多心理学家的学术以及政治生涯都和某种马克思主义运动的形式或组织相连。这些研究以独有的、具有马克思主义色彩的话语体系和犀利的思想锋芒，形成了一道独特的理论景观，并吸引着越来越多的学者。

从历史发展角度来看，西方理论心理学的马克思主义取向研究大体可以划分为四个阶段：

第一阶段是20世纪初至20世纪中叶，此阶段的学者们在研究探索过程中无意识地靠拢马克思主义。早在1909年3月，阿德勒曾写过《论马克思主义心理学》（*On the Psychology of Marxism*）一文，在此文中他清晰地赞赏了马克思的思想成就。在1918年的《国际评论》（Internationale Rundschau）杂志上，他又发表了《布尔什维主义与心理学》，再次自觉地利用马克思的观点来佐证其理论。在20年代末，弗洛伊德也在其著作中，阐述了自己对待马克思主义关于人、所有制形式的学说以及科学共产主义思想的态度，他认为他的心理分析理论在许多方面与马克思主义理论并不矛盾。弗洛姆也在其《健全的社会》《逃避自由》《为自己的人》等著作中，运用了大量的马克思主义的思想元素，将人、人的本质、异化、人的解放和人的全面发展等作为议题的中心。马斯洛也曾在其《动机与人格》一书中明确地指出，马克思主义的理论为研究人的心理提供了一种切实可行的方法，就像一些既有的其他各种社会科学理论的种种方法一样，可供人们选择。

第二阶段是20世纪60—90年代，这一阶段是西方理论心理学马克思主义者自觉地拿起马克思主义的理论武器，使辩证法思想在西方心理学研究中得到运用。70年代，里格尔（1925—1977）在其辩证法心理学中也表现出对马克思主义相关理论的极大兴趣，提出心理学研究应向马克思主义积极靠拢，表现出对马克思主义的热情，为理论心理学的马克思主义取向研究热潮的兴起，起到了积极的推动作用。60—90年代德国的马克思主义心理学家霍尔茨坎普强调了苏联唯物主义心理学的原则以及古典马克思主义的思想，他发表了一系列文章，出版了《心理学研究与实践的关联性问题》《给心理学奠基》等相关著作。他把马克思的历史唯物主义作为历史分析的主题，对心理学的哲学基础和概念体系进行了批判和重构，分析了资产阶级心理学的哲学基础和几个主要概念所存在的缺陷。

继里格尔提出了辩证法心理学之后，辩证法在心理学研究中的地位不断提升。从20世纪80年代以来新皮亚杰主义思潮的兴盛，再到当前霍夫曼的拓扑辩证法心理学的问世，以及社会建构论对辩证法问题的积极关注，均显示出辩证法和辩证思维正在受到国外心理学家的重视。马克思非常重视并提倡辩证的思维方法，它是马克思主义的认识论和逻辑学。心理学的研究向辩证法方向靠拢，表现出心理学家运用马克思主义辩证法的热情，这也为理论心理学马克思主义取向研究热潮的再次兴盛起到了积极的推动作用。

第三阶段主要体现在20世纪90年代，世界经济危机让人们再次重温千年伟人的理论思想。其中主要包括女权主义心理学的马克思主义取向、批判主义心理学的马克思主义取向等新流派。

女权主义马克思主义心理学家们不遗余力地批判了传统主流心理学中存在的男性中心主义偏见，[①] 并试图重新审视、再度诠释和修正完善心理研究议题，通过马克思主义理论对心理学的基本概念、理论和方法进行革新，以重建与传统主流心理学相异的适合社会现实的女权主义马克思主义心理学。[②] 女权主义马克思主义心理学家们的研究对心理学学科的发展产生了不可忽视的影响，在学科建制以及心理学的知识生产方面他们充当着发起者与促进者。

批判主义心理学的马克思主义取向强调学术批判的意义。它重视马克思主义的批判精神，强调心理学研究也应重视学术批判的意义。英国马克思主义批判心理学家帕克认为，当前批判心理学的任何表现，在某种意义上说也是马克思主义的形式再现。[③] 批判主义心理学

---

① Nicolson P., *Feminism and Psychology*. Rethinking Psychlogy. SAGE publications, 1995: 123.

② Morrow S. L., Qualitative Research in Counseling Psychology: Conceptual foundations. *Counseling Psychologist*, 2007, 35 (2): 209 – 235.

③ Parker I. Critical Psychology and Revolutionary Marxism. *Theory & Psychology*, 2009(1): 75.

的马克思主义取向强调理论的反思和批判功能，从本体论的角度解释批判研究的张力并重视批判性的现实主义。[①] 这种方式类同于科学哲学的功能。也就是说，理论心理学研究应重视经验工作之后的反身思考，探求心理学研究为什么这样做和怎样才能做得更好。批判心理学的马克思主义取向表现在三个方面：首先，反对主流心理学研究将抽象孤立的个体当作"人类的全部"或者"全部有机体"，重视阶层差异；其次，否定了主流心理学对心理学的"变量研究范式"，重视历史经验法，这在批判心理学创始人霍尔茨坎普和厄斯特坎普的相关论著中表现尤为明显；最后，强调心理学必须是一门具有历史性和社会文化性的学科，提出心理学研究中重视马克思主义的辩证唯物主义和历史唯物主义。

第四阶段则是进入 21 世纪后，心理学的马克思主义研究从单打独斗转入团队协作组织中。这个阶段最大的亮点是出现了以英国批判心理学家帕克为主要倡导者的国际马克思主义与心理学组织（Marxism and Psychology Research Group，MPRG）[②]，在该组织中，马克思主义已成为哲学、社会科学、历史学等人文学科的学术准则中重要而且被认可的组成部分。[③] 2010 年在加拿大召开了首届国际马克思主义与心理学大会以及 2012 年在墨西哥召开了第二届国际马克思主义与心理学大会，[④] 这表明马克思主义作为一种认识论和方法论体系，已经得到了一些国外心理学家的认同。帕克强调指出，"马克思主义的相关理论、意识形态方法论为我们研究社会、人和心理打开了视野，是心理学和社会学研究的指南针"[⑤]。

（二）西方理论心理学马克思主义取向研究的特点及其借鉴意义

西方理论心理学马克思主义取向与当代主流心理学在方法论上

---

① Stephen C Yanchar. On the Nature of a Critical Methodology. *Theory & Psychology*, 2005, 15: 27 - 50.

② Marxism and Psychology Research Group. http://discoveryspace.upei.ca/mprg/node/9.

③ ［美］特雷尔·卡佛：《英语世界的马克思主义研究现状》，载俞吾金《国外马克思主义研究报告》，人民出版社 2008 年版，第 194—197 页。

④ 霍涌泉、袁书卷：《试论马克思主义对理论心理学学科建设的意义》，《陕西师范大学学报》（哲学社会科学版）2013 年第 4 期。

⑤ Parker I. Marxism & Psychology Conference Report, Marxism and Psychology Research Group. ［2011 - 10 - 20］. http://discoveryspace.upei.ca/mprg/node/9.

有着原则性的区别。西方主流心理学是在机能主义和实证主义的框架中发展起来的，它代表了心理学的科学主义理想，体现了西方社会的价值观。正是为了摆脱当前主流心理学所面临的困境，理论心理学的马克思主义取向研究应运而生。这种新的国际马克思主义研究取向，给理论心理学的研究提供新的思路和方法论。其具体表现如下：

一是突出了对马克思主义思想元素的运用，强调了辩证唯物论与历史唯物主义的思想方法论。这种研究聚焦于心理学研究的方法论层面，接近于对心理学运作模式的分析。比如将心理学作为一门历史性的学科进行理论性分析，强调了历史文化分析的地位与作用。这种历史唯物主义的分析元素为心理学的研究提供了坚实的基础，这也与当代著名的新马克思主义者詹姆逊的文化—形式观相吻合。

二是重视了对马克思唯物主义分析元素和心理学标准概念的对照，建立了适合心理学的话语系统。譬如可以把马克思关于“人是社会关系的总和”、家庭、物质、私有财产和国家，剩余价值和文化资本、自由、异化和剥削等概念，转换为心理学中常用的自我、社会、适应、不健康经历、错误信念、个人心理模型等范畴。

三是运用马克思主义的核心论点，对主流心理学进行了深刻的批判。比如，心理学的研究与主流心理学的实证主义、经验主义和模型图式等标准概念相比照，不再回避诸如社会革命、阶级意识、制度空间和个体解放等历史文化命题，主张对心理学加以科学的改善，建立相对稳定的规律秩序。研究者认为，在抵制传统心理学研究中的许多不合理要素方面，马克思主义科学的世界观和方法论，将成为解释人类心理的一种有效途径并会发挥有效的作用。从马克思主义心理学流派的出现和发展来看，马克思主义理论以其自身的科学性、深刻性、批判性和逻辑性的巨大威力，向西方主流心理学的实证主义、个体中心、虚假的价值无涉发起了一轮又一轮的冲击。这不仅对于克服当代心理学理论贫困的痼疾有着极为重要的作用，也为今后心理学的研究提供了许多有益的启示。

二 苏联的马克思主义取向心理学研究

需要指出的是，在国际范围内最早运用马克思主义对人的心理进行系统研究的是苏联的心理学工作者。原因是十月革命后，马克思主义在苏联成为占统治地位的理论体系，从而对苏联心理学的研究产生了重大影响。

1923 年，苏联心理学家科尔尼洛夫出版了《现代心理学与马克思主义》一书，首次提出要自觉地在马克思主义基础上建立心理学。随后，莫斯科出版了《心理学与马克思主义（文集）》和科尔尼洛夫的《从辩证唯物主义的观点阐释的心理学教科书》等著作。他们根据马克思主义的基本原理，提出了苏联心理学的主要原则，如"心理是人脑的特性和机能""心理具有反映环境的功能""动物和人的心理有本质的区别""个性原则""决定论原则"，等等。[①] 但是，总的来说，这个阶段的研究还是较为朴素的、粗略的，主要停留在一般的概念解释上。随后，苏联的许多著名心理学家对马克思主义心理思想进行了比较系统深入的研究，确立了马克思主义在心理学研究中的核心地位。这里特别值得一提的有维果斯基、鲁宾斯坦、列昂节夫等。

维果斯基（1896—1934）是苏联一位才华横溢、成果卓著的心理学家。他是苏联心理学界的勇敢先驱，是心理学史上最早自觉地将马克思主义辩证唯物主义引入心理学的著名学者。维果斯基自觉运用马克思主义的相关理论，在心理学、符号学以及教育学等十来门人文科学的广阔领域进行了卓有成效的理论创建与实验研究，他的学术成果已经成为国际心理学、教育学、文化学宝库中灿烂夺目的一部分。在世界众多的心理学家之中，可以说维果斯基是马克思主义心理学的创始人之一，是社会文化历史学派的奠基者。他的学说独树一帜，因

① B. 洛莫夫、朱晓红：《苏联心理学的起源与现状》，《国外社会科学》1982 年第 11 期。

此，被国际学术界誉为20世纪最有影响的心理学家之一。[①] 有关研究指出，维果斯基将马克思主义的历史方法运用于心理学，而与其他心理学家如W. 狄尔泰或P. 让内的历史主义有所不同。维果斯基认为：作为高级心理机能发展的决定因素，不是个体发育中生物成熟和种系发生中争取生存过程中的生物适应，也不是P. 让内所理解的社会协作关系，而是人的劳动，工具的活动。维果斯基看到了对高级心理机能进行历史研究的三种可能途径：种系发生的、个体发生的和病理学发生的途径。其中对个体发生的研究坚持历史原则，在维果斯基的心理学理论中占有主要地位。苏俄著名心理学家A. A. 斯米尔诺夫指出："正是历史原则构成了他的全部理论的核心。作为前苏联心理学家的维果斯基的主要的功绩和他在苏联心理学发展中所作的巨大贡献，也在于此。"[②]

鲁宾斯坦（1889—1960）是莫斯科学派的代表，苏联著名的心理学理论家，苏联心理学基本理论体系的奠基人之一。他从20世纪30年代到60年代逝世前，始终如一地致力于阐述马列主义对于心理学基本理论的指导原则，出版有《马克思著作中的心理学问题》（1934）、《苏联心理学体系中的活动与意识问题》（1945）、《从辩证唯物主义的观点看意识问题》、《存在和意识》（1957）等专著。美国学者培恩曾说："他的著作确实揭示了实验心理学深邃而广泛的知识；他的不朽著作《普通心理学原理》在许多年间都是被当作心理学的标准教科书。他以毕生精力积极从事于实验研究工作。"[③]

鲁宾斯坦根据辩证唯物论的反映论原理提出，意识是人脑和感官对客观事物的反映。他曾经强调指出，反映不仅是一个重大的哲学概念，也是心理科学中具有重大意义的概念。他把反映概念引入心理学并作为一个出发点，从而能够为其在辩证唯物主义新的理论基础上的发展奠定基础。鲁宾斯坦指出，行为心理学为了摆脱它跟排除于心理

---

① ［美］杰罗姆·布鲁纳：《有意义的行为》，魏志敏译，吉林人民出版社2008年版，第11页。

② 王光荣：《维果斯基与现代心理科学》，《西北师大学报》2003年第5期。

③ ［美］培恩·T. R.：《苏联心理学的发展：鲁宾斯坦的贡献》；赵璧如：《现代心理学的方法论和历史发展中的一些问题》，中国社会科学出版社1983年版，第309页。

学之外的意识的联系，对具体的人的活动施行了第一个手术，从中炮制出心理学的研究对象。行为心理学把脱离意识的活动、行为和脱离人的活动的意识对立起来。行为主义没有改造意识的内省观点，而是完全摒弃了它。行为主义者的错误不在于不承认意识是心理学的研究对象，而在于对意识的不正确的理解。

根据鲁宾斯坦的观点，从反映论立场研究意识心理现象，必须首先分析以下三个相互联系的关系：一是反映和被反映物的关系；二是反映和反映者——脑的关系，或者说是心理过程和神经生理过程的关系；三是反映和行为与活动的关系，即心理的调节机能。揭示心理现象的反映性质还不能揭示意识的问题，即反映过程发展中专属于人的、最高的水平。只有把马克思主义的原理引进心理学中再考察这一问题，才能把意识看作对客观现实的主观反映，并具有社会中介的水平。因而他提出，研究意识时不能局限于用纯自然主义去解释人的发展的决定作用。鲁宾斯坦认为，马克思主义从世界物质统一性原理出发，指出人的意识不管看起来是多么超感觉的，总是物质的、肉体的器官即人脑的产物。物质不是意识的产物，而意识却是物质的最高产物。

鲁宾斯坦还试图通过运用“意识与活动相统一原则”来建构苏联心理学的理论体系。在他看来，意识和活动不是彼此独立、互不往来的外部联系，它们实质上是从内部相互联系和相互制约的。他认为，活动对人的心理、意识有着重要的作用，人的意识与心理是在活动中形成的，活动是检验人的意识与心理的客观标准，当然，意识与心理反过来也调节和制约人的活动。换句话说，也就是人的活动会影响他的意识与心理的联系、过程以及特性的形成；同时人的意识与心理的联系、过程和特性也会对人的活动起调节作用。“所谓‘反映’……指的是主体对客体的反映，在这种反映下客体的影响通过主体折射出来，是以主体的活动为中介的。”[①] 他认为，动物心理是由有机体的自然环境及其生活方式决定的，而人的心理、意识主要是由人所处的社

① ［苏］谢·列·鲁宾斯坦：《心理学的原则和发展道路》，赵璧如译，生活·读书·新知三联书店1965年版。

会环境及其社会生活方式决定的。这种决定作用是通过自身的反作用来实现的，并不是机械的决定。鲁宾斯坦强调，“肯定意识和活动的统一就意味着，不应当把意识、心理理解为某种仅仅是消极的、直观的、感受的东西，而应理解为主体的活动、实在的个体的活动，以及在人的活动本身中、在人的行为中揭示出意识的心理成分，并从而使人的活动本身成为心理学研究的对象”①。

列昂节夫（1903—1979）是苏联著名的心理学家，莫斯科大学心理系主任，也曾经担任过国际心理学联合会副主席。在20世纪二三十年代他曾是文化历史学派的重要成员。随后在其50多年的心理学研究工作中，形成了以他为中心的苏联心理学最大的学派。其意识活动论观点集中体现在《活动·意识·个性》（1975）这一名著中。他所创立的“意识活动论”理论，是在批判传统心理学的内省意识理论和根本排除行为主义的意识论的基础上形成的，后来发展成为苏联心理学基本理论的一个中心支柱。这一理论对于苏联心理学理论的发展起过重大的历史作用。列昂节夫还提出，心理学上的“意识秘密”不论用什么方法都未能打开，只有马克思发现的方法例外。马克思奠定了具体心理学意识论的基础，这个理论为心理科学开辟了崭新的前景。

在国际上，苏联是沟通东西文明的纽带和桥梁之一。苏联心理学家曾经力图把辩证唯物主义原理与心理学的科学观和方法论紧密结合起来，这一发展方向为心理学理论研究奠定一个坚强的、科学的本体论基础。十月革命以后的70多年里，在国际上兴起过一个“强大的苏联研究模式”。其特点是普遍重视以辩证唯物主义的认识论、反映论和实践活动论为理论基础来改造传统的心理学思想体系；诞生了一些比较完整的心理学思想学说，体现出了较高的理论水平，如维果斯基的历史文化学说。

苏联心理学在世界心理学史上占有重要的地位，应被看作是经典的马克思主义心理学派别。但是，在苏联一些学者强调心理与大脑活动的关系时，囿于巴甫洛夫的大脑高级神经活动学说，提出了用巴甫

① 同上书，第261页。

洛夫学说改造心理学的错误口号，致使苏联心理学的研究陷入机械唯物主义的困境而难以自拔。苏联解体之后，辩证唯物主义思想在俄国已成为“精神祭品”，然而其心理学的文化历史遗产并没有过时。20世纪90年代后，国际心理学界出现的全球维果斯基热，就是最好的证明。

三　我国理论心理学中的马克思主义取向研究

我国现代的心理学研究是从西方引进的，与西方心理学有着千丝万缕的联系。五四运动以后，随着马克思主义在我国的传播，马克思主义取向的心理学研究也应运而生。在20世纪50—60年代，苏联心理学曾一度是我国心理学效仿的榜样。从这种意义上讲，可以说我国心理学界素有重视辩证唯物主义研究方法论的学术传统。

（一）我国理论心理学中马克思主义取向研究的代表人物

早在20世纪20—30年代，西方心理学的各种理论被大量地引进我国，出现过一段现代心理学发展繁荣的局面。当时马克思主义取向心理学研究也在我国崭露头角。新中国成立后，随着政治上马克思主义理论指导地位的确立，马克思主义取向的心理学研究也成为唯一的研究取向。在坚持这种研究取向的学者中，较早倡导这一取向的学者有郭一岑、潘菽、朱智贤、曹日昌、刘泽如等老一辈心理学家。

郭一岑（1894—1977），笔名柯一岑、郭鸿立，中国现代心理学家，唯物主义的心理学家。他主张心理学的辩证唯物主义方法论，强调心理学应以具有特殊性的人类本身作为研究的对象。1934年编译巴甫洛夫、科尔尼洛夫和别赫捷列夫的论文，以《苏俄新兴心理学》为名出版，这是中国介绍苏联心理学较早的一本译著。1937年出版的《现代心理学概述》是我国较早用马克思主义哲学指导研究心理学和心理学史的著作。在这本书中，他展望“心理学之将来”时指出：心理学必须以辩证唯物主义为指导；心理学必须是人类的；心理学必须是社会的。这些见解，正击中西方心理学在基本理论上的要害，至今仍有重要参考价值。

潘菽（1897—1988）是中国老一辈心理学家的杰出代表。他毕生探索改革旧心理学和建立科学的辩证唯物论心理学的途径。他根据西方传统心理学和自己亲身经历的中国心理学发展的曲折道路和经验教训，结合中国心理学的现状和四化建设的要求，明确提出了发展中国心理学的四条主要途径：一是要坚持马克思主义哲学的指导，这是科学心理学的命根子；二是要密切结合中国社会主义建设的实际，以求能为此更好地服务；三是要有分辨地继承中国古代可贵的心理学思想，以发扬国光，古为今用；四是要有批判地吸收外国心理学中一切有价值的东西，博采众长，洋为中用。他对中国心理学的发展道路和心理学的一些基本理论问题阐述了自己的见解，对辩证唯物论心理学的理论体系提出了个人的设想。《心理学简札》（上下册，人民教育出版社 1984 年版）是他的主要代表作，可以说是他一生对心理学探索成果的一个总结。

朱智贤（1908—1991），我国著名的心理学家、教育学家以及儿童心理学专家。朱智贤于 1936 年在日本留学时接触马克思原著《资本论》开始，便不间断地精心研读马克思主义原作。早在江苏教育学院任教时（1940 年），就用马克思主义观点讲授有关课程，引导学生用唯物辩证法看待心理意识问题。朱智贤一生著作颇丰。他的《儿童心理学》被公认为我国第一部运用马克思主义观点、吸收国内儿童心理学成果、体现我国当代学术水平的儿童心理学教科书。在该书中，朱老在阐述每一个问题时，始终坚持以辩证唯物主义思想为指导，吸取国内外研究的精华，结合中国儿童的实际心理特征，提出适合中国儿童心理发展的理论观点，并提出中国儿童心理学研究在理论上，必须坚持唯物辩证法。

曹日昌（1911—1969），早年就读于清华大学心理学系。1948 年获英国剑桥大学博士学位。主张心理学应以马克思主义认识论的基本观点为指导，用社会科学与自然科学的方法去研究反映过程的普遍规律。有《新心理学方法的建立》《间隔学习与集中学习的研究》《关于心理学的基本观点》等论著。

刘泽如（1897—1986），我国在革命老区延安研究心理学的心理学家，也是我国辩证唯物主义心理学理论建设中的主要开拓者之一。他坚持以辩证唯物主义为指南，坚持对机械唯物论的批判。他从事心理学研究工作60多年，创立了以主客观矛盾规律为核心的、独树一帜的心理学学术思想体系。

（二）我国理论心理学马克思主义取向研究的曲折发展

1949年新中国成立以后，我国的理论心理学研究基本上坚持马克思主义的取向。在20世纪50—60年代，走着全盘苏化的道路，紧跟苏联心理学的步伐。其后，心理学的发展又经历了艰难曲折的道路。其原因主要是心理学的学术研究严重地受到政治运动的影响。因此，随着国内外政治局势的变化，心理学的研究出现了几次大的起落变化。这种变化可以划分为两个阶段：第一阶段从新中国成立之初到“文化大革命”结束；第二阶段从改革开放至今。

前30年的突出特点是学术研究依附于政治斗争的需要，一切以政治斗争的需要为转移。最初出现的是对欧美资产阶级学术思想的批判，在这种政治思想潮流中，西方主流心理学被视为资产阶级的学术思想，被放到批判和打倒之列。与此同时，心理学曾一度在“全盘苏化”的道路上积极前行。在苏联心理学兴起了用巴甫洛夫学说改造心理学的热潮后，我国心理学紧随其后。后来，随着中苏关系的恶化和破裂，心理学的发展又遇到了新的难题和新一轮的挫折，特别是在“文化大革命”期间，心理学被扣上资产阶级和修正主义的两顶政治帽子，遭遇到了灭顶之灾，所有的心理学研究（包括在马克思主义取向下的心理学研究）都遭受到了批判和取缔。

潘菽先生等在总结这一阶段我国心理学研究的“基本经验教训”时指出，学术界在学习马克思主义的过程中曾出现过一种情况，即“在学习过程中曾有这样一种论调，说‘有马克思主义就不需要心理学’，这是一种错误的取代论，它实际上是取消了心理学，取消了心理学对我国社会主义建设应有的贡献”①。在这种极“左”论调的影响下，我国心理学领域的研究一直未引起高度的重视，某些方面的研

① 潘菽：《致中国心理学会基本理论专业委员会1986年学术年会参加会议的全体同志们的信》，《心理科学通讯》1987年第1期。

究甚至被视为禁区。另一种倾向是心理学的研究力图走“科学主义”的道路，因为，在我国特定的意识形态的制约下，自然科学的研究相对“安全”一些。[①] 这也成为心理学向自然科学靠拢的原因之一。

心理学原本是一门综合性的、横跨文理学科的科学，因此将对它的研究局限在狭窄的自然科学领域中，其弊端也是显而易见的。西方心理学是作为一门实证科学被建立起来的，近代中国在引进西方主流心理学时，也是把它作为理科或自然科学看待的。虽然这样的做法和看法不无道理，但问题是它很容易在心理学领域滋生出狭隘的、排他的科学主义（scientism）倾向。我国在心理学研究中存在着上述两种倾向的干扰，但是从总体上看，在第一阶段，新中国心理学研究中坚持马克思主义取向的努力仍取得了一定的成就。这正如王甦先生所总结的：“从 1956 年到 1966 年全国社会主义建设的十年中，我国心理学界试图以马克思主义为指导，结合实际，开始探索适合我国需要、能为社会主义经济文化建设服务的方向，调整并落实规划，在教育、劳动生产、医学等领域中以及在基本心理过程、心理的生理机制和心理发展等方面的研究都进行了相当数量的工作。”[②] 这里没有讲到“文化大革命”，因为“文化大革命”中心理学已经失去了存在的权利。

“文化大革命”结束以后，随着改革开放国策的实行，国内的心理学研究又出现了一个新的高潮。这次心理学研究高潮的到来，其最突出的特点是西方主流心理学思想和研究模式的大规模引入，其中也包含着对西方心理学马克思主义取向研究的介绍与探讨。这说明我国心理学研究正力图与国际心理学研究接轨，因此，国际范围内心理学研究的成果和存在的问题，在我国的心理学研究中都有所反映。其突出表现是科学实证主义研究范式的迅速蔓延，国际心理学界存在的“理论主干脆弱、学科枝叶茂盛”的发展危机也波及我国。不过国内仍有一些理论心理学家，像陈大柔、赵璧如、车文博、叶浩生、马文驹、朱永新、郭祖仪、霍涌泉等学者，他们继续坚持运用马克思主义

① 钟年：《中文语境下的“心理”和“心理学”》，《心理学报》2008 年第 6 期。

② 王甦：《我国心理学发展趋势》，《学会》1996 年第 3 期。

的理论武器探讨心理学问题的道路，重视运用马克思主义思想元素研究心理学的固有方向。不过，这种马克思主义取向的心理学研究与西方主流心理学的引入相比较，显然已经退居到了非常次要的地位。

近年来，国内虽然陆续可以看到一些马克思主义取向的心理学研究论文的发表，但是，它们在新的主流心理学范式的挤压下已经退居一隅，失去了应有的光彩。目前，我国系统研究、介绍西方理论心理学马克思主义取向研究的书籍甚少，介绍性的文章也不多。更严重的是人们对心理学理论研究的兴趣急剧下降，研究的风气日渐淡薄。因此，系统地研究西方理论心理学中的马克思主义取向研究，坚持运用马克思主义指导心理学研究的正确方向，是摆在我国心理学工作者面前的一项迫切任务。

四　理论心理学对马克思主义的呼唤

马克思作为伟大的思想家，在国际学术界有着巨大的影响，在心理学领域也不例外。正如美国著名心理学家布鲁纳所讲："马克思的科学概念将为建构日常生活实践，抵制传统的心理学中不合理的方面发挥效用。"英国心理学家帕克更明确地提出："只有一种理论资源——革命的马克思主义——能用来处理问题和再一次确保对心理学学术、职业和文化等各方面有正确的基础立场。"①

另外，当代国际众多心理学流派马克思主义取向研究的兴起，再一次证明了马克思主义思想的强盛生命力。国际众多心理学新流派的马克思主义取向研究的出现，是国外学者试图运用马克思主义研究心理科学的一种努力，一种科学的尝试，是一种现实感非常强烈的社会思潮。其核心是探讨心理学的科学的理解方式和科学的发展道路问题，这充分表明马克思主义作为一种认识论和方法论体系，已经得到了许多心理学家的广泛认同。心理现象的复杂性决定了心理学的研究

---

① Ian Parker. Critical Psychology and Revolutionary Marxism. *Theory & Psychology*, 2009 (19): 71 - 92.

应提倡多元化的、包容的、整合的方法，应当有科学的世界观和方法论的指引，才可以形成多元同构的格局。理论心理学的马克思主义取向研究的出现也极大地丰富、扩展了马克思主义研究的内容和领域，为丰富和发展人类的精神文化增添了新的光彩。

需要指出的是，国际上尤其是西方出现的心理学流派的马克思主义取向有着各自对马克思主义的解读、阐释、汲取与选择。例如有人强调需要从实践的和实证的科学方面来理解马克思对科学、对人的意义，认为心理学与马克思主义有着共同的研究对象，这就是人和人的心理。有人认为，马克思主义是真正基于为大多数人利益服务的“穷人心理学”立场的公平正义的思想资源，而当代西方主流心理学则是为资本主义社会服务的“富人心理学”。[①] 也有人认为，马克思晚年的思想发展导致了他放弃“纯粹”的哲学，而试图寻找实践性的途径，这类似于当今的主流社会学和心理学的实证性研究的基本探索方法。[②] 还有人认为，马克思的重要贡献在于揭示了心理与实践活动的关系，即一切社会规律或理论之所以被证明为真，往往并不是其具有普遍意义的真，而是因为人们认识到了之后通过实践使其为真，也就是说，人的实践活动是首要的，现实与认知是次要的。但是，必须承认，如果其中存在着某些问题与局限的话，相对于其所取得的成就而言，显然是瑕不掩瑜的。心理活动的焦点在于人们“做什么”[③]。如果某些观点可能有问题或局限性，这些问题或局限并不是只有消极意义，它同时也会给我们提供必要的警示和教训。研究西方马克思主义取向心理学的意义是双重的：它除了使我们在科学心理学研究中登上一个新的理论平台之外，还让我们同时得到了一面镜子，从这面镜子中虽然不能看出我们应该怎么做，但可以看出我们不应该怎么做。[④]

---

① Sara S., Defining a Decent Human: The Psychology of Poverty in James Hinton's Meat! *Marxism & Psychology Conference*, 2010: 4–18.

② 霍涌泉、魏萍：《试论西方马克思主义心理学取向的特点及成就》，《心理学报》2011年第12期。

③ Teo T., *The Critique of Psychology: From Kant to Postcolonial Theory*. New York: Springer, 2005: 37.

④ 刘同舫：《西方马克思主义的理论性质与中国意义》，《中国社会科学》2010年第5期。

马克思主义不是封闭的学说体系，而是科学的世界观和方法论。它不仅可以帮助我们反思生活实践，更重要的是可以帮助我们创造生活实践。我们在坚持马克思主义取向心理学研究的过程中，既包含对马克思主义的重新学习、领会与应用，也包含对马克思主义的丰富、发展与创新。我们必须看到，“社会上占统治地位的思想往往是统治阶级的思想”。但是，科学思想总会为自己开辟出生存与发展的道路，不会屈从于任何主流思想的压力。在西方，马克思主义取向心理学的发展有力地证明了马克思主义的批判精神与社会生活实践理论的生命力。我国是马克思主义意识形态的主阵地，理应坚持将马克思主义的批判精神与社会生活实践理论运用到心理学的研究中去。

我们通过以上对心理学中的马克思主义取向研究的梳理，深感以下几点值得特别关注：

首先，必须关注马克思主义引领心理学研究的价值。保罗·萨特指出，马克思主义是一种真正以“人”为中心的“人学”①。而心理学也是研究人的发展的学科，心理学与马克思主义有共同的研究对象，这就是人和人的心理。但科学心理学诞生一个多世纪以来，许多心理学家对人的低级心理过程进行了大量的动物实验研究，这些在动物身上也可以看到的反射、感觉等问题，并不能完全说明人与人之间的本质性的差异以及人的心理活动的社会化发展及其本质。马克思关于人的本质的提出，使人们逐渐认识到人文社会科学，尤其是心理学，不应该完全采用自然科学的研究方式，而忽视或无视人的社会性。精神分析学派、机能主义学派、认知心理学等流派在探索心理学的出路时，都试图采用各自的理论来指导心理学的研究，但在探索的过程中都未能有效解决心理学的危机与困境。因此，这些流派中的一些继承人相继发现并认为，只有回归马克思主义的思想理论，才能够超越危机，走出困境，引导心理学的发展②。

其次，关注心理学各流派综合发展的理论诉求。国际马克思主义

---

① ［法］让-保罗·萨特：《辩证理性批判》第1卷，林骧华、徐和瑾、陈伟丰译，安徽文艺出版社1998年版。

② 魏萍、霍涌泉：《西方心理学的马克思主义研究取向评述》，《心理科学》2012年第3期。

取向心理学研究的出现，表明心理学界有一部分人正在自觉或不自觉地运用马克思主义来表达自己的心理学观点。正如布鲁纳所言，“有一个问题值得去探讨一下，那就是诸如达尔文、马克思和弗洛伊德等智慧英雄的观点是怎样被转化吸收进通俗心理学中的”①。西方马克思主义取向心理学家的努力是值得我们关注的，他们运用马克思主义研究心理学所获得的成就是值得借鉴的。对全球视野内的马克思主义取向心理学思潮的研究、反思和探索更是十分必要和有益的。

当前，伴随着世界历史进程的变化，各种新异的观点和理论也呈现出不断变化发展的态势。世界各国对心理学的研究方法越来越多，并形成了各种各样的心理学流派，这种研究途径的差异、变化和冲突，呼吁着对其进行综合研究。而马克思主义的理论可以为心理学的综合发展提供指南和科学的思想武器。

最后，必须关注理论心理学的研究。我国心理学研究落后于发达国家，理论研究的深度不够，其根本原因在于理论心理学和哲学心理学等分支学科的研究存在着严重的滞后、缺位和错位问题。特别是对理论研究的轻视，直接影响着研究者的视野以及批判、创新的勇气。同时，我国心理学界对面向社会现实问题的关注度不够，缺乏与其他分支学科密切结合的重大理论和实践问题的研究探索，这也是理论研究缺失的表现。

心理学作为一门既有实证性又有理论性的学科，存在不同的学术研究方向、学术观点和学术流派，它们的形成与发展，是心理学研究繁荣兴盛的重要标志，也是推动心理学发展的内在动力机制。因此，我国心理学的未来走向与出路需要继续坚持马克思主义的取向，心理学的本土化（即中国化）也离不开马克思主义的指引。因此，当今在心理学学科发展的过程中，心理学工作者必须思考的一个问题是，如何真正利用马克思主义的科学理论来武装自己的头脑，指导心理学的研究。这就要求必须重新审视马克思主义理论在心理学研究中的地位与价值，反思在当今时代背景下面临的种种社会心理问题，学习和掌握理论心理学流派的马克思主义取向的内容、特点及其限度，真正掌

① ［美］杰罗姆·布鲁纳：《有意义的行为》，魏志敏译，吉林人民出版社2008年版。

握马克思主义的科学精神。

在理论心理学的研究中坚持马克思主义取向，要求心理学研究者应当从马克思主义的视野和新的视角来解读和推进心理学的研究。这种继承与创新的核心是运用马克思主义的思想元素探讨与解决心理学的问题。我国心理学学术界素有运用马克思主义理论来指导心理学研究的优良传统，而在新的时代条件下，如何传承并与时俱进，进一步推动我国理论心理学的发展，亦是一个重要的理论和现实问题。

当今，心理学承担着为国民的生存、发展、安全、健康、幸福生活和可持续发展服务的社会责任。这种责任承担是与马克思主义视野和取向研究的内容相吻合的。因此，中国的心理学工作者有责任深入学习并运用马克思主义的思想元素，探索建设有中国特色的心理学的发展道路，为心理学的发展做出自己应有的贡献。

论数学的真理困境及其求解策略

蒋冬双

摘　要：随着数学真理性问题研究的不断深入，对数学真理困境的分析和求解自然而又必然地成为数学哲学研究中不可回避的重要议题。本文主要讨论了数学的真理困境以及求解的策略，首先提出数学真理困境的概念，其次分析了数学真理困境出现的根源，最后分别从不可或缺、实在论、弗雷格主义总结了数学真理困境的求解策略。

关键词：数学　真理困境　不可或缺　实在论　弗雷格主义

一　数学真理问题的由来

作为数学哲学研究的核心内容，数学真理问题是一个古老而又常新的话题。从毕达哥拉斯到柏拉图，再到 20 世纪以来的数学哲学家，都试图为回答数学真理究竟是什么而提出各种理论。在众多理论中，贝纳塞拉夫关于数学真理问题的研究独树一帜，他从整体论的视角探讨了各种数学真理解释之间存在的关系问题，指出了现有的各种数学真理解释均不能同时满足一个恰当真理解释所必需的两个限制条件，从而提出了著名的“数学真理困境”[1]。从某种程度上说，贝纳塞拉夫数学真理困境提出的最初动因，主要是针对实在论在认识论解释上的质疑，即假如认为数学对象是客观存在的，那么人类应该如何去认

作者简介：蒋冬双，西安电子科技大学人文学院哲学系副教授，主要研究方向为科技哲学。

识这些独立于我们的知识。然而，他在数学真理困境中提到的难题实际上是所有哲学立场都需要认真面对的，反实在论者同样需要回答如果不承认数学对象的存在性，要怎样说明数学的真理本质以及数学在科学领域中的可应用性。数学真理困境求解成为当代数学哲学研究领域中的重要议题，对数学真理困境及其出路进行研究无疑将进一步澄清数学真理的本质，进而推动数学哲学研究的深入发展，在更深层意义上，对于科学哲学研究的进步也将起到积极作用，将为人们关于全面哲学立场的探讨提供有意义的启发。本文从实在论的视角出发，分析数学真理困境产生的根源以及求解困境的各种策略，全面解析求解数学真理困境的各种策略的合理性与不足之处。[2]

二 数学真理困境的学术史考察

贝纳塞拉夫在《数学真理》一文中指出，对于“什么是数学真理”这一问题的回答，完全依赖于对数学真理问题的不同解释。这些解释出于两种完全不同的思考：一种是想要有一种同一的语义学理论，关于数学命题的语义学与关于语言中其余部分的语义学并行不悖；另一种是想要使数学真理的解释与一种合理的认识论紧密吻合。基本上所有关于数学真理概念的解释，都可被看作遵从这两种思考中的某一种而抛弃了另一种。[3]比如实在论的基本观点是认为数学与自然科学一样不依赖于人脑的意识而客观地存在着，强调数学命题的语义解释应该与其他科学语言的语义解释具有同一的语义学意义。这种用类似的方法处理数学与非数学命题的真理解释，所付出的代价是数学知识成为不可理解的问题。反实在论则坚持数学真理必须具有合理的认识论意义，然而这样做所付出的代价是不能将这些条件与真正的真值条件联结起来。目前关于数学真理的许多解释要么是实在论的，要么就是反实在论的，从而形成了关于数学知识的两类完全不同的理论体系。然而，由于实在论与反实在论的解释是不相容的，所以对数学真理的解释只能选择其中一种而舍弃另一种。这种两难境地被人们称为“贝纳塞拉夫数学真理困境”。贝纳塞拉夫通过对关于数学真理和数学知识的解释考察，找到了出现困境的症结所在。他指出："倒不是因为缺乏一种看上去令人满意的关于数学真理的解释，或者因为缺乏一种看上去令人满意的关于数学知识的解释，而是因为缺乏令人满意地将两者结合起来的任何解释。"

贝纳塞拉夫认为，他对目前关于数学真理所提供的解释理论都不满意。关于数学真理的解释理论有两类，一类是柏拉图主义的观点，而另一类则是被贝纳塞拉夫称为"组合"的观点。柏拉图主义把数学命题的逻辑形式同化于与之显然相似的经验命题的逻辑形式，也就是经验命题和数学命题同样包含着谓词、单称词和量词等。而"组合"的基本观点是以有关算术语句的某些通常是证明论的句法事实为基础，指定算术语句的真值。真理往往被定义为从某些公理的形式可导性。这种观点事实上是对有关的任一特殊系统中真理的要求，真理显然不是用指称、外延或满足来说明的，谓词的"真"是从句法上被定义的。希尔伯特的解释和约定论都属于这一类别。与柏拉图主义相对，这类观点对数学本体采取了截然不同的态度，因此我们也可称这种组合观点为反柏拉图主义的真理解释。在贝纳塞拉夫看来，这两类解释均不能同时满足他提出的两个限制条件，这就是使得我们关于数学真理的解释面临两难境地的原因。

贝纳塞拉夫假定指称是真理的必要条件，认为具有关于树木、行星、星云等知识常常表明这些东西的存在性。[4]他主张将这种推理简单地转移到数学语言中去，从而不需要为数学发明一种特殊的语义学。因为事物本身就是存在的，人们的任务只是发现它们并描述它们的不同性质。他主张将塔尔斯基的语义学作为统一的语义学理论，这也就意味着要求数学语言中的谓词、单称词以及量词指称那些对象存在。也就是说一个数学语句为真的真值条件就是，该语句中所包含的单称词所指称的数学对象的存在。比如"恺撒"指称恺撒，他的确存在，数字"指称数学对象对于一个柏拉图主义者来说是存在的"。贝纳塞拉夫对数学对象存在的这一要求源于数学语言的"解释学"需要。对他而言，就像历史学真理要求诸如恺撒的历史人物的存在一样，数学真理也要求如素数的存在。换言之，数学的这种塔尔斯基式的语义学解释预设了数学柏拉图主义的本体论。从柏拉图主义的观点来看，数学对象是独立于人脑的抽象存在。另外，由于贝纳塞拉夫赞同知识因果论的观点，这也就使得他要求对数学真理提供一种经验主义的认识论。而经验主义认识论的基本诉求是认识主体与认识对象之间具有经验上的因果限制，这显然与柏拉图主义的本体论是对立的。可以说，正是贝纳塞拉夫要求柏拉图主义的本体论与经验主义的认识论的结合，导致了数学真理困境的出现，它是数学真理困境出现的本质根源。

因此，要想突破困境，我们就必须对上述根源所涉及的柏拉图主义本体论和经验主义的认识论进行深入而全面的分析，以期能在其中找到问题的症结所在，进一步阐释数学的实在本性以及认识主体与认识对象之间因果限制的要求，为数学真理困境找到可能而又有效的出路。

三 数学真理困境的解决策略探究

（一）不可或缺性论证对数学真理困境的求解

在奎因的影响下，自然主义常被看成这样的一种哲学学说，即不存在第一哲学，哲学事业是与科学事业紧密相关的。哲学既不先于科学，也不高于科学。科学是关于世界的完备理论。[5]这种学说来源于对科学方法论的高度尊崇，把科学方法论的成功作为解答关于一切事物本质的基本问题的唯一方式。就像奎因所表明的那样，它来源于“不可重生的实在论和自然科学家的智力状态”，自然科学家们不会对内在于科学可协商的不确定性产生任何疑虑。对于形而上学来说，这意味着由最佳的科学理论决定什么是存在，或者更为准确地说，由最佳科学理论决定我们应该相信的存在是什么。总之，自然主义否认以任何非科学的方式裁定实体的存在性。自然主义拒绝由于神秘的原因相信精神的轮回，但是如果最佳科学理论提出承认精神轮回的真理性的要求，那么自然主义就不会拒绝它。自然主义能够使我们相信最佳科学理论中的实体的存在性，而不管在最佳科学理论之外的任何其他实体是否存在。当然要论证数学是科学的一部分，只坚持自然主义的认识论不能充分地说明这一点，还需要在认识论的基础上坚持确证的整体论思想。

事实上，奎因表明了两种整体论观点：一种是确证的整体论，而另一种是语义的整体论。后者认为意义的单位不是单个语句，而是语句的系统在某些情况下被认为是语言的全体。对于奎因来说，语义的整体论和确证的整体论是紧密相关的，但是仍然有必要对它们二者加以区分，他用语义整体论来支持不可或缺性论证，而大多数注释者则认为确证的整体论才是不可或缺性论证成功的关键。因此，严格地讲，现在谈到的不可或缺性论证不是奎因的观点，而是奎因主义者的观点。确证的整体论的基本观点是理论被作为全体而得到确证或否证。如果一个理论在经验发现中得到确证，那么全体理论也就得到了确证。特别是，数学在理论中的应用可以用来确证数学知识。我们证实关于理论中数学部分的信念与关于理论中的科学部分的信念所依赖的依据是相同的。在不可或缺性论者看来，自然主义可以说明数学知识前提之中的“唯一”，整体论可以说明数学知识前提之中的“所有”。

（二）数学真理困境的自然主义实在论求解策略

作为后奎因主义的主要代表人物，玛戴为求解贝纳塞拉夫数学真理困境提出了自然主义实在论的策略。她曾试图改变传统的柏拉图主义观点，以使人们能够为获得关于数学对象的知识提供认知说明，尽管她同时也承认人们始终无法打开进入一种非时空数学王国的认识通道。玛戴选择用折中的柏拉图主义与双重认识论相结合的方式来求解困境。在她看来，这种结合能同时满足贝纳塞拉夫为数学真理解释提出的两个目标。但是，她想要弱化数学的抽象性来达到对抽象对象的感知这一策略并不成功，这样的结果使她不仅会遭到反实在论的批判，也要面临实在论的质疑。

玛戴的具体策略是采用一种集合论的实在论，借此说明柏拉图主义者如何通过对集合的直接感知而获得关于集合的知识。玛戴出于实用主义的考量，将集合论看成是数学学科的基础。在她看来，集合论在数学研究中发挥着统一的基础性作用。集合是“简单的、可以接触到的实体，以它为基础可以形成极为有效和充分的数学理论”[6]。尽管这种集合论基础并没有要求将所有合理的数学技术都包括在集合论的常用方法中，但是这种策略作为对贝纳塞拉夫真理困境的最重要的回应之一，我们就有必要对其进行深入分析。自然主义实在论策略主要是通过对集合展开的，主要有两个基本论点集合是处于时空中的，就像鸡蛋的集合一样是可感知的，人们可以通过看、听、闻等一般的方式感知集合。在玛戴看来，集合是处于时空中的，人们能够像看见苹果一样看见集合。对感知的这种解释借鉴了赫布关于感知的心理学研究成果。赫布的研究表明，普通人一般在少儿时期会形成特定的神经元敏感区域，人们通过这些神经元敏感区域感知和判定物理对象。不管赫布的研究成果是否能得到普遍认可，但玛戴在假定承认这一理论的基础上，指出它是开启人类对集合认知大门的钥匙。在她看来，这些信元装配能够消除感知与接触之间的距离，使认识主体能够从环境中把物理对象区分出来。玛戴称这种神经元敏感区域为“对象探测器”，同时她还表明我们的大脑除了具有“对象探测器”功能之外，还具有“集合探测器”功能。“集合探测器”能够使我们感知到物理对象的集合。以此类推，我们就能感觉到物理对象、物理对象的集合、物理对象的集合的集合……集合的集合等。进一步地，我们可以从可感知的集合导出来。如果我们可以感知到数学对象，那么就无须再担心我们不可能获得这种对象的知识。在这个意义上，只要断言集合是可感知的，贝纳塞拉夫对柏拉图主义在认识论解释上提出的挑战将不复存在。值得注意的是，人们显然需要具有某种经验才能具有“对象探测器”和“集合探测器”的功能，但任何特定的感知经验都不是必需的。玛戴承认直觉在某些时候是先验的，但她同时强调数学的先验性是非常弱的，因为仍有许多数学理论不能单凭直觉而得到证实。更重要的是，自然主义者不可能想当然地接受直觉，而必须查明为什么我们依赖直觉能够得到证实？凭什么相信直觉能够正确地提供关于独立数学领域的知识？要回答这些问题，她必须把哥德尔的直觉具体化，必须回到整体信念网络中来找寻答案。为了满足这一需要，玛戴为数学提供了双重的认识论的说明，指出“最初的数学真理是通过直觉得到的，是显然的较为理论化的假设通过它们的结论而得到外在证实，借助这种能力把低一层次的理论系统化，并对其进行说明等”。随之，基本集合论也将得到自然化的说明。

（三）数学真理困境的新弗雷格主义实在论求解策略

贝纳塞拉夫数学真理困境的矛盾焦点在于柏拉图主义的本体论与经验主义的认识论无法达成契合，这也是弗雷格一贯坚持的分界线。从某种意义上讲，贝纳塞拉夫数学真理困境似乎具有弗雷格思想的传统。在弗雷格看来，充分的经验归纳是不存在的，任何研究都必须依赖于普遍的逻辑基础[7]。新弗雷格主义秉承了弗雷格的这一最为根本的思想，把对语言的分析作为本体论的向导，坚定地拥护把数学化归为逻辑的宏伟计划，尤其强调语境原则的作用，并且进一步诠释了语境原则在阐释数字单称词时所具有的重要意义，从而对贝纳塞拉夫数学真理困境给出了一种语言学的解答。然而，新弗雷格主义实在论者把数学化归为逻辑，显然忽视了数学与逻辑之间存在的差异，尤其是忽视了对应用数学的分析。一旦放弃了语境原则，怀疑论的威胁就会显现出来，最终导致他们无法说明如何获得真实的知识和真理的概念。

关于逻辑本性的探讨，弗雷格终其一生都在与心理主义作斗争。在弗雷格看来，这种心理主义的观点如同压在逻辑和数学成长之树上的巨石一样，逻辑和数学研究要顺利展开就必须搬开这块巨石。按照心理主义的观点，逻辑推理是一种心理活动，逻辑的规律可以还原为心理的规律，逻辑真理是一种主观真理。弗雷格认为，这种心理主义的观点混淆了逻辑本身和从事逻辑推理的心理活动之间存在的差异。一个人在从事逻辑推理的时候，确实会发生心理方面的活动。这种心理活动是主观的活动，是因人而异的，它可能正确，也有可能错误。而逻辑规律本身是不变的，逻辑定理是永真的。比如有人可能把计算当作逻辑真理展开，但是真理性则不以人的计算的心理活动为转移。新弗雷格主义实在论继承了弗雷格对数的本质的看法。弗雷格认为算术不可能建立在心理学的基础上，因为它是客观的。所有关于知觉的词汇都是变幻不定的，这与数学对象和概念所具有的确定性形成了鲜明对比[8]。比如美丽与法学都是主观的，不能用真或假来描述它们，它们在各自领域中的对象是完全依赖于主体的。数却像外部世界中的对象一样是客观存在的东西，正如外部世界对象的存在不依赖于人是否感知到它们一样，数的存在不依赖于人的主观意识，不依赖于人们是否想到它们。数不是像人的情感一样的心理性的东西，数不是在人思考数的心理活动发生的时候就发生、停止的时候就停止的心理活动的一种伴随现象，而是客观存在的对象。在把数看成客观存在之后，弗雷格强调了数的存在与物的存在具有本质的不同。物是在时空中存在的东西，而数不是在时空中存在的东西。比如我们可以说某个宫殿建造于某时某地，毁于某时某地，但不可以说某数产生于某时某地，消失于某时某地。有鉴于此，弗雷格把物称为“客观实在的东西”，把数称为“客观非实在的东西”。在此，实在的东西就是指在时空中存在的东西，而非实在的东西就是指不是在时空中存在的东西。这表明了弗雷格对数的本体论态度，即数学对象是客观存在的，但其存在性不同于物质对象，数学对象的本质是一种抽象的对象。这种立场得到了新弗雷格主义实在论者的拥护，并且在他们那里也得到了进一步发扬。在新弗雷格主义实在论者看来，把抽象对象定义为“外在”于时空的东西没有实际意义。[9]从本质上讲，质询一个抽象对象在哪里、它何时形成或者它会持续多久等一系列问题都是无意义的。因此，对抽象对象的合理定义应该是在一种完全意义上的否定，而不是隐喻意义上的否定。正如赖特和黑尔指出的那样，“我们应关注的是对这一特性描述的反面，即如果只注意抽象对象不是什么，而不关心这些抽象对象是什么或应该是什么，我们将不能真正说明我们如何能够认识这些抽象对象”。于是，新弗雷格主义实在论者要想揭示数学的客观抽象性，就必须说明数学的抽象概念是什么。在他们看来，借助弗雷格提出的语境原则正好可以阐明这一点。

四 结语

数学真理既是人们衡量数学内部知识的客观性、可靠性、一致性的基本尺度，又是人们追寻自然界科学真理的典范和终极目标。文艺复兴以来，随着近代数学的诞生，神学一元化的观念开始包容数学的真理观念。人们对数学真理的理解也达到了新的高度，形成了以形而上学和柏拉图主义为基调的绝对主义和基础主义的真理观。数学真理由于与神学真理的同质性获得了社会的认可和尊敬。而进入信息时代以来，数学作为一种科学，其研究对象和研究方法都发生了巨大的改变。这种改变不仅影响着数学自身的研究和发展方向，在更深层次上，它也颠覆并整合着人们对数学真理的哲学思考。从 19 世纪中叶非欧几何的诞生到 20 世纪初哥德尔不完备性定理的提出，数学的知识体系逐步弱化了以完美性、确定性和永恒性为标志的绝对主义和基础主义的真理观，取而代之的是以开放性、多样性和相对性为特色的反绝对主义和反基础主义数学真理观。后现代主义思潮向数学哲学席卷而来的态势愈演愈烈，但这并不意味着数学真理的客观性、一致性和可靠性被人们否认，数学哲学工作者们仍试图澄清数学真理的这些本质特性。不同于以往的学者，贝纳塞拉夫在更为全面的哲学视野下重新审视了“什么是数学真理”这一问题，并把这个问题深入地归结为如何为数学提供一种与科学相一致的、恰当的真理解释理论。正是人们无法为数学提供这种合理的真理解释才导致了数学真理困境的出现，而突破这一瓶颈已成为数学哲学发展所面临的重要挑战。因此，对数学真理困境的分析与求解，已经不仅仅是数学真理性问题研究的重中之重，在更深层的意义上，它已经成为数学哲学及整个哲学领域研究中的核心议题。

参考文献

[1] 郭贵春、刘杰：《普特南的数学真理观》，《齐鲁学刊》2003 年第 3 期。
[2] 江峰：《数学实在论的奎因－普特南不可或缺性论证及其影响》，《自然辩证法研究》2007 年第 10 期。
[3] 江怡：《当代西方数学实在论与反实在论》，《浙江学刊》2004 年第 2 期。
[4] 孟祥姐：《认知封闭性与数学实在论》，《湖北社会科学》2008 年第 2 期。
[5] 孙宏安：《谈数学理论的真理性》，《大连理工大学学报》2004 年第 3 期。

[6] 叶峰:《“不可或缺性论证”与反实在论数学哲学》,《哲学研究》2006 年第 8 期。
[7] 叶峰:《数学真理是什么?》,《科学文化评论》2005 年第 4 期。
[8] 钟量:《数学真理观从柏拉图主义到人文主义的演变》,《社会科学战线》2008 年第 4 期。
[9] 殷杰:《语境分析方法的起源》,《科学技术与辩证法》2005 年第 4 期。

佛教的身体观探微

段新龙

近代以来，“身体观”的研究成为西方学界的一大显学，“身体的角度”成为现代学术思想的重要切入点。福柯、梅洛－庞蒂等人，从反思笛卡尔的身心二分出发，逐渐掀起了“身体”转向的高潮。他们从身体立场出发，或控诉形而上的精神压制，或通过身体符号展开对权力、社会的批判，或深入身体诉求内部进行拆解，产生了身体现象学、身体政治学、身体社会学、身体人类学、身体语言学、身体美学，等等。

西方学界的“身体”转向对东亚学术圈也产生了很大的影响，学者们受西学的刺激与启发，对本有的身心观进行现代诠释。重要专著有杨儒宾主编的《中国古代思想中的气论与身体观》、周与沉的《身体：思想与修行》、杨儒宾的《儒家身体观》。他们发现，从心性的形上学转到身心之学，实际上更加合乎中国传统思想的内在理路。在西方哲学中，传统的身体问题是“身心之间的关系是什么”，是纯粹形而上问题。中国传统哲学则一向具有实践哲学的性格，其核心问题是“如何改造身心”？也就是说，身心问题在中国哲学里面不是一个简单的理论推测，而是一个实践的、体验的、修为的“体验”之学。正如黄俊杰所指出的，从“即心言心”的进路拓展到“即身心互渗以言心”的进路，可为中国思想研究开拓新境界。[①]

以上研究，集中于儒家和儒家社会政治的研究成果较多，医学和

作者简介：段新龙，西安电子科技大学人文学院哲学系讲师，哲学博士，研究方向为佛学。

① 黄俊杰：《中国思想史中“身体观”研究的新视野》，《现代哲学》2002 年第 3 期。

道教思想则次之。汉语学术界对佛教思想的研究，从身体观念出发研究的成果几乎没有。国外的成果，目前也只找到汤浅泰雄的一本专著《身体：东洋的身体论の试み》，中文编译本为《灵肉探微——神秘的东方身心观》[①]。学术界一向以佛教为“心学”，但实际上佛教更为注重身体实践，其思想中心无不围绕着身体的“修行”“受用”，而其关于身体的论述也非常丰富。因此，本文拟由对身心的整体观照出发，去探察佛教的身体观的出发点和思维方式，相信会有不同的新义。

一　身心关系：心身不二，以心为主

身心关系，是贯穿全部西方哲学史的中心问题之一，亦是当代西方心理学的四大争论焦点之一。在古代中国，身心关系以“形神”的名目出现，是汉代以来哲学家们长期争议的重大问题，甚至和佛教产生了多次辩论，如范缜的《神灭论》。

1. 心身不二，相互统一

与西方心物二分的理论构念不同，佛学在身体观上既反对离“心”而独存的“物”，也反对无“物”而自有的“心”，众生的身体是“色”与“心”的互相含摄、融合。诚如《密宗要诀抄》所言：“一切色心，本是一体，心必具色，色必具心。”所谓“心色不二”是也。《大乘义章》卷一释云：

> 言不二者，无异之谓也，即是经中一实之理。一实之理，妙理寂相，如如平等，亡于彼此，故云不二。

不二，是指双方乃至宇宙万有的真实本性没有差别，互相缘起，超越区别、对立。双方统一于“一实”，也即真如、实际，即法界的本来真实体性。大乘如来藏学则认为真如心乃维持生理活动之本，

---

① 中国友谊出版社 1990 年版。

身、心皆以真如心为体，如《楞严经》谓身心皆“妙明真精妙心中”所现物。唯识学则认为：身和心同是心识（阿赖耶识）所造，身体是心识的“相分”，意识心则是“见分”。

从“心”“色”的“一体不二”思想出发，佛学明确地将身体视为众因缘蕴积而成的和合体。在《楞严经》卷二中，佛陀指出：“色杂妄想，想相为身。”这就是说，身体乃“心”（妄想）与“色”交杂、积聚而呈现出来的糅合之相；心智与色身作为众生身体的矛盾统一的两个方面，互相依存、不可分离。既然在佛家看来，身体乃是心色不二的融摄与集起，那么，“活的身体”也应当是“心色不二”的。具体地说，“心”之所以是“活的”，须以一定的“色”为存在前提，“即由如是所执受色或时衰损，或时摄益，其心、心所亦随损益”（《瑜伽师地论》卷一百）；反之，“色”之所以是“活的”，也必以一定的“心”为依据，“由心、心所住持力故，其色不断、不坏、不烂”（《瑜伽师地论》卷一百）。

2. 心识起主宰作用

然而，佛教也强调，身心二者中，心识的力量更为主要，是生命的主宰者，《大宝积经》卷一百一十云：“识者是身之主，遍行诸体，身有所为，莫不由识。”（《大宝积经》卷一百一十）在《华严经·夜摩天宫偈赞品》中，佛陀认为：“诸蕴业为本，诸业心为本。”换言之，具体的身体形态（“诸蕴”）由其能动活动（“业”）塑造，而这种能动活动则由身体的心智方面规定。

在佛学看来，众生禀受的身形相貌、生理素质，是其前世所造业感召的异熟果，终归为自心所塑造。经论中说天生长相好，人见爱乐，是前世忍辱、柔和、谦逊有礼的业报，所谓“今生人见欢喜者，前世见人欢喜故”。相貌丑陋，人见不喜，则是前世多嗔恨、骄慢无礼的业报。《正法念处经·观天品》云：“心清净故，血则清净；血清净故，颜色清净。”谓心灵之纯净，能通过血液的净化而使人容貌端正，脸色白净光润。反之，心灵污秽肮脏，能使人容貌丑恶，面色晦暗。按佛学业报因果法则，众生念念造业，念念受报，业报并不仅限于在来世方成熟的异熟果，今生现世的心理和行为，完全有可能形成影响今生形貌的现报。

二 身心的分析：五蕴

1. 五蕴，名色（身心）

蕴，是聚集的意思，五蕴指人的身心是由这五种因素聚合的。五蕴也叫作五阴。阴，是说这五种东西能遮蔽人的本性，使人心产生烦恼，犹如阴云覆盖。五蕴也叫作五受蕴、五取蕴，指人类常常感受、接受、执着为自己的五种东西。五蕴又可概括为名色，即心身。

2. 色（身），即地水火风四大

色的意思是"质碍"，指占有空间的物质形式，包括地、水、火、风四大，是组成物质（色法）的元素。本质为坚性，而有保持作用者，称为地大。本质为湿性，而有摄集作用者，称为水大。本质为暖性，而有成熟作用者，称为火大。本质为动性，而有生长作用者，称为风大。积聚四大即可生成物质，故四大又称能造之色、能造之大种。《中观论疏》说："四大围空，识在其中，假名为人。"①

3. 名（心），即受、想、行、识

"名"包括受、想、行、识四无色蕴，是组成精神作用的条件。受蕴，古人解释为"领纳"，相当于现代心理学说的感受、情绪、情感、心境，是一种身心的直接体验，因为外境的不同，一般分为苦、乐、舍三受。想，古人解释为"取相"，是次于"受"而起的心理活动。当人接触外界对象后先有感受，然后人就会有意识地去分别、认识感知对象，这种机制就是"想""了别"，相当于现代语言的"概念"认知。行，也称为思、造作，指有目的、有意向的心理活动，相当于现代心理学中的意志。识，古人解释为"了别"，识蕴在原始佛教指眼、耳、鼻、舌、身、意六种认知和理解行为，大乘唯识宗在意识后又加上第七识、第八识，使得识蕴的概念包括了潜意识在内的全部意识领域。用现代心理学的语言来作最简单的描述，五蕴分别指我们的身体（色）、情绪（受）、概念（想）、意志（行）、思维（识）。

---

① CBETA，T42，no. 1824，p. 70，a5 - 6.

根据《俱舍论》《瑜伽师地论》的说法，受、想、行、识四蕴的顺序，是基于佛教对心理过程的观察和解析而来。四蕴以识为主，受想行为服从于识。人的心理过程，是先由识了别，再由受领纳，再由想分别，再由行来做出决定，之后识蕴再根据“想”所取得的印象、概念加以整理、组织，不断形成新的认识。

4. 五蕴无我

原始佛教时期，以观五蕴无我为佛教主要的修证方法。主张如实观察自我身心的一切现象，当具备一定的定力（止）后再去观察（观），就会发现身心只是这五种因素、机制在运作。进一步观察，就能够真实地感受和理解到这五蕴是时时刻刻在变化的，其中没有任何不变的东西，这叫作无常、非我。经文中说“无常即苦，苦即非我”。何以说苦即非我呢？因为照佛教法义的解释，我者具有常、一、主宰之义，五蕴和合之我，只是世俗谛的假我，没有主宰的作用，因此才说“苦即非我”——五蕴中没有一个常、一、主宰之我。主宰即是能做得了自己的主，做不了自己的主，自然不是我。如此一来，修行者便能够不再执着、贪着于五蕴身心，从而达到自在安乐的涅槃境界。

三　身心的维持和终结

1. 身心的需求。“四食”维持生命，段食、触食、意思食、识食

从生命的维持条件来说，佛教也认为身和心都须有各自的需求，其中以心的需求更为重要。《杂阿含经》说“一切众生皆依食住”，须不断吸收各种“食物”来维持自己的生命，所需食物和进食方式有四种，称四食。四食中，只有第一种“段食”是物质性的饮食，后三种皆属心识活动。第二种“触食”的实质是享受愉快的感受。如有可意的触、受、想、思，“由此便能长养诸根，增益大种”；若所了境为苦，则“减损诸根，破坏大种”。第三种“意思食”的实质是享受愉快的表象、概念等。《瑜伽师地论》卷九四说有气力、喜乐、于可爱事专注希望及三者“长养诸根大种”，心理上的喜乐、对人生的热爱眷恋及理想，是维持生命活动不可或缺的精神食粮。第四种“识食”，

指内心深处一种生的欲望、不断摄取的欲望。

欲界众生具有四食而以段食为主，色界众生无段食以触为主。

2. 身心终结时的变化

佛经说，人的生命是寿（寿命）、暖（体温、生命热量）、识（心识）三要素的结合体，临终之际，三者解体，即为死。三者的解体，实际上是暖与识的分离。《俱舍论》卷十分死为顿、渐两种，顿死者，意识与生命活动在刹那间中断。渐死者，身体内的四大逐渐分解，令身体渐渐失去感觉。到人命终时，四大分解，识乃离去，以其业力，成就另一期四大和合。四大分解的过程，大致即首先是地大降于水大，感觉四周有一股强大的压力逼来，沉重痛苦，有口难言；其次是水大降于火大，这时其人会感觉遍体冷气袭迫，深入骨髓；再次就是火大降于风大，感觉到忽然内脏外肢，热力骤起，有如煎熬蒸煮；最后是风大分离，病者的身体，忽然觉得一股狂烈之风吹其身体，使之节节破碎，化为微尘。

至于意识，则与暖热同时存在，同时离身，根据暖热在身上最后消失的部位，便可验知亡者神识离身的出口，据此可知其死后去向。据说生恶道者，识与暖热从上往下走，最后出口若在肛门，则生饿鬼道，在膝盖生畜生道，在足下堕入地狱。生善道者，识与暖热从下往上走，最后从脐而出者，生于人道，从眼出生天，从顶上出则超凡入圣或往生佛国净土，有“顶圣眼天生，心人脐修罗，肛鬼膝畜生，双足堕地狱”之偈。

临终一念所决定的死后去向，大略是在善心中死者生于善道，恶心中死者生于恶道。《楞严经》卷八把临终时能决定死后去向的意念分为“想”与“情”两种。“想”这里指精神层面的、向上的、善的想望，“情”则指感官感情层面的、向下的、恶的低层次动物性欲求。情、想二极，略有中国哲学阴阳二极的意味。按想与情的不同比例，可判断死后的去向：

纯想即飞，必生天上；若飞心中，兼福兼慧，及与净愿，自然心开，见十方佛，一切净土，随愿往生。

纯粹思考道和善者，必然生天；若兼具福慧和往生净土信愿的佛教徒，则可随愿往生于十方诸佛的净土。次一等的，“情少想多，轻举非远，即为飞仙、大力鬼王、飞行夜叉、地行罗刹，游于四天，所去无碍”。再次一等的，“情、想均等，不飞不堕，生于人间，想明斯聪，情幽斯钝”，情想均等中，想心明晰、理性势强的生为聪明人，情欲重些的则为人鲁钝。再下者，“情多想少，流入横生，重为毛群，轻为羽族”，情多于想，情重些的堕为披毛的兽类，情轻些的堕为能飞的鸟雀；若七分情三分想，临终会自见沉下水轮，生于猛火之中，成为常被饥饿之火焚烧的饿鬼；九分情一分想，则见堕入火轮，身入风、火相交之处，堕入有间、无间二种地狱；纯情无想即沉堕入最苦的阿鼻地狱。

中阴身，是从死后到再生之间的五阴（身心），其也和现前的五蕴一样，生灭相续而非断灭，从本有生中有，就像灯焰之相续；但也没有一个自在不变的东西从本有搬到中有，中有也是一个生灭相续的过程，无常无我，故说非常。

3. 投胎与来生

关于中有投生，佛教说人的出生，是各种条件合集的结果，所需诸条件中若缺一个条件，便不能成胎，而诸条件中最为重要的即是中有之投生。佛典中所说的成胎条件，大略有以下诸项：一是父母及子女须有宿世所造能感得父子（女）、母子（女）关系的业因。形成父母子女关系的业，大概以财物及感情上的债务酬偿居多，也有因前世的深厚感情和善缘而结成的。另外，即使宿世有债务怨家关系，能否结为亲眷，互相间的福德是否相配，也很重要。二是父母交合时候生理没有缺陷。三是中有及时投入。诸佛书中皆说，中有投生，必须在见到来世父母交合时，于父母身起贪爱的“颠倒想”，方由产门入胎。《瑜伽师地论》卷一说当父母“贪爱俱极”（达性高潮），“各出一滴浓厚精血，二滴和合，住母胎中，合为一段，犹如熟乳凝结之时”，“中阴身”即投入其中。

四 身心的修炼

1. 人身难得

佛教讲有情众生分为六种，即中阴身投胎的六道：天、阿修罗、人、饿鬼、畜生、地狱。

在六道中，佛教特别肯定人道的优胜，《长阿含经》卷二十中佛说：

> 阎浮提人有三事胜拘耶尼人。何等为三？一者勇猛强记，能造业行。二者勇猛强记，勤修梵行。三者勇猛强记，佛出其土。[①]

意谓人以意志力的雄强和记忆力、思维能力的发达为突出特点，这使人能不断向上趋求，依靠理性和创造力创造、发展自己的文化，力求改造和超越自然，其智慧成熟的结果，便是佛出此土，昭明了如实认识自己、超出生死轮回之道。《大毗婆沙论》总结人有其他生命所不具有的自我调节、能忍耐、聪明智慧等优点。晚近大虚法师《真现实论》总结说：

> 人之特性，具有造作、思想、觉悟之自由活动的能力。

佛家如此高推人类，主要是从接受佛法、依法修持的角度着眼。按佛教之说，人所具有的这些长处，及苦乐间半、八苦交攻的生存现实，使人类更容易信受佛法、修学佛道。就此而言，人比快乐自在、长寿远胜于人的诸天要强得多。佛曾说："人间于天则是善处"，又强调，"诸佛世尊皆出人间，非由天而得"。（《增一阿含经·等见品》）因为诸天虽然也见佛闻法，但因为太快乐长寿和没有人生短暂的紧迫

---

① CBETA，T01，no. 1，p. 135，b23－25.

感的逼迫，反而较人难以修学佛道。至于常被嫉妒斗争所恼的阿修罗、饥寒交迫只知求索饮食的饿鬼、愚痴无智的畜生和苦刑逼迫无暇思索生死问题的地狱，修学佛法，障碍比人多得多。所以，佛经称赞人为“能生一切诸善果”和贤圣道果的“福田”（种植幸福的田地）。“人身难得，佛法难闻，中国难生，善友难逢。”于是便为佛教诸多经论所强调。佛经常比喻人身难得的机会为“盲龟值浮孔”或“佛指甲上土”。

2. 修行总纲：戒定慧

人的身体既然如此重要，那么就要依靠它来修习佛法。佛教修学的总纲是戒、定、慧，合称为三学。戒是对身体的约束，定是致力于内心平静和定力的提升，慧则是获得智慧。戒、定、慧三学是次第的关系，即循序渐进的关系，“因戒生定，因定生慧”。

3. 修行法门：四念处

佛法修行的方式，尽管说有八万四千法门，但都要以四念处为基础，四念处即是对身心的如实观察。佛欲入灭之际，阿难尊者请问佛陀四件要事，其中问及，佛在世的时候，佛弟子以佛为住；若佛灭度之后，佛弟子以何为住？佛言：以四念住为住。由此可见，四念住是相当重要的法门，是欲证成圣果所必修。何谓四念处呢？一、身念处：观身不净，身体乃四大所成，非究竟之法，是有漏生灭之法，常流不净故。二、受念处：观受是苦，受是领纳之义，有苦受、乐受、不苦不乐受三种受。受乃心缘境，因而领纳知觉，此缘起之法亦空无自性，不可得故。三、心念处：观心无常，三心不可得，生灭不已，如幻如化，瞬生瞬灭，应体证心之无生法忍。四、法念处：观法无我，诸法本空性，见空即见道。

4. 修行过程：破五蕴

《楞严经》认为是一个逐渐打破对身心（五蕴）的认同与黏着，从而实现对身心五蕴的统合和超越的过程。第一步是从破除身见，超越色蕴出发。色、受二蕴，是对身体的感受和基本体验，《楞严经》叫作坚固妄想和虚明妄想。人正是有了这个恒常的基本体验，才在潜意识里认定身体是自己，这就叫作身见。破除色蕴，则视力能突破一切障碍；破除受蕴，则能够让自己的心识不停留在身体之内，“去住自由”。如明末四大师之一的憨山德清，一次在山上经行，感觉身心世界豁然全空了，整个世界在光明之中，舒服极了，可是身边的老和尚却说这没什么，只是属于色阴境界。

转化想蕴者，“是人平常梦想消灭，寤寐恒一，觉明虚静，犹如晴空，无复粗重前尘影事。观诸世间，大地山河，如镜鉴明，来无所黏，过无踪迹，虚受照应，了罔陈习，唯一精真”。即不再有妄念杂念，犹如晴空；转化行蕴者，则“行阴尽者，诸世间性，幽清扰动，同分生机，绦然隳裂，沈细纲纽，补特伽罗，酬业深脉，感应悬绝”。对世间的一切动静生机了然于心，甚至对业果也明了清楚，彻底能了断轮回转世；转化识蕴者，则“十方世界，及与身心，如吠琉璃，内外明彻，名识阴尽。是人则能，超越命浊”。对于五蕴全部转化和超越者，则能得到身心的极大自由，“内脱身心，外遗世界，远离三有，如鸟出笼，离垢销尘，法眼清净”。

在修证的道路上，对身和心要同样重视，如偏向哪一面都有可能导致偏差。如果过分强调心的思辨，就很可能落入狂禅，文字禅；反之，过分强调身的修养，则会被称为盲修瞎炼，落在“色壳子”里。

五　不同视角的研究意义

1. 身体现象学的角度

在哲学领域，身体现象学异军突起，诸多现象学家如胡塞尔、舍勒、马塞尔、萨特、梅洛－庞蒂等都曾致力于身体之维的探究，在现象学家看来，身体绝不只是世界之中的一个物体，相反世界的存在恰恰是通过身体这一中介的。身体现象学的出发点是对躯体（physi－cal body/body）与身体（living body/Body）进行区分，前者是对象之身，后者是“主体之身”“绽出之身”（the ecstatic body）。“生理学、神经科学和解剖学足以让我们知道什么是躯体，却不足以让我们知道什么是身体，因为作为物质存在的躯体只是人类身体的一个方面。”身体现象学的特色在于从现象学的角度对身体所进行的研究。“从现象学的角度”亦即从现象学描述的角度，具体来说，它要避免一切先入的理论成见，一切有关身体的科学理论、文化习见均得被搁置一边，无论生理学、生物学、化学告诉了我们多么正确的身体知识，无论机械主义、机体主义对身体有多么精确的见解，这一切东西从根本上讲，都还只是一些“身体理论”而非“身体现象”。身体现象学瞄准的是“身体现象”而非“身体理论”。一言以蔽之，正如胡塞尔对身体和躯体所作的哲学剖判，现象学的身体范畴在本质上也总是指涉着活的身体（the living body），它并不是单纯的“物质的身体”（the physical body）。

然而，这里问题的关键并不在于具身认知的研究是否是以“活的身体”为基础，而在于“活的身体”究竟意味着什么？长久以来，由于心物二元分立的理论预设的影响，西方心智科学对身体的理解通常呈现为两个极端：或者如神经科学那样仅看到身体的物质方面，将并非物质的东西归于物质；或者像理性主义哲学那样只看到身体的非物质方面，固执于心灵的一端，将真实的东西变成内心世界的主观感受。

进一步说，佛教的身心认识方法，正和身体现象学的“活的身体”之宗义接近，或说更具有实践性。佛学的五蕴思想，是整个佛教理论的基石，也是较为完整、复杂、精密的身心概括体系。依照佛典，五蕴是佛教创始人在静定中对身心运作的如实观察，其对心的运作，涉及现代心理学才注意到的各个方面。如五蕴中的受蕴，即感受和情感的维度，是一开始就被重视和考虑进去的。自弗洛伊德以来的现代心理学发现，情绪或者潜意识在人的行为中所起的作用不亚于理性思维，就如同冰山的水面上和水面下的部分。事实上，在佛教的各种典籍中，对认知与情感的这种关系一直存在大量的、非常深细的分析，如百法明门论所言。相较而言，在西方身心认识论中，情感的研究却始终处于被忽视的地位。此外，“想蕴”即概念、取向、表征、意义的构建，涉及名相、概念、语言等社会构建的内容，这也是现代西方思想才逐渐开始研究的内容。

相比之下，在心物二元论理念的主导下，古代西方思想身体观的架构一般只是“身/心”“肉/灵”的二分结构；现代的认知科学的研究往往来回摆动于心、物两个极端之间的西方思想中，或者机械化地认为认知仅仅只是“一个运行在‘身体硬件’之上并可以指挥身体的‘心理程序软件’”。中国古代的身体观，则是以气为中介，达成“形—气—心”三位一体的结构。

2. 认知科学或心理学的角度

从认知方法上来说，西方认知科学总是站在“身体之外”来考察认知，是一种典型的“第三人称的研究”。佛学对认知缘起的研究则是以主观的立场，通过“闻—思—修”的程式，借助于禅定的内省体验，是来自“身体之内”的审视，即一种“第一人称的研究”。虽然两种研究方式都重视实证（佛家主张“真修实炼”、强调“印证”、要求“解行相应”等，其核心都在于强调实证），但它们对实证的理解却因各自哲学立场、研究目的等的分歧而存在着较大的差异。佛教以禅修为立教根本，强调“体证”是开发佛知见的基础，主张由修行者身体活动的“戒”和“定”而达至心智之“慧”（这里的戒、定、慧，即佛教三学）。两千五百多年来，历代高僧大德正是借由这样的身心整体方案，洞悉着宇宙人生的真理。但是，以佛学的认知和实践方式，如何和现代科学相汇通，则是另一个值得开拓的问题。近代以来，西方的人本心理学逐渐发展为超个人心理学，已经能够运用科学实证的方式逐步地去研究世界各大智慧修持等传统的身心修持方式。而现代认知科学的新兴研究范式，则发展为“具身认知”，即强调身体在认知的实现中发挥着关键作用。但对于身体是什么以及身体如何影响认知等问题，有关各方的研究者却都未能给予很好的说明，佛教可以说提供了很好的类似具身认知的素材。

3. 思想史的角度

从纵的角度讲，从原始佛教，到大乘佛教，到密乘佛教，对身体的认识也有个逐步的变化，而密乘佛教，讲究即身成佛、气脉、明点等，对身心的研究相当深入，需要专题研究。

横的方面讲也可以比较，中国的儒释道三家，都可以说是注重身体，秉持“身心合一”观念的学问，然各家又有所不同。如对身体的分析，总体上来说儒家道家是形—气—神的内外分层法，而佛教则是五蕴的横向组合法。

具体而言，儒家虽然也像佛家一样重视自己的身体，但儒家认为生理形躯之身是意义得以成全的基础，是当下性的，而佛家认为是死亡或者解脱的准备，是未来性的。儒家虽然也讲究对身体的修养，但儒家是实践礼的精神和威仪，要自觉融入社会空间和人文秩序中，成为得其所合其度的一分子。而佛家对身体的修养，是戒，完全是为了最终的般若智慧的一个条件。对生死来说，儒家虽然说有“杀身以成仁”的说法，但是这是特殊情况下的不可避免。一般说来，儒家不像佛教一样直面死亡，儒家所重在于如何生，苟知如何生，自知如何死。

道家亦贵身、爱身，自然而然，遵从大道，适可而止地清心寡欲，摈弃感官欲望的过分追求。对于身体的修养，道家则“被褐怀玉”，保任内在真朴，不图外在修饰，亦不讲究儒家的文质彬彬。多超脱远离一般的社会结构和人世秩序，在不染人文色彩的自然中神与物游，体知大道。此外，在身体的修炼上，道家多讲究形神俱妙；在修炼中，最终要炼神还虚，即将此肉身也修炼成超人世的神仙。在这一点上，道教往往批评佛教修炼的不完整性，“修性不修命”，而佛教则批评道教是“守尸鬼”，即执着于自己的肉体，未能超脱。此外，佛教密乘对修身炼气非常重视，类似于道教内丹的“性命双修”。

4. 其他视角

就目前中国身体观研究所展开的视野、维度，黄俊杰（2002）概括为三种路向：身体作为思维方法、精神修养呈现、权力展现场所；且将如下三面融为一内外综合体：独具中国文化特色的“体知”、作为修养工夫论的“体验”与作为政治学理论、社会礼学、治平之学的“体治”。对佛教的身体观也可以大致用这几种进路，即第一种，研究佛教的身体思维方法（色心、五蕴）。第二种，研究佛教的身体修炼（戒定慧、闻思修）；此二种本文都已述及。第三种，从身体角度，用社会和文化的视角研究佛教。如研究佛教受戒的身体意义；研究佛教中的女性、转女成男、性别观念；研究以身体为中心导致的汉地儒佛文化冲突，如剃度、出家、礼拜、写血经、燃指供佛等；研究丧葬心理，如火化、超度、舍利、肉身，等等。

积极情绪体验与大学生积极心理品质养成

张文娟

摘　要：以积极心理学为理论基础的积极心理健康教育模式在全国正逐步走向成熟。其中积极情绪体验对个体的行为模式、心理品质的影响是巨大的，是培养个体积极人格特质的重要途径。“95”后的当代大学生群体表现出鲜明的个性化特征，情绪体验强度大，色彩重。由于对挫折失败的承受力较差，他们对负性情绪体验更敏感，也更易陷入负性思维的旋涡中，从而影响到心理健康水平和人格的成熟及完善。而增强积极情绪体验是培养个体积极心理品质、塑造健康人格的最佳途径。体验式教学和心理拓展训练是增强个体积极情绪体验的有效方法。

关键词：积极心理健康教育　积极情绪体验　积极心理品质　心理拓展训练

一　积极心理健康教育的发展现状：理论与实践并重

20世纪末，著名心理学家塞利格曼（Seligman）在美国发起了一场积极心理学的运动，将心理学的研究视角——消极心理学，转向了

作者简介：张文娟，西安电子科技大学人文学院心理学系讲师，心理学博士。

关注和探索人的积极心理。而这一思想对于心理健康辅导和治疗领域的影响是巨大的。以中国教育科学研究院积极心理健康教育的创始人孟万金教授为代表，其所创立的“积极心理健康教育模式”在全国范围内已逐步走向成熟，并开始体系化，呈现了理论和实践并重的特点。2007 年 5 月，孟万金教授在第一届全国心理健康教育与智能开发学术研讨会上，提出了“积极心理健康教育模式”，得到与会专家、代表们的充分肯定。[1]同年 7 月 7 日，《中国教育报》第三版刊登了孟万金教授的《积极心理健康教育能带来啥?》的文章，[2]拉开了中国积极心理健康教育活动的帷幕。

积极心理健康教育模式在国内的基础教育、高等教育及特殊教育领域等都得到了研究者的热切关注，研究热情不断高涨。笔者以积极心理健康教育作为主题词在中国期刊网（CNKI）文献数据库中进行精确检索，从 2007 年至 2015 年 10 月 23 日，共有 359 篇相关论文发表（见表 1）。2010 年，发表相关论文达到 54 篇，是 2009 年发表数量（25 篇）的 2 倍多，充分说明积极心理健康教育在国内得到了越来越多的关注，积极心理健康教育的理念得到了更多的心理健康教育研究者和工作者的认可。2010 年之后，发表的相关论文维持在 40—60 篇的数量，说明积极心理健康教育领域的研究已进入稳步发展的阶段。

表 1　2007—2015 年中国期刊网（CNKI）积极心理健康教育相关论文发表数量　单位：篇

	2007	2008	2009	2010	2011	2012	2013	2014	2015
论文数量	8	6	25	54	64	44	56	66	36

注：2015 年发表论文数量截止时间为 2015 年 10 月 23 日。

二　积极心理健康教育研究三大主题

塞利格曼从创始之初，就指出积极心理学包含了三大研究主题：积极情绪体验、积极人格特质和积极组织系统。相应地，积极心理健康教育模式中也对应了三个研究内容。一是积极情感体验（包括生活、学习、自我和人际），二是积极人格塑造（包括积极行为的能力和潜力等），三是积极的社会支持系统构建和运用（包括社会大系统，如国家的法律、法规和政策等，积极的小系统，如学校、社区、工作单位和家庭等）。[3]其中积极情绪体验主要指个体层面，积极人格介于个体层面和群体层面之间。而积极的社会支持系统则是集体层面上的组织系统，包括家庭、学校和社会等。只有增强个体层面的积极情绪体验，个体才能形成积极人格，而积极情绪体验和积极人格的形成离不开积极的组织系统的支持。家庭、学校、社会应为孩子合力打造积极心理健康教育的育人环境，通过形成积极的组织系统来巩固和发展学生的积极人格、增加积极体验，诱发更多积极的心理暗示和快乐的心理联想。[4]

（一）积极心理品质

心理品质是指一个人在心理过程和个性心理特征两方面表现出来的本质特征，包括认知、情感、意志、兴趣、能力、性格等。当代大学生存在一些不良的心理品质，包括：认知存在偏差、负性情绪较多、意志较为薄弱、学习动机不强、能力素质不高和性格品质欠缺等。对于积极心理品质的内涵界定主要有两种观点：一种认为积极心理品质是指比较持久的积极的情绪和体验，包括高兴、兴趣、自豪和爱等积极的主观体验，如幸福感、满意感、快乐感，建构未来的乐观主义态度和对生活的忠诚。另一种认为积极心理品质应满足三个方面：一是能够促进工作和学习绩效的提高；二是有利于提高主观幸福感水平；三是能够预防心理疾病的产生，有利于心理保健。第一种观点中对积极心理品质的定义可以看到积极心理品质与积极情绪体验密切相关，持久的积极情绪体验形成了积极的心理品质，包括积极的认知品质、积极的情绪品质和积极的意志品质。

（二）积极情绪体验

情绪维度理论的二维模式认为情绪由两个维度组成，一个是愉悦度，另一个是唤醒度。积极情绪就是位于愉悦度较强的一端，消极情绪则位于愉悦度较弱的一端。积极情绪是指个体由于体内外刺激，事件满足个体需要而产生的伴有愉悦感受的情绪。[5]而积极情绪包括喜悦、感激、宁静、兴趣、希望、自豪、逗趣、激励、敬佩和爱10种形式。其中积极情绪研究的代表弗雷德里克（B. L. Fredrick）提出的积极情绪拓延—扩展（broaden - and - build）理论，认为积极情绪不但能扩建个体即时的思想和行为资源，还能在此基础上帮助个体建立起持久的个人发展资源，从而使个体随后的行为变得更有建设性和创造性，同时还能将这些具有创造性的行为迁移到其他方面。塞利格曼在《真实的快乐》一书中指出，积极情感可以激发人们的探索欲望，而探索行为的实施会带给人们控制感或操纵感，这种可控感反过来又激发更多的积极情感、创造性以及更好的控制感。积极情绪能够拓展个体的行为和思维方式，而消极情绪则会限制个体的行为和思维方式。个体因消极情绪得以摆脱危险，维持生存；却因积极情绪而发展、产生新思想和新行为。

三　积极情绪体验的培养促成积极心理品质的形成

积极心理健康教育创始人孟万金教授曾在报告中指出：积极心理健康教育核心任务是培养积极心理品质，终极目标是奠基幸福有成人生，有效途径是开发全脑潜力，减负增效，通过发展防治问题。[6]积极心理健康教育的核心任务就是开发心理潜能，培养积极心理品质。[7]塞利格曼认为培养积极人格特质的最佳途径就是增强个体的积极情绪体验。

增进个体的积极情绪体验是培养积极人格的最有效途径。积极心理学的研究发现培养个体的好奇、乐观、创造力等在内的24种积极人格特质的一条最佳途径是增强个体的积极情绪的体验。已有研究者指出，积极情绪通过合理的归因方式、良性的人际关系、尊重他人、正确的应激与防御系统影响人格的形成。[8]积极人格特质的培养需要通过对个体的各种现实能力和潜在能力加以激发和强化，当激发和强化使某种现实能力或潜在能力变成一种习惯性的工作方式时，积极人格特质就形成了。有研究者对积极体验进行量化描述，提出把一个人的有意识地体验积极事件或积极结果的总时间量（Positive Experience Amounts，PEA）减去其体验消极事件或消极结果的总时间量（Negative Experience Amounts，NEA），这样得到的一个新的数量就是一个人的纯积极体验量（Well - Being Amounts，WBA）。即 PEA - NEA = WBA，这个纯积极体验量的大小常常是评价一个人的积极人格状态的重要依据。[9]积极体验在充当个体固有的内在动机与外在的社会文化价值观之间的中介变量时，积极情感为其提供了动力。从情绪的功用角度而言，消极的情绪让个体体验到失望和挫败，阻碍了个体的发展；而积极的情绪可以激发个体的潜能，让个体体验到力量与希望。而情绪对心理品质和人格的形成具有渗透的作用。因此，积极的情绪体验有利于形成积极的心理品质和完善人格。反过来，积极心理品质和完善人格又会增强个体积极情绪的感受力。因此，培养个体积极的心理品质和完善的人格，增强积极情绪体验是一条有效的途径。

四 积极情绪体验的培养方法——体验式活动

心理健康教育过程本质上就是一种情感体验的过程。积极心理健康教育就是让学生在体验中获得情感，在生活实践中培养出各种积极品质。[4]积极心理健康教育的方法主要包括心理情景剧、心理活动课、多元智能、心理拓展训练等，[10]而其中体验的方式尤为关键。体验式教学和心理拓展训练正是让学生在学习过程中产生了较强情绪体验的两种有效方法。

（一）体验式教学活动

积极心理健康教育的一个主要原则就是让学生体验在情景活动参与中所带来的情绪情感。以学生的自主体验为核心的体验式教学，高度关注学生的积极参与和身心投入，引导学生自我探索、启发学生内在心智，激发学生主动参与，关注学生内在体验，以提升学生的生命质量、促进学生的和谐发展为最终目标。[11]“积极体验”的方式可以用来发掘和塑造学生自身的积极潜力，形成自身有效的应对生活压力的技巧和策略，来促进积极人格的形成。[12]可见，体验式教学是积极心理健康教育教学方法上的最佳选择。其中团体活动式体验教学是学生普遍喜欢的形式，能给他们带来快乐，并能在活动中愉悦身心，受到相应的教育。[11]体验式教学的最终目的是希望，学生在课堂中的这种积极情绪体验能够延伸和迁移到日常生活，在生活中能够更多地体验到积极的自我。因此，通过适当的课后心理体验作业，从而将课堂上的体验与课后的行为实践相结合，并在实践中不断地反馈调整，达到培养积极心理品质的目的。体验式教学让心理健康教育克服了传统照本宣科的知识传授方式，代之以丰富多彩的现实生活体验，让学生在自己生活学习的具体场景中体验积极情绪，形成积极心理品质。

（二）心理拓展训练

心理拓展训练是体验式学习的一种，它是借助于教育学、心理学、组织行为学等相关学科成果，针对社会的需求和学生身心特点设计出来的一种体验式的培训活动方案，旨在通过模拟或自然的环境，让学生体验经过设计的活动项目，接受个人潜力激发和团队凝聚力的挑战，然后经过反思和交流分享，加深对自我和团队合作的认识与领悟，并将活动中的认知和积极体验迁移到生活中去的一种训练活动。[13]马喜亭等认为心理拓展训练正是把人身心能力中最卓越、最出色的部分升华到可能达到的巅峰，使学生能够感受到并进一步增强自信心，树立明确的生涯目标、敢于挑战自我极限，提升克服困难的勇气和毅力，培养健康的心理素质和积极进取的人生态度。[14]

综上，体验式教学与心理拓展训练共同的突出点就是对积极情绪体验最大限度的激发。通过参与情景中的活动，促使学生全身心地投入，诱发积极情绪体验的产生，并将这种体验迁移到学生的日常生活中。让学生在自己的实际学习生活中，不限时间和地点地产生积极情绪体验。这种积极情绪体验的倾向在个体一生中都可以延伸扩展，成为一种心理品质和人格特质。

五　结语

目前，积极心理健康教育的实践化工作已经逐渐展开，并取得了丰富的实效。未来，一方面是从横向拓宽积极心理健康渗透的领域，形成覆盖全民的积极心理健康素养提升体系；另一方面需要纵向的深入研究，从发展的角度来考察积极心理健康教育对于个体的成长成熟所发挥的作用。另外，理论探索和实践工作的展开也需要及时地相互碰撞，双向促进积极心理健康教育模式的完善。而积极心理健康教育模式，既要从微观上关注个体水平的积极情绪体验，培养积极心理品质，形成个体的积极人格；也需要从宏观角度上关注集体水平的积极组织机构。

参考文献

[1] 王新波:《积极心理健康教育的回顾与展望——孟万金教授“积极心理健康教育”进程述评》,《中国特殊教育》2009 年第 10 期。

[2] 孟万金:《积极心理健康教育能带来啥?》,《中国教育报》2007 年第 3 期。

[3] 陈虹:《大力推进积极心理健康教育——访“积极心理健康教育模式”创始人孟万金教授》,《中小学心理健康教育》2007 年第 6 期。

[4] 邓美娅、杨莉萍:《积极心理健康教育对消极心理健康教育的突破》,《宜宾学院学报》2011 年第 7 期。

[5] 郭小艳、王振宏:《积极情绪的概念、功能与意义》,《心理科学进展》2007 年第 5 期。

[6] 赵庆:《全国积极心理健康教育暨学生积极心理品质发展研讨会报道》,《中国特殊教育》2010 年第 12 期。

[7] 心理与特殊教育研究中心课题组:《中国学校积极心理健康教育实验与推广——心理与特殊教育研究中心课题组》,《中国特殊教育》2011 年第 9 期。

[8] 朱翠英、银小兰:《积极情绪对健康人格的影响探析》,《湖南师范大学社会科学学报》2011 年第 11 期。

[9] 任俊、叶浩生:《积极人格:人格心理学研究的新取向》,《华中师范大学学报》(人文社会科学版)2005 年第 2 期。

[10] 李丽:《开展积极心理健康教育的方法探析》,《安徽电子信息职业技术学院学报》2008 年第 3 期。

[11] 薛香、俞暄一:《积极心理健康教育视角下的学校心理健康教育课程教学设计初探》,《教育与职业》2011 年第 11 期。

[12] 任宁:《积极心理学理念下的大学生心理健康教育模式》,《长春理工大学学报》2013 年第 10 期。

[13] 马喜亭:《心理拓展训练在高校积极心理健康教育中的实践探索》,《中国特殊教育》2010 年第 4 期。

[14] 马喜亭:《高校积极心理健康教育模式探索》,《北京教育(德育)》2011 年第 1 期。

审美的文化“深描”

——新历史主义的美学特性

张静斐

摘　要：新历史主义作为美国20世纪后期风靡一时的文学批评潮流，在其批评实践中体现了独特的美学取向。从多元主义思想出发，新历史主义学者的文学研究中没有表露出严整统一的美学标准，但其基本美学特性的形成包含了解构性和建构性两方面：一方面利用后结构主义的理论资源完成了对形式主义美学传统的解构，并在批判吸收历史主义观念的基础上打破历史的连续性幻象；另一方面以阐释人类学的文化阐释路径，结合符号学的结构思维和历史主义批评的传统，将形式主义美学的共时分析放在历时性的语境中，形成了与人类学的“深描”有所不同的审美视角和批评方法，即以一种审美的态度，在保持外在视角的前提下运用“深描”方法解释文化体系中的文本。

关键词：新历史主义　审美　深描

新历史主义批评站在形式主义美学式微、社会历史批评复兴的转折点上，提出了“历史的文本性和文本的历史性”主张以反对新批评派和形式主义的美学原则，这一宗旨包含了解构性和建构性两个方面。新历史主义之前，新批评派的形式主义文论在文本内部寻找作品的审美价值，而新历史主义理论则基于后结构主义的思路，否定了作

作者简介：张静斐（1984—　），女，陕西宝鸡人，文学博士，西安电子科技大学人文学院讲师，主要从事美学与文艺理论研究。

品意义来源于文本的观点，进而消解了新批评派所关注的文学经典的地位，利用后结构主义的理论资源完成了对形式主义传统的解构工作；建构方面则吸取了阐释人类学的文化阐释方法、符号学的结构思维，并在对历史主义文史观念改造的基础上，形成了与人类学的“深描”有所不同的审美视角和批评方法。本文主要分析新历史主义如何批判性地吸收了历史主义的美学原则，以文化的视野，在文学批评领域，对阐释人类学的“深描”方法进行了审美性的运用，从而建构了文学与历史研究的新观念和新实践。

一

“新历史主义”（new historicism）中的“历史主义”一词源于德语中的“Historismus”，这个德语词最初出现于19世纪德国学者普兰陀（Carl Prantl）的一篇演讲词中，具体指一种带有历史倾向的方法；这个词最初的用法是偏向贬义的，可以指“历史至上”论，例如门格尔（Carl Menger）在《历史主义的谬误》中对国民经济学派夸大历史依据的做法表示不赞同时，就给他所指责的对象冠以“Historismus”的称号。[1]4-5但英语中的“历史主义”（historicism）一词比起其德语词源有着更为宽泛的含义，卡尔·波普尔（Karl Popper）曾在其《历史主义的贫困》中探讨过英语中的“历史主义”比起德语中更偏向历史决定论意义，并带有黑格尔的唯心论历史哲学色彩。波普尔使用了单词“historicism”，而舍弃了之前比较常用的“historism”。波普尔之后，“historicism”这个词渐渐流行开来，并被赋予了庞杂的意义。[2]现在英语中的“historicism”一词，可以指德语的Historismus，或者是克罗齐用意大利语所表述的“storicismo”（指“历史循环论”或“一种作为实证主义的历史主义”[3]）。而新历史主义批评的目的并不是从历史学意义上对Historismus进行有意识的借鉴，而是着重于对文化产品，尤其是文学文本的历史分析。

“历史主义”兴起于18世纪，以德国历史哲学的倡导者赫尔德为其发端。历史主义史学家重视历史事件之间的连续性，将历史看作一个连续发展的链条式的过程。他们相信，通过研究某个事物的历史发展过程，可以掌握其性质；[1]6-7 他们注重历史时代、文化的个体性和独特性，抱着“同情之理解”的态度，平等地了解一个历史人物、一个历史事件或一个时代。其中最有代表性的是德国历史学家兰克的表述：

> 每个时代的价值不在于产生了什么，而在于这个时代本身及其存在……每个时代或谓每个历史阶段都具有其特有的原则和效能，而且都有资格受到尊重。[4]7

简而言之，“每个时代都具有其自身的合理性和价值”，历史主义者眼中的历史研究，不为其他外在于历史学科的目的服务，是通过考察事物或社会形态的发展历程，来认识事物、认识社会的方法；古代和当代有着平等的地位和各自的意义，历史学科对古代的研究具有独立的价值，关于古代的知识不是因为对当代人的帮助而有意义。历史研究不能在理性主义的笼罩下进行，因为历史学科综合了科学和艺术的双重特征，正如兰克所言：“当史学于搜集、辨识、探讨材料时，它显现了科学的特性，但在重建与叙述史实时，则转成艺术。”[5]

当历史主义的思想家对每个时代的认识和评价因其发展过程或时代条件的不同而产生差异时，他们对人性和主体的认识，也就带有了历史性的考量。初期的历史主义学者赫尔德并未彻底否定之前启蒙主义所建立的普遍人性观，而是将人性看作动态变化的，受到历史和社会环境影响。19 世纪泰纳的艺术哲学理论认为精神科学具有与自然科学类似的发展规律，受到种族、环境和时代三要素的影响和制约。黑格尔唯心主义历史哲学和斯宾塞的历史进化论则将历史看作不断变化、上升、前进的过程，黑格尔眼中的历史是绝对精神、理念的自我展开，斯宾塞则强调了时代、阶级、民族对社会意识的决定性作用，否定了对超越历史条件的共同价值的假设。大致上讲，历史主义思潮反对理性主义对人文科学的控制，但与浪漫主义的路径不同，历史主义是通过否定普遍人性，“将巨大的历史力量叠放在个人之上”来否定启蒙时代的历史观和理性主义。[6]

“新历史主义”的命名虽用“新”来标榜与旧的历史主义的不

同，但也在很大程度上继承了历史主义的一些重要特质。它们之间的继承关系，首先表现在对历史性的认识上。主体的建构和人性的形成都受到历史条件的制约和影响，而学者对历史价值的判断，也受到其所处时代环境的制约。从当代人的价值观出发来判断历史，称为“现在主义”（presentism）。历史主义的著名学者兰克在他的著作《历史上的各个时代》中，挑战了启蒙时代理性主义从当代视角的历史研究，即运用当代人的价值判断来否定古今差异。兰克认为每个历史时代不是由其后的时代来判断和决定它的价值，而是有它自己的存在意义。[4]8而启蒙主义所犯的“现在主义”的弊病则是认为过去时代的意义的理解取决于今天人们的观念和经验。[7]兰克对历史细节的强调表明，历史主义（historismus）坚持以历史的偶然性观点拒绝将历史学称为哲学的附属，反对将历史作为道德哲学的附庸，或者是以历史彰显黑格尔哲学。这也跟新历史主义的指归比较类似。新历史主义兴起于后结构主义流行的美国，亦可表明这一点。

历史主义在一定程度上承认人类历史发展和社会形态的多元性，而否定了普世价值和普遍人性的存在。这也是新历史主义所认同的观念。历史主义的开山人物赫尔德认为，人类的多元性不能用一种单一的目的或价值标准来衡量，甚至在不同的文化、价值观之间进行比较也很有可能是不恰当的；相互理解应该建立在对独特的、个体的事物的个别分析考察之上，而不是靠从各个不同的事物中抽取出某种抽象的共性。既然人性、文化、价值都可以是多元的，那么审美的规范和标准问题也可以具有多种不同的回答，关于审美价值的讨论由于引入了历史性的维度而变得多元，形式主义美学所孜孜以求的审美共性因为历史性的制约而被取消了。格林布拉特承认，赫尔德的大多类似观点在新历史主义的核心刊物《表述》（*Representations*）中得到了共鸣，例如对于特殊性的关注，对普遍的审美规范的拒斥，以及不约而同地反对演绎整理出一种涵盖性的理论系统。[8]6

形式主义美学和新批评派主要基于以共时性研究和探寻普遍价值为基础的美学原则，在对形式主义美学进行反拨的工作中，新历史主义当然要引入以历史主义为代表的社会—历史批评的资源，但是，新历史主义所生长的大环境与历史主义不同，历史主义所包含的种种以本质主义为基础的观念，在新历史主义的美学实践中并没有被延续下去。原因之一是由于二者对“历史性”的认识和历史观念仍然存在巨大的差异。历史主义在西欧18世纪末到19世纪的现代语境中发展起来，其观念中仍然保存着本质主义的根基，只是张扬历史价值的方式否定了理性主义在人文科学中的地位。但到了20世纪，人类可以说是遭遇了一个“不连续的时代”，两次世界大战、经济危机、奥斯维辛集中营……这些历史事件的发生，打破了人们对历史进步观的信念，历史主义关于历史连续性的观点也遭到了人们的质疑。[1]71而新历史主义产生于20世纪后期的美国，在以反本质主义为特征的后结构主义思潮中，学者们更倾向于打破历史的连续性神话和本质主义根基。例如有学者认为，历史主义的内涵中包含了反历史的“简化论、现时化和目的论”[9]，其中尤以兰克的历史观为代表，兰克在承认历史的进步趋势的大前提下，研究各个时代的特征。这样的观念下产生的审美研究也会带有一定的进化论和目的论色彩。然而，新历史主义者认为，历史发展不存在进步的大前提和一定的目的。出于对历史进步观念的改写和形式主义美学的解构目的，他们倚重的是福柯带有后结构主义色彩的历史观，这种历史观认为历史不是历史主义所认为的“过去的事件”，而是“被叙述的”关于过去事件的故事；历史不是链条式的连贯的发展历程，而是断裂的、不连贯的，内部充满错综复杂的矛盾。[10]海登·怀特在著作《话语的转义》中谈道：

> （历史学家）必须准备接受这样一种观念，也就是说，如同当前人们所设想的那样，历史是一种历史偶然，是一种特殊历史境遇的产物，而且随着产生那种境遇的各种误解的消逝，历史自身可能会失去其作为自治和自证的思想方法的地位。需要这一代历史学家去完成的最困难的任务极有可能在于：揭示历史学科的历史条件性，负责消解历史学在诸学科中的自治权利，帮助把历史学同化到一种更高级的知识探究中去。[11]

历史不再是自主的、以确立某种真实性为目的的思维模式，并且不再被看作伟大的进化历程，由重大历史事件组成连贯的叙事链条，而是被理解为一个事件、人物、文本和上下文相互联系的网络，一种特定历史环境中偶然性的产物，各种边缘的或中心的社会力量，排他性或被排斥的声音都在其中留下隐现的痕迹。历史学科的特征是历史地决定的，因此，以海登·怀特、多米尼克·拉卡普勒为代表的历史学家采用了福柯提出的“话语”概念来分析历史的内涵。他们倾向于认为，历史就是历史学家描写过去事情的方式，主要由一些文本和一种阅读、诠释这些文本的策略组成，至于历史上究竟发生过什么事情，并不是他们考虑的范围。①他们从历史文本的叙事性出发来看待历史研究，强调历史的断裂性、碎片化。历史事实本身是无序的、偶然性的碎片散落，是史学家关于历史的叙述为其赋予了有序性和一个进步发展的逻辑。他们并不像启蒙史学家那样以一个固定的准则（启蒙文化）来评判过去时代的文化，而是将历史叙述中的连续性神话从史实中剥离开来，强调历史本身的混乱无序，探究历史被表述的话语内涵。并且，这些史学家更为重视文化中边缘的声音、表达模式和潜台词，认为这些因素是考察历史及其书写方式时所不能忽视的；在继承历史主义关注个体性和独特性的基础上，试图从多元的视角出发对历史、文学、文化进行多角度的阐释。[12]这一研究思路下的美学追求伴随着对进化思想的祛魅过程，美的产生和变化并不遵循必然的从初级到高级的过程；一种文化中的审美价值、一段文明史中的审美文化，可能是融合了一系列社会制度和行为的化合反应；文艺作品和它们的历史条件同样成为可被叙述的文本，历史文本或许并不能为文艺提供所谓“真实”的背景性资料。

大致来看，生长于后现代氛围中的“新历史主义”与历史主义的相通之处，首先在于延续了历史主义的反启蒙传统和对理性主义的抵抗。启蒙主义观念以及与之相连的现代主义价值观，也是新历史主义经常攻击的对象。启蒙运动对真理的追求、对理性的信仰、普遍性的价值观，在新历史主义者看来，都是与对权力和主导地位的诉求相关

---

① 参见海登·怀特《元史学：十九世纪欧洲的历史想象》，陈新译，译林出版社 2004 年版。

联的；启蒙主义思想对正确、真理的判断带有排他性，仿佛唯有自己立足的立场才是正确的，而这种正确立场应该是适用于所有历史条件的普遍真理。这可能导致一种教条性的、僵化的意识形态批评方式。而新历史主义认为，启蒙主义所追求的凌驾于历史之上的真理本不存在，启蒙主义者的历史研究，没有考虑到以前时代的特点，也没有思考那些时代的观念所要针对的问题和致力于克服的东西，而将自己的时代看作历史发展的最高点，将启蒙时代的社会状况当成有史以来最先进、最美好的社会形态，居高临下地审视历史上的其他时代，这样一来，历史进程中的各个离散性的端点，产生差异性的细节就被忽略掉了。[13]

虽然新历史主义者与历史主义同样对启蒙思想和理性精神持反思的态度，但与历史主义不同的是，在对启蒙时代的评价上，他们往往采取双线并行的思路，而与历史主义的否定姿态形成鲜明对比。新历史主义者既站在当代的后结构主义话语立场上批判启蒙思想的不当之处，同时又意识到，如果将启蒙思想放在它所处的历史语境中评价，就能为启蒙主义对前代的评价找到合理的解释，即为了适应当时时代思想运动的需要，为了有利于抬高启蒙的意义和他们所要张扬的人本主义。因此，他们也注重在启蒙时代的语境中，衡量启蒙运动思想家鼓吹平等自由、人本主义的积极意义。由此我们可以看到，新历史主义一方面带有历史主义思想方法的痕迹，将过去放在过去的语境中解读；同时又基于后结构主义方法，认为过去的事件不存在一个确定的、处于那个时代之中的意义，而是可以从研究者的主观判断出发研究其意义，这样的"意义"当然是带有研究者个人和他所处时代色彩的判断。从其后结构主义的立场来看，主体的历史性实际上同样被新历史主义所否定，新历史主义既没有将主体看作普遍理性的产物，也没有将其完全当成历史的产物，而是在历史的不确定性中保留了研究者的观照视角，主体成为被文化、被解释者等多重因素塑造的复杂混合体，实际上已经失去了这个概念原本所表示的完全的、自由自主的人的意义。由此可见，新历史主义对解构性思想资源的运用并未很好地与其建构的尝试相统一，从而为其美学特性的内在矛盾性埋下了伏笔。

二

继“新历史主义”的命名之后，20 世纪 80 年代，格林布拉特又提出“文化诗学”的名称。既然新历史主义批评又以“文化诗学”为其实践命名，那么厘清“文化诗学”的具体内涵也就是理解新历史主义研究主题和问题域的必经之途。

“诗学”这个名称表明了新历史主义仍然坚持以文学研究为中心的大方向。从广义上讲，“诗学”可以指全部的文学理论；狭义上则是关于诗歌的理论和批评，无论如何，与文学的紧密联系毋庸置疑。“诗学”最初的源头是亚里士多德的《诗学》一书。亚里士多德在书中确立了关于文学艺术创作的美学规定，即“模仿说”和“净化说”。他将诗歌的性质定义为对现实的模仿，现实世界和自然界是客观的存在，文艺以模仿客观现实世界和这个世界中的人为主要任务，越是忠实地模仿对象的原始形态就越是成功的作品，这可以说是西方美学史上最原始的现实主义观念。“净化说”则是对文艺作品功能的界定，即文艺创作是为了使人的情感得到陶冶，心灵得到净化。《诗学》在谈到悲剧时说：

> 悲剧是对于一个严肃、完整、有一定长度的行动的模仿；它的媒介是语言，具有各种悦耳之音，分别在悲剧的各个部分使用；模仿方式是借人物动作来表达，而不是采用叙述法；借引起怜悯与恐惧来使这种情感得到陶冶。[14]

这里对悲剧的议论同样适用于其他严肃或高雅的文学形式。亚里士多德认为通过陶冶（katharsis）使情感达到平衡适度，就是模仿要达到的目的。

从“诗学”的原始定义来看，新历史主义选择这一词语不无道理。首先“文化诗学”批评仍然以“诗学”为中心语，表明了以文学活动为研究对象的用意；亚里士多德对文学社会功能“模仿”“净化”的论断对于反拨形式主义美学取向仍有借鉴意义；“文化”的修饰语则表明了文学研究方法的拓展和革新，对文化因素的引入不同于以往的美学旨趣或社会功能指向，而是在继承社会—历史批评的现实关怀的基础上，触摸到了文学乃至文化活动与社会权力关系的互动机制。在“文化”层面上，新历史主义所做的工作，对文化人类学的发展，尤其是解释人类学的研究理论有相当程度的借鉴。

新历史主义的领军学者格林布拉特虽然宣称新历史主义不注重理论的抽象提炼，却仍在2000年同凯瑟琳·伽勒尔（Catherine Gallagher）合著的《实践新历史主义》（*Practicing New Historicism*）一书中，加入了一篇理论色彩颇浓的文章《触摸真实》（*The Touch of the Real*）。这篇文章讨论了新历史主义批评的目的和主要手段。格林布拉特在这篇文章中写道：“我们至少能抓住那些看上去接近真实经验的踪迹。”[8]30也就是说，从文本中捕捉过去时代的生活经验，是新历史主义者力图在批评实践中触摸到的真实。“触摸真实”的手段，则是新历史主义借自文化人类学家克利福德·格尔兹（Clifford Geertz）的人类学研究术语——“深描”（thick description）。“深描”在文学批评中的运用，很大程度上是基于对文学与非文学文本共时性“交错”的认识。

“深描”一词，有时也译为“厚描”（此时与之相对的“浅描”常译作“薄描”），最初由人类学家吉尔伯特·赖尔（Gilbert Ryle）提出，而后由阐释人类学的领军人物克利福德·格尔兹发扬光大，成为阐释人类学的一种主要研究方法。

那么什么是“深描”呢？吉尔伯特·赖尔在阐述“思考与反思”和“思想的思考”问题时，提出了“深描”和“浅描”概念。他举出具有人类学意义的例子——分析眨眼动作与眨眼示意的意义——来加以说明。眨眼示意的前提是至少在示意者和被示意者之间存在一种公共编码，根据这种公共编码发出抽动眼皮的信号，就是眨眼示意。而如果还存在一位试图通过滑稽模仿眨眼示意者的动作来制造恶作剧的眨眼者，对他的眨眼行为的分析就更为复杂。在对这第三人抽动眼皮的动作进行分析时，只说出其现象或片面含义的解释就是“浅描”，例如将其表述为“滑稽模仿者”、“眨眼示意者”或“抽动眼皮者”；

而结合这一细微动作所处的"意义结构"，对这一动作深层次下的复杂含义的阐释就是"深描"，如模仿一位朋友的假装眨眼示意，来欺骗另一位不知情的人，让他以为这两人之间有一场阴谋正在进行。[15]6-8通过这个例子，格尔兹将"深描"的研究思路推进到民族志研究领域。他把民族志的客体归结为"一个分层划等的意义结构"，而民族志的任务就是厘清这一意义结构，让对材料的分析工作成为一种"深描"。

阐释学把理解看作历史性的活动，阐释者的"前见"也是理解得以可能的首要条件。来自阐释人类学的"深描"，自然从这门学科中继承了阐释学的精神。格尔兹在他对于阐释人类学的研究中贯彻的一个基本预设就是：人类文化的基本特点是符号的和解释性的，因此，对文化的分析是一种探求意义的解释科学；在人类学研究中，他追求的是"析解"（explication），即"分析解释表面上神秘莫测的社会表达"[15]5。"深描"在格尔兹建立的人类学体系中指的是"理解他人的理解"，是一种站在"异文化"位置上体察人类学家自身"本文化"的跨文化理解。格尔兹的意图，也就在于通过跨文化理解打破现代社会科学尤其是人类学中自我中心、自我封闭的思维定式。"浅描"（thin description）式的解释是格尔兹所否定的，即对所要阐释的现象做出的停留于现象层面或片面的描述。

"深描"的理论根基来自人类学研究中对主位（emic）和客位（etic）的划分。主位/客位的术语是肯尼斯·派克（Kenneth Pike）于20世纪50年代对语言学音位术语的模仿，人类学的客位研究代表了一种外来的、客观的研究视角，即从研究者的立场出发，从"客观"的角度对研究对象进行科学的观察和记录的方法。但是，这样的研究潜在地为文明设定了一个普遍性的标准，那就是研究者自身所在的文化体系，所谓的客观，或多或少是在用研究者自身的文明比照和衡量异己的文明，并非真正做到了客观和科学。主位是指研究对象文化系统自身的视角，从主位的角度去研究一种他者的文化，就要采取马林诺夫斯基所说的"文化持有者的内部视角"，从文化内部人们的心理结构和生活体验出发，去理解、感受其地方性文化的特质，从而避免用外来者的符号和概念体系去解释他者文化的现象，打破普世价值观的幻觉，这也是“深描”所要达到的目的。为了做到这一点，运用“深描”需要暂时悬置自我的文化背景，熟谙研究对象的文化体系，具备文化持有者的眼界。

格尔兹运用“深描”进行民族志研究的代表作是《深层的游戏：关于巴厘岛斗鸡的记述》一文。格尔兹对巴厘岛斗鸡习俗的研究没有止步于简单地对竞赛和赌博行为的记述，而是将其作为一种文化现象，与彰显男性气质、阳刚性格之间建立了某种隐喻性的联系；斗鸡所用的雄鸡及其所体现的动物性特质，以及比赛中的激烈争斗场景，都会使当地的男性产生潜在的认同感。这样，斗鸡行为成为一个人们心理和现实关系的象征结构，在巴厘岛传统文化中属于一个与社会和性别角色相对应的符号系统。在巴厘岛人的生活中，斗鸡行为是个特殊的组成部分，其激烈的搏斗场面既是对焦虑的宣泄，也是以公开的方式对正常生活中冲突矛盾的强烈表达。斗鸡习俗因此而可以被看作一种讲述的传统，象征性符号的组合有着类似戏剧的表达功能，关联着对社会传统秩序的隐喻性表述。

格尔兹认为，文化就是由人编织出的意义之网，对文化的分析不是探求规律的实验科学，而是解释性的，而“深描”就是对社会和文化现象的解码，是为了解决客位文化研究之弊，也就是解决“浅描”式的文化阐释对异己文化内部符号系统的忽视问题。格尔兹的人类学研究对文学批评和历史研究均有深远的影响，他的“深描”不只是结合了符号学观点和主位文化研究，更是一种从审美视角出发对人类文明的深层观照，他对异己文化的态度是带有敬重意味的交流和体味，不是以规定的科学规律为文化现象分类贴标签，而是如同阅读一部包罗万象的著作，以一个谦逊的读者的姿态，去解读并体味书中高妙的修辞技巧、语言风格和思想脉络，并从中得到美感的体验。

新历史主义的出发点与格尔兹的观点相同之处在于，他们都将自己的研究对象看作符号体系，而将自己的研究看作对这一体系进行解释的符号体系。但仔细分析新历史主义学者的“深描”，又与阐释人类学有所不同：新历史主义的研究基于研究对象的性质，将历史也看作一种被书写的文本，以区别于原始的客观事实；辅之以“逸闻主义”的材料分析，将目光投注于文本与其社会环境、文本与其环境下的种种逸闻、名物、绘画、档案、日志等，或隐或显地负载着当时文化特质的事物之间的能量的“交换”和“协商”，从而深入挖掘该文本在其特定文化系统中所具有的特定内涵。在这个由文学文本、考古文物、历史档案、传闻组成的文化体系中，不同的文化符号之间的相互关联是研究的关注点，研究者可以讨论这些彼此形成参照的符号之间，如何体现相互渗透的文化“能量”，“能量”的运作途径是怎样的，但最终不会得出一个关于整个体系性质的论断。这就是其思想方法中的解构意识，与历史主义方法中的整体性观念形成了鲜明对比。此外，作为对当时流行的新批评派形式主义批评方式的抵抗，新历史主义也有效地扭转了形式主义批评只注重孤立文本分析的缺陷，降低了因“浅描”而可能产生的误读。但新历史主义的“深描”解释并未将研究者自身带入历史情境，去感受“文化持有者的内部视角”，而是以当代人的视角对历史的符号系统进行解码，这固然是因为其阐释观念还受到了读者反映批评的影响，将解释者的自身立场和思想意识背景看作不可摒弃的存在，也是由于新历史主义的研究出发点本身就是基于一个当代构成的概念体系——权力结构、社会“能量”的“流通”系统。

可以说新历史主义的“破”旧“立”新的批评实践中，“破”的思想资源主要来自福柯为代表的后结构主义思想，而“立”的部分则主要建立在文化人类学——主要是格尔兹的解释人类学方法之上。福柯的思想偏向于解构主义，带有颠覆色彩，而格尔兹更多地受到结构主义和符号学的影响，他的思想带有浓厚的建构意味。[16]新历史主义者将研究目标定为对作为符号的历史的建构性阐释，与历史主义者要从历史事件中“发现”意义相对照。“深描”作为一种阐释的方法，也被运用在新历史主义的文史研究中。格林布拉特认为，“逸闻”（anecdote 或“轶闻”）是将“深描”付诸文学批评的连接点。他所谈到的“逸闻”准确来讲，应该是指“法语中称为‘小故事’（petites histoires）的东西，与那种总体化的、整体的、渐进的、有明确前进方向的历史的宏大叙事构成显著区别……”[17]

这里的“逸闻”并非那种显然是属于人为编造的小故事，而是具有接近人类学者的田野调查记录的性质，也即被认为是真实事件的小趣闻或细节式、片段式的小故事。实际上，这种“逸闻”可能只是制造了真实的效果，而不是记录了真实，关键在于“逸闻”以一种“压缩”的形式携带了它所产生的时代的生活经验，它是当时文化体系中的一个部分，运用着同样的符号系统和隐喻手法，在象征体系中有着一定的对应事物。新历史主义方法的实践者相信，考察这些小故事所携带的文化基因，以及其进入文学的多种途径，能够揭开历史宏大叙事背后所遮蔽的社会真实，了解当时人们的心理结构和精神生活。

与中国文学研究中原有的“文史互证”方法不同，“逸闻主义”所提供的生活经验不是为了证明某种事实的存在，而是为了通过对文化中不同要素之间关系的捕捉，记录所谓“时代的气息”，它要探寻的是一个异于当代文化的符号系统。“深描”的考察对象包括了文学文本和非文学文本之间能量的“交换”“协商”，也可以说，用“深描”的方式捕捉保存在文本中的“社会能量”，就是格林布拉特为代表的新历史主义研究者的主要目的。嗅觉敏锐的批评家能准确捕捉这种“社会能量”的踪迹，从中得到相关的历史时期中人们的心态、观念、社会权力、意识形态等经验性的信息。因此，正如格林布拉特所说，新历史主义批评面临的最大挑战不在于将文学批评的手法扩展到非文学文本，而在于“使文学的与非文学的文本成为彼此的深描”[8]31。这里遗留的问题是，实际操作中利用“深描”“触摸真实”的时候，如果采用的“逸闻”不是记录了真实事件，那么判断真实与否的另一重标准在哪里？或者说“真实的效果”由谁来制定？由于这个问题没有得到根本解决，一些批评者认为，新历史主义学者在“逸闻”与文本的联系上常常处理得过于主观和随意。

虽然“深描”是新历史主义对阐释人类学方法的借用，但并不是阐释人类学以其解释学特征影响了新历史主义的文学批评，而是格尔兹的带有浓厚的解释学色彩的人类学研究方法，在格林布拉特的文章中被指认为是“部分借鉴了文学研究”。格林布拉特认为，格尔兹对新历史主义文学研究的最大启发不在于强调了“解释”（interpret）的首要地位，而在于他为文学研究开拓了视域——需要“解释”的、想象性建构的文本超出了文学作品的疆界，将我们引领入文学的特殊因素也存在于非文学的文本之中。[8]30形式主义美学的结构性思维，在人类学的“深描”中尚留有浓重的痕迹，只不过对符号的解释和对文本结构的探寻突破了文学文本的范围，进入了文化和社会的研究领域；而新历史主义在借鉴“深描”的同时又更进了一步：在文学与文化的关系中，关于审美整体结构的假设被剔除了，各种文本和符号之间的关系被理解为互文性的，同时又是历史的。

“深描”的一个理论预设，就是先在地承认文本与其语境之间平等的地位。新历史主义继承了对文化的审美式“深描”，不把“历史”看作客观、透明的统一体或文学文本意义的基础，而是将社会文本和文学文本都看作“浑浊的、自我分裂的、多孔隙的”，“它们对来自双方的互文性影响都是开放的”，保持了一种面对丰富的文艺作品时所应该保持的尽可能不贴标签、不简化的审美态度。在新历史主义者眼中的文学也不再是外在现实的被动反映，而成为一个参与文化建构的主动性因素，文本的书写方式和社会文化的建构乃至权力关系对个人的塑造具有类似的功能和机制。“我们所看到的并不只是一个等级关系……而是一个错综复杂的文本化的世界，文学参与其中的历史过程，参与对现实的政治管理。”[18]

三

在新历史主义形成自身美学指归的过程中，对理论资源的选择是一个充满矛盾和统一的动态过程。福柯对话语权威的解构性批评在对连续性神话的拆解中具有关键性的阐释效力，阐释人类学的方法则作为建构性的资源为文本分析领域的拓展提供了创造性的思路；在“深描”所涉及的“主位/客位”关系上，新历史主义更倾向于读者反映批评的观点，认为审美主体自身无法摒弃的背景和立场决定了“主位”视角只能是一个理想状态，而其对“深描”审美性的运用也与巴赫金对“外位性”的辩证看法相结合，改写了格尔兹原本的实践方法。

历史主义的叙事视角是自19世纪延续下来的现实主义视角，即将历史环境看作透明的现实条件，而审美对象要放在这样的背景条件中才能被准确理解。历史主义讲究对延续性的传统的研究，传统的延续包含着进步的过程，这也与历史主义兴起时的进化论思想有关。要理解传统的内涵和结构，就要将自己的视角与这种延续性的陈述关联起来，力图达到“感同身受”的目的。相比之下，新历史主义中以海登·怀特为代表的研究者认为，以上的传统是一种幻相，是历史陈述中的建构。然而，以文学研究为主的学者仍然没有放弃建构性的工作，只不过将追求“感同身受”、力图忘却自己的立场而融入历史的内在视角置换成了巴赫金所认可的“外位性”视角。

历史学家判断历史文献中哪些问题是重要的和关键性的，哪些是次要的或不重要的，从解释学的角度来说，他们的判断是来自他们对自身文化身份的认同，而这种认同又来源于他们所处的历史地位。历史学家的文化认同感和社会身份、所处的历史条件决定了他们的视野，这一认识已经得到了广泛的认可。文学研究也存在着类似的情形，一个批评家的出发点总会受他自己的语言、文化的影响，也可以说，批评者或历史研究者是无法摆脱其“前理解”的，在新批评派的形式主义美学中被驱逐的“意图谬见”和“感受谬见”，又被拉回到新历史主义的视野，既为批评提供更宽广的视域，也构成了一直困扰着后结构主义者的问题。由于是从自己所处的历史地位出发，历史学家无法作出真正全面的、涵盖一切情形的理论假设，任何一种假设都伴随着对另一些可能性的压抑。从自我的语境出发所做出的判断总是带有自我思维的影子，理论化总是带有个人色彩和倾向性。从这个意义上说，“深描”所追求的全然融入他者文化历史的状态，也是不可能完全做到的。然而，历史陈述并非成就于某一历史学家之手，在关于历史的陈述中可以追寻到不同的话语权力的踪迹。这就意味着对历史个人独白式的解释和单一视角是远远不够的，要追寻更深广的意义，就要对历史陈述的视角进行思考。

福柯的担忧主要是从历史学家的个人话语入手，担心这种个人权威话语的树立会使历史叙述变成一种学者独白式的表达，这种担忧不无道理，他的解决方式是在历史陈述中捕捉多元话语的存在痕迹；然而新历史主义在历史研究的视角问题上，更倾向于借鉴巴赫金的观点，即肯定外在于研究对象的视角及其带来的意义解读。与福柯的出发点类似的是，巴赫金对学者个人视角的积极态度也是为了形成多元话语共存的状态，避免独白式和压制性的表述。他认为要研究一种与自身所处文化不同的文化状况或历史时代，外在视角自有其重要意义："创造性的理解不排斥自身，不排斥自己在时间中所占的位置，不摒弃任何文化，也不忘记任何东西。"他主张对于要创造性理解的对象保持"外在的立场"，"别人的文化只有在他人文化的眼中才能较为充分和深刻地揭示自己"，不同的文化内涵之间会形成对话关系，而这种对话足以消除文化的封闭性和片面性，破除隔阂。[19] 从巴赫金与福柯的异同可见，问题的关键不在于视角是内在的还是外位的。如果说历史学家的个人视角对于研究对象来说是外位的，那么放弃这种视角而沿用旧历史主义的内在视角似乎反而可以解决福柯所担忧的个人色彩问题。实际上，旧历史主义的问题不在于视角，而在于从这种视角出发所建构的传统代表了一种独白的声音，而巴赫金和福柯所关心的症结在于历史陈述中的各种表达是否能够形成对话关系，是否有不同话语发声的余地。如果学者采用包容性的态度，试图理解不同的历史观点，并将其纳入自己的叙述，那么即使是带有个人色彩的叙述，也会呈现出杂语共生的多元状态，正如巴赫金对复调小说的分析，这种历史叙述也可以体现出复调的特征。

在新历史主义的批评实践之中，"外位性"的视角得到了很好的运用。学者们从当代经验出发对文艺复兴时期剧本的解读，的确有助于将文艺复兴时期的多种不同于官方话语的声音陈列在读者面前，避免了内在视角可能导致的对独白式传统的因循；发掘剧本内部及其解读历史中的杂语共生，不但使读者看到了何种话语或民间意识被压抑，还能够恰当地分析这些异己事物是如何被压抑，被怎样的权力机制抑制。当然外位性视角的薄弱之处也是显而易见的，那就是对于当代经验与过去社会条件之间究竟存在怎样的联系问题缺乏有力的回应。然而瑕不掩瑜，新历史主义运用这些分析方法，确实解决了一些问题，取得了令人瞩目的成就，虽有偏颇，亦不失深刻，其价值还是值得肯定的。

新历史主义在文学领域的影响力比较大，其美学思想也大多体现在相关学者的文学批评实践中。然而出于多元内涵的“杂语共生”思想，学者们在其文学研究中没有形成统一的美学标准或审美追求，而是以一种审美的态度，运用“深描”将文本放在文化体系中加以解释。他们认为文学和艺术的表达方式是与一个时代的文化语境相互影响而形成的，不但一个时代的文学是当时社会上多种思想、观念和目的错杂混合的产物，与启蒙主义宣扬的一元论、普遍价值观和单一的文学观念形成了对照；而且人们对世界、对自身、对艺术、对美的认识也是复杂多元的矛盾体，因此新历史主义研究者需要捕捉审美过程中的任何一种哪怕是极其微弱的声音，追寻复杂的表达方式背后的权力机制，以这样的实践为社会—历史批评开拓新的路径。

参考文献

[1] 黄进兴：《历史主义与历史理论》，陕西师范大学出版社 2002 年版。

[2] 卡·波普尔：《历史主义的贫困》，何林、赵平译，社会科学文献出版社 1987 年版。

[3] C. 舒尔茨：《诠释学中的历史主义之争》，《安徽电力职工大学学报》2002 年第 4 期。

[4] 利奥波德·冯·兰克：《历史上的各个时代：兰克史学文选之一》，杨培英译，北京大学出版社 2010 年版。

[5] 黄进兴：《后现代主义与史学研究：一个批判性的探讨》，生活·读书·新知三联书店 2008 年版。

[6] 卡洛·安东尼：《历史主义》，黄艳红译，格致出版社、上海人民出版社 2010 年版。

[7] 布罗根：《评施莱格尔：〈美国历史的循环〉》，《现代外国哲学社会科学文摘》1989 年第 5 期。

[8] Catherine Gallagher, Stephen Greenblatt, *Practicing New Historicism*, Chicago and London: University of Chicago Press, 2000.

[9] 张京媛：《新历史主义与文学批评》，北京大学出版社 1993 年版。

[10] 王一川：《后结构历史主义诗学——新历史主义和文化唯物主义

述评》，《外国文学评论》1993 年第 3 期。

[11] 海登·怀特：《话语的转义：文化批评文集》，董立河译，大象出版社 2011 年版。

[12] Brook Thomas, *The New Historicism and Other Old - fashioned Topics*, New Jersey: Princeton University Press, 1991: 70.

[13] Hans Blumenberg, *Work on Myth* , Cambridge: MIT Press, 1985, p. 19.

[14] 亚里士多德：《诗学》，罗念生译，人民文学出版社 1982 年版。

[15] 克利福德·格尔兹：《文化的解释》，韩莉译，译林出版社 2008 年版。

[16] 克利福德·格尔兹：《地方性知识——阐释人类学论文集》，中央编译出版社 2004 年版。

[17] Stephen Greenblatt. *Marvelous Possessions*, *The Wonder of the New World*, Oxford: Clarendon Press, 1991, p. 2.

[18] 中国社会科学院外国文学研究所《世界文论》编辑委员会：《文艺学和新历史主义》，社会科学文献出版社 1993 年版。

[19] 巴赫金：《巴赫金全集》第四卷,河北教育出版社 1998 年版。

儒家“天人合一”思想及其生态意义研究述评

张斯珉

摘　要： 近年来学界有关“天人合一”思想的研究主要集中于两个方面：其一，“天人合一”的内涵究竟是什么？其二，“天人合一”与生态哲学有着怎样的关系？它是否有助于推动有中国特色的当代环境伦理学的建立？本文关于“天人合一”研究的述评，就是围绕以上两个方面展开的。

关键词： 天人合一　天人和谐　生态意义

近些年来，面对环境恶化日趋严重、物种灭绝日益加剧的严峻现实，越来越多的有识之士意识到，人类为了自身的长远发展，必须超越源自西方近代社会的“人类中心主义”价值观及单方面强调自身利益，对自然界一味索取而不加保护的传统发展模式，平衡经济发展、社会进步与环境保护之间的关系，探索人与自然和谐共处之道。正是在这一背景下，生态哲学应运而生。而随着研究的深入，一部分学者认为，在价值观层面，儒家哲学与当代生态思想颇为一致：儒家从未将人类视作自然界的主宰而宣称其具有无条件控制与利用自然的权利，相反，它一直追求人类与外部世界和谐共处，这种态度集中地体现在“天人合一”这一儒学传统理念之中。因此，这部分学者肯定“天人合一”具有深刻的生态意蕴，是儒家生态哲学的理论渊薮。然而，另一部分学者则对“天人合一”的生态内涵提出了质疑。在他们

作者简介：张斯珉，西安电子科技大学人文学院哲学系讲师，哲学博士，研究方向为宋明理学。

看来，传统儒学多是从道德哲学或神学目的论的视角看待“天人合一”的，换言之，人与自然和谐共处并非“天人合一”的题中应有之义，至少不是其主要内容，因此挖掘“天人合一”的生态意蕴有过度诠释的嫌疑。而作为讨论的前提，所有学者不约而同地都阐述了自己对于“天人合一”的理解，从而形成了对“天人合一”的诸多解说。

一 儒家“天人合一”论的具体内涵

乔清举曾指出，“整个中国哲学，都是围绕天人关系展开的……天人关系是中国人学的本体论基础，它说明了人的本性和人所当为”[①]。而在中国哲学特别是儒家哲学中，对天人关系的主流理解就是“天人合一”。作为儒学的核心理念，天人合一得到了历代儒者的反复诠释，包含多重内涵，而当代学者对“天人合一”中“天”“人”和“合一”三者的理解各有侧重、各不相同，则使得有关“天人合一”的讨论呈现出多角度、多侧面的特点。

1.“天”的多重含义

对于儒学中的“天”，学界普遍承认它具有多重含义。例如，冯友兰认为，“天”这个名词在中国至少有五种意义：物质之天、主宰之天（或意志之天）、命运之天、自然之天与义理之天。[②] 张岱年亦指出，在不同的思想体系中，天的意义大相径庭，如孔子之前，天是指有人格的上帝，而孔子则将天视作“有宰制之力的苍苍之天”；孟子的天是“人事之最高主宰”；而宋儒的天“或指太虚，或指最究竟的理”。[③] 然而，在承认天的多义性的同时，不同学者对天的理解却各有侧重，大致可分为以下三种类型。

其一，自然之天。即将天视作万物的存在与价值之源的自然界，

① 乔清举：《天人关系：中国古代人学的本体基础》，《文史哲》1999年第4期。

② 冯友兰：《中国哲学史新编》上卷，人民出版社2007年版，第42页。

③ 张岱年：《中国哲学大纲》，昆仑出版社2010年版，第4—8页。

处于永恒的变化发展之中，这种理解与生态哲学关系最为密切。例如，蒙培元就强调，“‘天人合一论’所说的天有多层含义，但最重要最基本的是指宇宙自然界，而不是超越自然之上的绝对实体”①；胡伟希亦有类似的表述，“‘天人合一’中‘天’字虽有多解，但其最主要的意思，是指‘自然之天’”②。蒙培元进一步指出，“自然界不仅是人类生命和一切生命之源，而且是人类价值之源”③。这里，他虽然肯定“天”具有价值性，但是强调这种价值性是以自然属性为基础的，它产生于宇宙的大化流行。陈业新则考察了“天”之内涵的演化过程，认为天的本义是指人的头顶，后来引申为“苍天”，即天空，儒家则进一步深化为“具有生命性质和伦理价值的自然界”④。他进而强调，自然之天的运转具有规律性，而其职责是“生生”，即生育万物。韩星则指出，“儒家的天地人一体观认为人类与天地及万物是一个有生命的整体”⑤。显然，他将人与自然万物放在宇宙大生命的框架下一同给予观照，并认为这个宇宙大生命所体现的就是“仁”的价值。故而在他看来，“凡有‘仁’德的天性的人都能与天地万物密切相干而为一体……把天地万物看成是自己的生命的一部分，故能爱人爱物，如同爱己”⑥。罗本琦认为，儒家在关于天人关系的思辨过程中孕育了独具特色的“和合思维模式”，而“和合思维模式以天地万物之间在‘和而不同’基础上的‘和谐’为根本价值诉求，而‘天人合一’则是这一价值诉求的最高境界”⑦。这就意味着，和合思维模式所针对的就是人与天地万物间的关系，显然这里的“天”亦充满自然性的味道。林存光则更为强调自然之天作为人之道德属性的最终根

---

① 蒙培元：《“天人合一论”对人类未来发展的意义》，《齐鲁学刊》2000年第1期。

② 胡伟希：《儒家生态学基本观念的现代阐释：从人与自然的关系看》，《孔子研究》2000年第1期。

③ 蒙培元：《中国的天人合一哲学与可持续发展》，《中国哲学史》1998年第3期。

④ 陈业新：《儒家生态意识与中国古代环境保护研究》，上海交通大学出版社2012年版，第39—40页。

⑤ 韩星：《儒家天人一体观与生态文明》，载《天人之辨——儒学与生态文明》，人民出版社2013年版，第324页。

⑥ 同上书，第326页。

⑦ 罗本琦、方国根：《“天人之辨”视域下的儒家生态伦理价值》，载《天人之辨——儒学与生态文明》，人民出版社2013年版，第105页。

源之义，因而他一方面承认，儒家对天人关系的思考“主要是围绕人的伦理道德生活而展开的”；另一方面又强调，“人类及人类所能过上的伦理道德生活并非凭空产生的，而是天地生生不已的自然演化过程的最终结果或最高成就”，这是因为“儒家认为自然界中蕴含着一种具有普遍意义的秩序和法则，与人类社会生活的伦理秩序与道德原则具有根本上的连续性和一致性，是人类效法的对象”。[①]

还有一些学者在进行个案研究时，发现其研究对象对天的理解偏重于自然性。例如，林乐昌在研究张载时指出，“在张载的用语中，与今天所说的‘自然’或‘自然界’在语意上有对应性的是‘天地’”[②]。考虑到在儒家的表述中“天地”与“天”常常具有等效性，我们有理由认为，此论所凸显的是张载“天”观的自然属性。在林乐昌看来，准确地说，张载的“天”观具有双重含义：一方面，“在作为‘天道’或‘太和’之道的终极根源和生成万物的主导力量上，‘天’完全可以作为自然的表征”；另一方面，“‘天’还具有人的存在根源和道德价值根源等含义”。[③] 但两者的关系则是前者乃是后者的理论基础，因为“在张载的道德价值系统中，其核心部分便是‘生生’之‘仁’和‘天秩’之礼”[④]，而这显然植根于天地生生不已的自然过程。李承贵则在方东美的思想中发现，“宇宙”是方氏关注的一个焦点，而方氏将宇宙理解为“所有存在的‘统一场’”和“‘物质世界’和‘精神世界’的统一体”，并认为“天”与“自然”均是“对‘宇宙’‘大生机’特性的妥帖解释”。[⑤] 此论将“天”与“自然”归并到“宇宙”这一观念，凸显的也是天的自然属性。

其二，主宰之天。即将天视作具有人格神意味，能够赏善罚恶的主宰者，这亦是儒家天论的一层重要内涵，通常与儒家政治思想和命

---

① 林存光：《儒家的天人关系话语与人道情怀的生态学意义》，载《天人之辨——儒学与生态文明》，人民出版社2013年版，第30—31页。

② 林乐昌：《论张载的生态伦理观及其天道论基础——兼论张载生态伦理观的现代意义》，载《天人之辨——儒学与生态文明》，人民出版社2013年版，第335页。

③ 同上书，第341页。

④ 同上。

⑤ 李承贵：《方东美生态思想及其意蕴》，载《天人之辨——儒学与生态文明》，人民出版社2013年版，第259页。

定论密切相关。例如，丁为祥在分析董仲舒的天人关系论时明确指出，“但在董仲舒对天的各种论述中，神性主宰意却是其天论思想中最突出的特征”①。并认为董仲舒的天论中包含自然性与道德性，然而“董仲舒是明确地以天的神性主宰义统摄了其道德超越与自然生化的含义”②，从而厘清了天之三重内涵在董子思想中的关系。进一步说，丁为祥认为，这一结构是儒者希冀在大一统的背景下对君主施以道德教化的必然选择。也就是说，董子考虑的主要是政治性问题，这与先秦和宋明儒者的问题域并不一致。正因为面对秦汉“这种完全通过武力征伐建立起来的政权所谓道德说教不仅显得过于疲软，而且稍微不慎，就会走上‘服诛’之路”，所以“董仲舒不得不借助墨家关于天的神性主宰义来发挥儒家对世俗权力的教化与规劝作用”。③ 夏甄陶亦认为，“在中国传统哲学中有一种流行的主宰之天和义理之天的观念为基础的天人合一观点”，即“认为天是决定社会国家的治乱兴旺和人事命运的吉凶祸福并能赏善罚恶的主宰”。④

其三，义理之天。即将天规定为形上本体，并肯定天的道德属性，将其视作人之德性的来源。义理之天发端于孟子，并在宋明理学的天论中占有很重要的地位，也被不少当代学者视作天的核心内涵。如高晨阳就认为，从整体上看，“‘天’并不是一个与主体自我相对的客观存在，而是一个内在于主体自我的价值性范畴”⑤。而他在分析儒家的“天人合一”说时更是明确指出，“在儒家，‘人’是一个道德性存在，而‘天’则是人的道德性的提升与折射，从而亦有道德性的意义”⑥。显然，在高晨阳看来，儒学之天主要含义是道德性或价值性。又如，杨泽波在研究孟子之学时发现，“孟子关于天人合一的论

① 丁为祥：《董仲舒天人关系的思想史意义》，《北京大学学报》2010 年第 6 期。

② 同上。

③ 同上。

④ 夏甄陶：《天人之分与天人合一》，《哲学研究》2002 年第 6 期。

⑤ 高晨阳：《论“天人合一”观的基本意蕴及价值——兼评两种对立的学术观点》，《哲学研究》1995 年第 6 期。

⑥ 同上。

述主要是围绕道德问题展开的"[①]，并进而指出，孟子将仁义礼智四端的来源问题交与上天，他"公开宣称，性善的终极原因，道德的形而上根据全在于天"[②]。刘学智亦强调，孟子所谓"尽心、知性、知天"的说法"即以'天'为人的道德理性之源和价值之源，人也因此而上升为与天一体的本体存在，天与人以道德理性为纽带而合为一体"[③]。进一步说，他认为由于受到魏晋玄学和佛教心性论的冲击，以《礼记·月令》为代表的"有机宇宙"的观念和以董仲舒为代表的"主宰之天"和"天人感应"的观念均未能成长为儒学的主流，因而儒家对天的理解是以"义理之天"为主的。再如，白奚亦曾明确指出，"古代思想家特别是儒家认为，天是义理之天，是正义、道德、政治理想与社会理想以及一切美好事物的最高根据和精神源头，是人取法的对象，'人道'要与'天道'相一致"[④]。在他看来，虽然在从先秦到汉代这一儒家思想的确立时期，儒学对天人关系的理解具有天道观、心性论和神学化三个向度，而在天道观的向度中，"其'天'主要是自然之天"[⑤]，但这并非儒家天论的主流。相反，"义理之天作为儒家之'天'的正宗和主流，这一工作主要是由思孟派担当并完成的"[⑥]。

需要强调的是，在"自然之天"中，"天"指的是生生不息、大化流行的宇宙生命，是终极的形上本体。由于它乃是人与万物的存在与价值之源，因而可以包含"义理之天"的含义。毋宁说，谈及"自然之天"一般都会涉及"义理之天"，前者对后者有向下的兼容性。反之则不然，"义理之天"只强调道德原则根源于天，并未明言天道的其他含义，因而单纯凸显"义理之天"则会忽略天的自然性。

---

① 杨泽波：《孟子天人合一思想中值得注意的两个问题》，《浙江社会科学》2001年第4期。

② 同上。

③ 刘学智：《"天人合一"即"天人和谐"？——解读儒家"天人合一"观念的一个误区》，《陕西师范大学学报》2000年第2期。

④ 白奚：《儒家天人合一思想开展的向度——以〈易传〉、思孟学派和董仲舒为中心的考察》，《社会科学战线》2013年第6期。

⑤ 同上。

⑥ 同上。

2. "人"的主要内涵

与"天"相比，学界对儒学中的"人"的理解基本一致，即一方面强调从根源上讲人性得之于天性，因而天人是一体的；另一方面则认为人之所以是"万物之灵"是由于他具有主观能动性和道德性，能够以道德实践的方式"参天地之化育"。例如，蒙培元认为，儒学的"以人为中心"的观念包括两大内涵：一是"就人在自然界的地位而言，人具有重要价值，但人的生命价值归根结底来源于自然界，是自然界'赋予'的"；二是"就人在自然界的作用而言，人既然是万物中之最'灵'最'贵'者，那么，在处理人与自然的关系问题上，人是起决定作用的"。[①] 这种决定作用具体表现为人的"天职"，即"实现自然界的'生道'"[②]。显然，其论既彰显了人与自然的同源性，又高扬了人类所独有的"参赞天地"的能动性。韩星同样指出，"天人一体观重视人类生命活动的实践意义和社会意义，从而实现了人的主体性，表现出主体思想的特征"[③]。这同样说明了儒家在提倡天人一体的同时依然重视人的主观能动性和在天地间的独特地位，即"强调人作为主体在实现天地人一体方面能起到决定性作用"[④]。苗润田亦一方面强调，"在儒家看来，人与天地万物同出一源，具有共同的本性，是一个有机联系的整体"，并认为这样的一致性表现在三个方面，"不仅人的生命是天然的，人的生理本能是天生的，而且人性也是天然的"[⑤]，从而凸显了儒家之"人"与"天"同源不二的特点。另一方面他认为，人生在世的最终目的在于"在天人、心性、知行、内外关系上实现了立己与立人、知人与知物、爱己与爱人、成己与成

① 蒙培元：《人类中心主义与儒家仁学思想》，《哈尔滨工业大学学报》2012 年第 6 期。

② 同上。

③ 韩星：《儒家天人一体观与生态文明》，载《天人之辨——儒学与生态文明》，人民出版社 2013 年版，第 327 页。

④ 同上。

⑤ 苗润田：《本然、实然与应然——儒家"天人合一"论的内在理论》，《孔子研究》2010 年第 1 期。

物的完美统一”[①]，即通过修养功夫达成天人合一乃是人之职责。

陈业新在他的《儒家生态意识与中国古代环境保护研究》一书中对儒家的“人论”做了细致的梳理，归结起来主要有三个方面。首先，关于人的自然属性，他认为，“人同万物都是天地交合的产物，人与其他生物没有什么大的差异”[②]。其次，作者强调，“人在自然界中具有与万物卓然不同的地位，是万物之灵者”，并认为这种地位既是由于人所禀赋的天地之气最为精纯，又是因为人具有道德意识、智慧及实践能力等社会属性。[③] 最后，作者同样指出，“儒家强调人在万物中的至灵、至贵地位，其目的不是突出人类为万物的主宰，而是为了强化其‘超物’的责任意识，意在赋予人类对于自然界的责任感”[④]。具体地说，就是通过扩充良心善性，由仁民爱物达到“参天地之化育”的境界。作者特别强调，这并非排斥利用自然物，而是“在尊重和掌握自然规律的基础上，有选择地利用那些可以为人类所用的万物为人类服务”[⑤]，即说明了儒家是把人置于“天—人—万物”的框架下来思考人的职责与目的的。

3. “合一”的两重内涵

相比于对“天”与“人”内涵的解说，学界对“天人合一”中“合一”的理解则更趋多元化，这意味着学界在天人如何实现沟通一致这一重要问题上还存在较为明显的分歧。

从内涵上看，张岱年认为“天人合一”主要包含两层含义，“一天人相通，二天人相类。天人相通的观念，发端于孟子，大成于宋代道学；天人相类，则是汉代董仲舒的思想”[⑥]。在现今学界对天人合一的讨论中，很大一部分依然是围绕这两层含义展开的：“天人相通”突出的是天人内在的同源性，最终达成的乃是天人一体、浑然无间的

---

① 苗润田：《本然、实然与应然——儒家“天人合一”论的内在理论》，《孔子研究》2010年第1期。

② 陈业新：《儒家生态意识与中国古代环境保护研究》，上海交通大学出版社2012年版，第45页。

③ 同上书，第46—49页。

④ 同上书，第49页。

⑤ 同上书，第53页。

⑥ 张岱年：《中国哲学大纲》，昆仑出版社2010年版，第195页。

状态；而“天人相类”则强调天人外在的相似性，最终归结于人对天道的效仿与比附。事实上，这两层含义与对天的不同理解密切相关：大体上，“自然之天”和“义理之天”达成合一的路径是“天人相通”，而“主宰之天”则最终导向“天人相类”。

学界普遍将“天人相通”视作“合一”的主流，然而其中的一些学者更为强调“天”的自然义，认为人的道德本性始自天地生生不已的运行变化过程，因而对合一的考察也应从天地变化处入手。例如，蒙培元明确指出，“这一理念（天人合一）的基本含义则是人与自然的内在统一”[①]；“宇宙自然界不仅是人的生命之源，而且是人的生命价值之源。中国哲学所说的‘天命之谓性’，是有着深刻内涵的哲学命题，也是‘天人合一论’的最基本的内容”[②]。很明显，这是以“自然之天”为基础，从天地生生之德的视角理解天人合一。因此，这里的“合一”不仅是指人的生命与价值得之于天，更是指人之职责在于“实现自然界的‘生道’”[③]。又如，林乐昌在分析张载的“儒者则因明致诚，因诚致明，故天人合一”时强调，“与其他派别的理学家不同，张载特别重视宇宙论哲学，认为宇宙秩序与伦理秩序之间具有统一性，不仅认为人类社会秩序根源于自然秩序，而且认为人类道德价值也有宇宙论根源”[④]。他进一步指出，张载对天人合一的把握是基于《中庸》中有关天道与人道和诚与明的关系，而在这里，“虽然‘天之道’作为宇宙万物的创生力量和自然秩序的基础，其本身是一个自然过程；但是，人却能够从中领悟出作为自己行为根据的道德价值观……从而使天或天道成为人伦道德基本价值的宇宙论根源”[⑤]。林乐昌此论一方面凸显了人的精神活动的主观能动性，即能从万物的变化中洞察自身的道德原则；另一方面则特别强调了这种洞察力是以宇宙的创生力量和自然秩序，即天的自然属性为基础的。再

---

① 蒙培元：《人与自然——中国哲学生态观》，人民出版社 2004 年版，第 3 页。

② 蒙培元：《“天人合一论”对人类未来发展的意义》，《齐鲁学刊》2000 年第 1 期。

③ 蒙培元：《人与自然——中国哲学生态观》，人民出版社 2004 年版，第 31 页。

④ 林乐昌：《论张载的生态伦理观及其天道论基础——兼论张载生态伦理观的现代意义》，载《天人之辨——儒学与生态文明》，人民出版社 2013 年版，第 340 页。

⑤ 同上书，第 341—342 页。

如，乔清举认为，天人合一共有六层意义，分别是物理意义、价值意义、本体意义、工夫意义、境界意义与知识意义。[①] 在这六层意义中，物理意义强调天地万物均由一气贯通而成，因而是一个统一体；价值意义是指“合一”乃是人的行为必须依照天地运行的规律，即“因天”；而本体意义意味着“人和天地万物都是在阴阳运行过程中获得自己的本性”[②]。显然，这三重意义都是在“自然之天”的语境下成立的。陈业新则指出，“儒家‘天人合一’论包括‘万物一体’‘天人相参’和发挥人的主观能动性以实现天人‘合一’三个方面的内容”[③]。其中万物一体说明人与天地万物自然统一、不可分割，而后两者则是通过人的自觉践履实现以人合天的过程，而这一过程同样始于“自然之天”。

另一些学者则较为重视天的“道德义”，倾向于以“天理”解天，将天人合一视作“复性”的过程。例如，汤一介曾指出，儒家“天人合一”论中天人的相关性是以“内在超越性”为基础的，即“天理”与“人心”或“人性”都不仅是超越的而且是内在的。而“‘天’和‘人’之所以有着相即不离的内在关系，皆因为‘天’和‘人’皆以‘仁’为性”[④]，这意味着“仁道”是天人之所以能够合一的价值根源。换言之，天地生物之心具有善的价值属性，并非是一个纯粹自然的过程，其中道德性的意味是很明显的。高晨阳则指出，“儒家主张‘天人合一’，其目的在于从形而上的高度确证人的道德原则或道德生活的当然与必然。儒家的‘性命’说，集中体现了‘天人合一’的根本意旨”[⑤]。而所谓“性”，“乃人之所以为人者，亦即人的道德本性，在内容上主要是指仁义诸德，它上达大道，与天道

---

① 乔清举：《儒家生态思想通论》，北京大学出版社2013年版，第262—276页。

② 同上书，第266页。

③ 陈业新：《儒家生态意识与中国古代环境保护研究》，上海交通大学出版社2012年版，第53页。

④ 汤一介：《“天人合一”思想的现代价值》，《北京日报》2013年6月8日。

⑤ 高晨阳：《论“天人合一”观的基本意蕴及价值——兼评两种对立的学术观点》，《哲学研究》1995年第6期。

为一”[1]。显然，这种对“天人合一”的理解完全出自天的道德性，是对人之德性的形上确证。李莘强调，天人合一在中国古代是儒家和道家共同承认的基本观点，而“儒者讲天人的道德属性，因此主张天人合德”[2]。此论也是认为天人合一纽带是天人共用的道德性。

伴随着对“自然之天”和“义理之天”的肯定，不少学者都反对董仲舒基于“天人相类”的、带有神学化色彩的“天人相副”与“天人感应”说，认为这只是对天人关系的粗浅比附。例如，白奚认为以董仲舒为代表的神学化的天人合一“只能称得上是匆匆过客，甚至可以说是旁门左道”[3]，并非儒学的主流。乔清举亦指出，“董仲舒的‘天’，是神学的、神秘的，相比于《孟子》《中庸》中义理的天，是种倒退。他的理论表明，效法说的天人合一，已山穷水尽，需要有新的转折”[4]。但亦有部分学者从儒学的政治功效的角度对董仲舒的天人合一给予了正面评价。例如丁为祥认为，董仲舒对于天人关系的论述集中于三点上，即“天、天子以及为天子所统辖的万民；而董仲舒所有的论说，也都是为了梳理、规范这三者的关系”[5]。更具体地说，董仲舒将天置于至高无上的地位，并提出“人副天数”的观点，是为了让万民分有天的神圣性，从而从天与人两个角度管束君土。因此，“董仲舒的天人关系，主要是通过高扬天的神性主宰作用，对日益膨胀的人君王权提出了限制与规范的愿望”[6]。在丁为祥看来，神学目的论的天人合一由于对现实政治有约束作用，因而是值得肯定的。吕锡琛在分析“天人感应论”时亦强调，“在缺乏约束的君主专制制度下，它实际上形成了某种推动为政者对国家政治进行自我反省的纠偏

---

① 高晨阳：《论“天人合一”观的基本意蕴及价值——兼评两种对立的学术观点》，《哲学研究》1995 年第 6 期。

② 李莘：《中国古代的天人合一观念与现代环境意识》，《东南学术》1999 年第 6 期。

③ 白奚：《儒家天人合一思想开展的向度——以〈易传〉、思孟学派和董仲舒为中心的考察》，《社会科学战线》2013 年第 6 期。

④ 乔清举：《天人关系：中国古代人学的本体基础》，《文史哲》1999 年第 4 期。

⑤ 丁为祥：《董仲舒天人关系的思想史意义》，《北京大学学报》2010 年第 6 期。

⑥ 同上。

改错机制，发挥着某种优化社会生态的作用”[①]。这一作用集中体现在“汉诏多惧词”的政治文化中。作者评论道，此举“乃是因为他们（汉代君主）相信上天具有赏善罚恶的能力……故对此怀有畏惧之心并努力根据灾异的性质予以匡正”[②]。这意味着，“天人感应论”实质上是以神权对抗君权，以限制世俗权力，匡正君主行为。显然，其在政治哲学上的价值不应被忽略。

4. “合一”的动态过程

对于“天人合一”，程颢曾有“天人本无二，不必言合”的说法，然而，现实中天人相分的情形是普遍存在的，而儒家的“天人合一”则需要通过自觉的道德践履来实现。这意味着“天人合一”实际上存在一个类似于黑格尔辩证法“正—反—合”的发展过程，这一过程理应被揭示。

对这一问题的研究首推苗润田。他认为，儒家“天人合一”的内在理路上包含本然、实然与应然三个层次。首先，所谓本然的“天人合一”是说“天人本来相通、相合与统一，这种统一性和不可分割性是天人而非认为的”[③]。也就是说，无论是从存在论还是从价值论的角度看，天与人都是浑然一体、本无间断的，而统一的根据则可以是理、心或气。其次，“天人相分”是天人关系的现实状态，即“在儒家视域中，‘天人不一’‘天人二分’是实然意义上的，是就天人之间的实际存在状况而言的”[④]。这意味着，儒家语境中的“天人合一”多是指“‘大人’‘圣人’的境界，而不是所有人的境界；一般人在没有成为‘大人’前，天人在他那里是二分、对立的”[⑤]。这种对立根源于人的私心、私欲。最后，儒家论天人关系，“是为了从理论和

---

① 吕锡琛：《论儒学天人感应论中的生态智慧》，载《天人之辨——儒学与生态文明》，人民出版社 2013 年版，第 205 页。

② 同上书，第 207 页。

③ 苗润田：《本然、实然与应然——儒家“天人合一”论的内在理路》，《孔子研究》2010 年第 1 期。

④ 同上。

⑤ 同上。

实践上消解天人之间的对立和紧张，追求天人的和谐统一”①，由此必然出现最后一个环节即“应然的天人合一”，它是有关于“人与天在何种条件下能够达到和谐统一理想状态以及如何达到这种状态的理论”②。胡伟希则通过分析“合一”的内涵得出了类似的结论，“‘天人合一’与其说是对现存世界中人与自然关系的一种描述，不如说是对人与自然关系的一种理想和梦想，它是人与自然关系的‘应然’，而非人与自然关系的‘实然’”③。因为既然是“合一”，那么就意味着二者的关系中必然存在一个相互分离的阶段，这意味着人类为了自己的生存必然要设法利用和改造自然，此时两者的关系是对象化。但中国哲学并不满足于这种对象化的外在关联，仍然要追求二者在自觉意义上相统一这一理想状态。

乔清举认为，古人论天人关系有三个阶段：天人杂糅、天人合一与天人相分与和谐。上古时期的“民神杂糅”与“绝地天通”所揭示的乃是人与神的关系，其结果是神人沟通的权力被统治者垄断，即“天人从‘民’的角度来看是被分离了；从统治者的角度来看仍然是相通的；只是相通的权力被他们垄断了”④。随后，天人关系发展为“天人合一”，这里的天是价值性的，而合一是天理内化到人的过程，因而“天人合一就是性即理、心即理”⑤，凸显的是天人的价值同源性。而天人相分与和谐针对的则是人与自然的关系。这里的相分是天与人在职责上的区别，而和谐则是人依照自然规律改造自然的过程。显然，这三个阶段所反映的亦是人的主体性不断增强，人对于外部世界的自觉意识不断提升的过程。

5. “天人合一”与“天人和谐”的异同

在有关“天人合一”的研究中，一个重要的问题是“天人合一”

---

① 苗润田：《本然、实然与应然——儒家“天人合一”论的内在理路》，《孔子研究》2010年第1期。

② 同上。

③ 胡伟希：《儒家生态学基本观念的现代阐释：从人与自然的关系看》，《孔子研究》2000年第1期。

④ 乔清举：《天人关系：中国古代人学的本体基础》，《文史哲》1999年第4期。

⑤ 同上。

与“天人和谐”的关系。某些学者认为两者并不是等价的，因而“天人合一”的生态价值也值得商榷。

在这一问题上，刘学智的态度最为鲜明，“笔者认为，把‘天人合一’诠释为‘天人和谐’或将二者等同，是对中国古代特别是儒家‘天人合一’观念的一种误读”①。他同样承认，张岱年所谓“天人合一”的内涵包括“天人相通”与“天人相类”两方面的说法是正确的，并且同样肯定“天人相类”展示的是神学目的论框架下的天人关系，但他认为，“天人相通”中的天仅是指“义理之天”，因而天人相通“实则是指从孟子到宋儒建立在道德心性论和心性本体论基础上的‘天人一体’说，也包括《易传》的‘天人合德’说”②。这就意味着，“天人合一”的核心意涵只是基于道德形上学的“天人一体”，而“自然之天”则被排除出“天人合一”中天的内涵，因此“天人合一”与“天人和谐”是不同的。刘学智进一步指出，这种不同体现在四个方面，即一体论的前提是主客未分，而和谐论的前提是主客二分；一体论是以人为本的道德形上学，和谐论则是人与自然的对立统一关系；一体论的思维方式是直觉性的，而和谐论则会产生逻辑思维；一体论的本体意识强，在方法论上没有突破，和谐论则会有方法上的创新。③

金富平同样反对将天人合一理解为天人和谐。在他看来，“‘天人合一’并非一个无所不包的宽泛概念，而是一个有着确定内容的、不应混淆的、有着严格意义界限的固定术语”④。他对于天人合一的理解较为狭隘：既然在中国哲学史上明确提出“天人合一”的第一人是张载，那么横渠之前儒学有关大人关系的论说便不应归结到这一理论当中。而由于张载的“天人合一”论是在整个宋明儒学注重道德心性以及天的道德含义基础上提出的，因此金富平就基于理学的视角认为天

---

① 刘学智：《“天人合一”即“天人和谐”？——解读儒家“天人合一”观念的一个误区》，《陕西师范大学学报》2000 年第 2 期。

② 同上。

③ 同上。

④ 金富平：《“天人合一”确切内涵之界定——解析“天人合一”生态意义认识分歧的症结》，《河北学刊》2014 年第 3 期。

人合一具有三大特征，“其一，‘天人合一’是宋明儒学语境中的一个固定术语；其二，‘合一’是‘一体’的意思，‘天人合一’是指人对自然万物在情感上息息相通、浑然一体的境界；其三，圣人之所以能做到‘天人合一’是因为圣人以仁为体，天下无一物不爱”①。归根结底，“当确认‘天人合一’具有‘天人一体’的含义时，就不能再将‘天人相类’‘天人和谐’一概称为‘天人合一’”②。

与之相反，另一些学者则认为，“天人合一”中包含着“天人和谐”或“人与自然和谐共处”的意涵。例如，蒋劲松就认为，“‘天人合一’虽然也许不能完全等同于‘人与自然和谐’，却可以通过蕴含‘人与自然和谐’或者为‘人与自然和谐’提供可能性而具有生态学意义”③。这是由于儒家“天人合一”的核心概念是“仁”和“义”，而儒家又特别强调“推”的作用，因而“对于儒家而言，这种推己及人的心理机制使得‘仁’的使用范围可以推广到自然对象上”④。祁海文等亦明确指出，“‘天人合一’论的核心是人与自然的和谐关系”⑤，这种对“天人合一”的理解在《周易》当中有着明确的体现：不仅是由于《周易》所言之“天”乃是“自然之天”，更是由于“《周易》通过六十四卦的有序排列建构了一个符号化的、象征性的宇宙图式”⑥，而这一宇宙图式“本身就具有整体联系、动态和谐、生成转化的生态整体意味，其所摹拟、概括的天地‘生生’之道也成为人类达到与自然和谐所应遵循之‘道’”⑦。马永庆同样强调，“天人合一”思想的基本内涵应包括三方面的内容，“其一，主张人与万物一体；其二，人与天地合其德，即天道与人道的一致性；其

① 金富平：《“天人合一”确切内涵之界定——解析“天人合一”生态意义认识分歧的症结》，《河北学刊》2014年第3期。

② 同上。

③ 蒋劲松：《“天人合一”的生态意义究竟何在？——兼向刘兵、曹南燕教授请教》，《思想战线》2007年第6期。

④ 同上。

⑤ 祁海文、朱军利：《〈周易〉“生生之学”的生态哲学及其生态审美智慧》，《山东社会科学》2013年第5期。

⑥ 同上。

⑦ 同上。

三，人合自然，即人需要通过自身的努力，以达到人与自然的和谐”①。

二 儒家“天人合一”论的生态意义

20世纪90年代以来，特别是进入21世纪之后，学界有关“天人合一”的讨论越发热烈，其中一个重要原因就是环境危机的加重与中国生态哲学研究的兴起。为了建立中国生态哲学的话语体系，不少学者将目光聚焦于“天人合一”论上，试图从理论和实践两个方面开掘其生态价值。与此同时，另外一些学者则对“天人合一”论的生态意义持保留态度，强调“天人合一”的核心意涵是道德形上学，生态思想即便确实存在，也只是其中很次要的部分，不应对此过度诠释。

1.“天人合一”的生态理论价值

概括地说，“天人合一”对中国生态哲学的理论贡献主要体现在确立基本原则与价值维度，奠定修养与境界目标，以及超越西方式人类中心主义、探寻人与自然的和谐关系这三个方面。

首先，所谓确立基本原则与价值维度是指在一些学者看来，作为儒学的核心命题的“天人合一”包含人与自然和谐共处的意义，这意味着儒学是以整体性和和谐共生的理念来面对人与外部世界的关系，肯认天地万物有其自身的价值。例如，在乔清举看来，天人合一具有“合目的性”，而合目的性是指“自然在其过去、现在、未来发展的总过程中呈现出来的趋向于完美、和谐的趋势”②。他指出，“天人合一”论与追求人类应然生存状态的生态思想相当一致，因而在本质上可以视作生态哲学。蒙培元同样强调，“‘天人合一论’本质上是价值观的问题，包括生态伦理，即人与自然之间的伦理关系”③。进一步说，蒙培元和乔清举均将“仁”视作人与自然相处的伦理要求，更准

① 马永庆：《人与自然和谐的道德基础——古代“天人合一”思想的现代生态伦理》，《伦理学研究》2006年第2期。

② 乔清举：《儒家生态哲学的基本原则与理论维度》，《哲学研究》2013年第6期。

③ 蒙培元：《“天人合一论”对人类未来发展的意义》，《齐鲁学刊》2000年第1期。

确地说，“仁”乃是人和自然和谐共生的价值原则。蒙培元认为，“从最广泛的意义上说，仁学是一种深层生态学”[①]。仁的本质是“爱”，它始于“爱人”，但“泛爱”的特征和推己及人、推己及物的道德情感使得“孔子对自然界的生命表现出高度的尊重、同情与关怀”[②]。乔清举则特别强调仁学的道德共同体意义。所谓“道德共同体”，是指人类应道德地对待的对象的范围，而在儒家哲学中，“道德共同体的范围包括动物、植物甚至泥土瓦石等整个无机自然界”[③]，这意味着儒家的“仁”绝不仅仅局限于人类社会。在乔清举看来，儒家将仁的作用对象扩展至天地万物的理论渊薮乃是郑玄的“爱人以及物”的观念，而其形上依据则是“生生之德”，即凸显天地生育万物的合目的性特征，赋予其相应的德性。

其次，所谓奠定修养和价值目标，主要是确立人在“天人合一”中所扮演的角色，这里主要有两个问题，其一，“天人合一是人合自然还是自然合人”；其二，“人怎样与自然相合”。[④] 对于这两个问题，学界的看法较为一致：①天人合一是人合于自然而非自然合于人，它依赖于人对天地生生之德的自觉，亦指明了人的理想境界；②人与自然相合的途径是依凭自己的良知，体察到人与万物处于一体流行的宇宙大生命之中，从而以道德的态度对待自然万物，不随意戕害其生生之性。

对于前者，不少学者基于人的主体性，认为应是“人合自然”。例如，蒙培元强调，“心”是天人相合的中介。由于“天是无心的，只有人才有心，但人心却来源于天心”，因而“人有一种‘天赋’的责任、义务和使命，或‘天职’，就是实现自然界的‘生道’”。[⑤] 这是从义务论的角度界定“人合自然”的意义。但作者随即指出，人合自然不仅是义务问题，“更是一个修养的问题、境界的问题、人生态

① 蒙培元：《仁学的生态意义与价值》，《中国哲学史》2007 年第 1 期。

② 同上。

③ 乔清举：《论“仁”的生态意义》，《中国哲学史》2011 年第 3 期。

④ 马永庆：《人与自然和谐的道德基础——古代“天人合一”思想的现代生态伦理启示》，《伦理学研究》2006 年第 2 期。

⑤ 蒙培元：《中国的天人合一哲学与可持续发展》，《中国哲学史》1998 年第 3 期。

度的问题"[①]。人之所以要担负起"合于自然"的责任，就是因为"就人在自然界的作用而言，人既然是万物中之最'灵'最'贵'者，那么，在处理人与自然的关系问题上，人是起决定作用的。因为从根本上说，这是人的问题，人的存在问题，不是其他问题"[②]。曾繁仁则认为，"我国古代'天人合一'思想是以'位育中和'为其核心内涵的"，而位育中和是说"君子的道德修养达到'中和'的境界，就能使天地有位，万物化育"[③]。显然，此论亦是强调主体的行为是达成天人相合的途径，同样持的是"人合自然"的主张。

对于后者，乔清举认为，天人合一意味着人与自然界是相"通"的，即存在着物质、能量、信息及情感的交换和影响，这使得两者能实现内在的、有机的融合。这种融合是双向的，即"不但有人从自然中获得生存条件的方面，也应有人以仁心感通自然，道德地对待自然，帮助和促进自然正常运转的方面"[④]。显然，后者正是人自觉主动地合于自然的途径。祁海文则在考察《周易》的"生生之德"时发现，《说卦》中"立人之道曰仁与义"意味着仁义作为"人道"的基本原则，在人与自然万物的关系上同样是适用的。在此，它具体地表现为"顺承天地'生生'之道以化育万物"[⑤]。进一步，《周易》的"三才之道"与"育万物"的思想在《中庸》中演化为"参赞天地之化育"，它"不仅是完成人对自然生态的责任，而且是成就'人之性'的必然要求"[⑥]。

最后，不少学者认为，造成近代以来全球环境问题愈演愈烈的价值根源乃是西方式的人类中心主义，它将人类视作自然的对立物和主

---

① 蒙培元:《中国的天人合一哲学与可持续发展》,《中国哲学史》1998 年第 3 期。

② 蒙培元:《人类中心主义与儒家仁学思想》,《哈尔滨工业大学学报》2012 年第 6 期。

③ 曾繁仁:《中国古代"天人合一"思想与当代生态文化建设》,《文史哲》2006 年第 4 期。

④ 乔清举:《论儒家自然哲学"通"的思想及其生态意义》,《社会科学》2012 年第 7 期。

⑤ 祁海文、朱军利:《〈周易〉"生生之学"的生态哲学及其生态审美智慧》,《山东社会科学》2013 年第 5 期。

⑥ 同上。

宰者，而天人合一论则认为人与自然应和谐共处。显而易见，这两者对待自然的态度有着明显的区别。因此，辨析这一区别并进而发现在人与自然的关系上天人合一论相较于西方人类中心主义的优长之处，则是学界的另一关注焦点。

蒙培元认为，儒家是价值层面而非利益层面的“人类中心主义”，这是它与西方人类中心主义的根本区别。在分析“天地之性人为贵”时他指出，“人之所以为‘贵’，就在于人能够实现自己的人性，承担起自己的使命，完成自然界的‘生生之道’，使万物‘各遂其生’‘各顺其性’，人与自然和谐相处，从中享受到最大的快乐，得到人生的幸福”[①]。也就是说，人性之宝贵不在不断开发宰制自然的能力为自己牟利，而在于领略到宇宙大化流行之美，并以自己的方式参赞辅相之，而后者正是人生的根本问题。因而在他看来，“儒学的‘以人为中心’，实际上是以人的‘问题’为中心，不是以人的‘利益’为中心”[②]。乔清举也将“裁成辅相之功”视作人性之贵，即“儒家的‘贵’并不是超出自然而宰制和征服之”，而是“表现为能够认识自然之道并自觉地服从它，帮助它完成自身”。[③] 他进一步认为，这里所关涉的是儒学与西方思想在价值问题上的分野。儒学所关注的是事物的“内在价值”，也称为“天道论价值”，即其价值源自自身，具体地说就是“一个自然物对于它自身、另一物、整个自然过程的意义与作用”[④]。显然，这与“被使用性”无关。基于这样的理解，乔清举认为“天地之性人为贵”彰显了人的价值性，但儒学的思考不止于此，它还“要求任何事物都能‘尽性’，即实现自己的本性，反对‘暴殄天物’”，而这“实际上肯定了万物的价值”[⑤]。这样，天人合一论就从价值论的角度超越了人类中心主义。

① 蒙培元：《人类中心主义与儒家仁学思想》，《哈尔滨工业大学学报》2012年第6期。

② 同上。

③ 乔清举：《儒家生态思想通论》，北京大学出版社2013年版，第27—28页。

④ 乔清举：《价值学中“是与应该”的统一与儒家价值观》，《哈尔滨工业大学学报》2012年第6期。

⑤ 同上。

蒋劲松认为："'天人合一'不是一个在既有的概念框架中'人类中心主义'的对立命题，而是一个可能消除'人类中心主义'的问题产生前提的视域。"① 也就是说，天人合一可以使我们在处理环境问题时获得与今天不同的概念框架和思维方式。他还进一步指出，西方许多生态哲学家如奈斯、科利考特和西尔万已经注意到中国天人合一论中所蕴含的生态资源，如整体性的思维模式、顺应自然的生活态度等，以此来充实西方基于人类自身利益的生态哲学。林存光则赞成将天人合一论视作"人类中心主义"，但认为"它只是一种天人亲和型的弱人类中心，而非天人对立型的强人类中心主义"②。其中，"亲和"与"对立"凸显的是东西方对于人与自然关系和态度的深层差异，而所谓的弱人类中心主义是指"在有节制地利用自然资源而保证人类可持续生存的前提条件下……我们能在欣赏和存养自身本心善性的同时，亦能欣赏和养护天下易生之物的生长本性"③。这种弱人类中心主义不排除对自然物的利用，但其关注的重点仍是"以德配天"，对此林存光有着清醒的认识。他也赞成天人合一应是人合自然而非自然合人，并且认为正是在这一过程中，天人亲和的弱人类中心主义才得以确立。

刘增光则在研究泰州学者杨起元的思想时发现，晚明的学者甚至已经肯认"草木亦有良知"。这既意味着良知适用范围的扩大，也意味着人与物差别的缩小。杨起元吸收佛教中"万物皆有佛性"的说法，认为"与人一样，鸢鱼草木皆具有聪明睿智，具有不学而虑、不知而能的良知良能"④，这显然已经超出了王阳明对良知的界说。此论的生态意义在于，"相较于王阳明之说，杨起元的说法无疑与去人类中心论的观点更为接近，体现出了平等看待人与动植物甚至顽然无知

---

① 蒋劲松：《"天人合一"的生态意义究竟何在？——兼向刘兵、曹南燕教授请教》，《思想战线》2007 年第 6 期。

② 林存光：《儒家的天人关系话语与仁道情怀的生态学意义》，载《天人之辨——儒学与生态文明》，人民出版社 2013 年版，第 33 页。

③ 同上书，第 36 页。

④ 刘增光：《万物一体义的生态内涵——以泰州学派杨起元为视角》，载《天人之辨——儒学与生态文明》，人民出版社 2013 年版，第 70 页。

之物的倾向”[①]。在刘增光看来，动物具有意念和良知的认识使得“我们理应尊重‘他们’而非‘它们’的生存权和发展权。正是这样的思路，使得重视生命、爱护一草一木的生命的观念呼之欲出”[②]。显然，这样的观念将“天人合一”进一步推进到“万物一体”的层次，意味着人与自然的深度融合，与西方的人类中心主义有了更大的距离。

2. “天人合一”的生态实践意义

天人合一对儒家生态思想的贡献不仅在确立理论原则上，中国古代诸多具体的环保措施都可视作此论在实践层面的延伸。对此，学界也给予了充分关注。例如，乔清举在考察“祭祀”这一文化现象时发现，此举意在承认自然之“魅”，因而是“人们对于自然的生态性的敬畏情感的表现和落实”[③]。所谓自然之“魅”，是指自然的知其然而不知其所以然的神妙作用。而在儒家看来，这种神妙作用是生生之德的体现，因而祭祀就是人类对于天地生养万物之功加以报答和感谢的途径，自然也是达成天人合一的方式。因此，诸如对祭祀的对象、祭品的选用及祭祀的时间都有严格的规定，目的正是使人类能够用自然的资源来向自然致敬，以维持并深化两者的沟通。

为了保护自然，中国传统社会制定了详尽的礼仪制度和政令法律，不少学者都将此视作践行“天人合一”的有效途径，充分肯定了其生态意义。如乔清举曾用“恩至禽兽”“泽及草木”“恩及于土”“国主山川”来概括古人对待动物、植物、土地和山川的态度，并认为这一态度在《周礼》、《礼记·月令》、睡虎地秦简以及汉代相关政令中都有所体现。具体来说，《周礼》中记载了周代从事生态保护的官员如山虞、泽虞、林衡及大小司徒的官级与职守，从政府机构设置的层面反映了儒家对维持生态平衡的重视；而后三者则以时间顺序，明确规定了在不同时节中对于自然界人类所能够采取的活动，如何时能狩猎、进山伐木等，从而凸显了儒家重视时令，自觉保护生命的生

---

① 刘增光：《万物一体义的生态内涵——以泰州学派杨起元为视角》，载《天人之辨——儒学与生态文明》，人民出版社2013年版，第71页。

② 同上书，第73—74页。

③ 乔清举：《论儒家的祭祀文化及其生态意义》，《现代哲学》2012年第4期。

态思想。[①] 陈业新亦有类似的观点。一方面，他重视“时令”在儒家生态思想中的重要地位，分析了“树木以时伐焉，禽兽以时杀焉”这一儒家合理利用生物资源的主张。另一方面，他具体考证了先秦至两汉时期政府的生态保护措施，包括设立相应官职、制定生态保护律令以及移民实边与屯垦政策对于环境的影响，以此作为儒家生态思想的制度落实。[②]

吉恩煦则通过考察《周礼》中有关“司徒”这一官职的职守，揭示了天人合一在政治制度中的体现。在他看来，司徒的职责在于安民教民，而教养百姓的前提是使之安居乐业，而这离不开对自然规律和礼法制度的准确把握。因此，大司徒不仅需要了解国家的山川地貌、气候特征，还要综合运用礼乐教化和政令法度这两种手段教化百姓，使其在头脑中树立“不杀”和“以时”的生态观念。“不杀”是指“不枉杀、滥杀”，特别是“不杀幼鸟幼兽”；而“以时，即符合时令去做事情”。[③] 在儒家看来，这是通向天人合一的有效途径。刘鹤丹则在考察春秋晚期郑国执政子大叔与晋国执政赵简子的对话中发现了礼对于构建天人一体的生态文明观的意义。他认为这种意义主要体现在两方面。其一，礼乃是“天之经、地之义”，即“礼是宇宙间万事万物都必须遵循的恒常法则”。[④] 这是因为礼既体现了人对自然规律的认识，又具有道德属性，反映了天道的道德意涵。其二，由于礼是天地之纲纪，而天人一体不可分离，因而礼更是人的行为准则，无论是处理人与自然、人与社会还是自己身心之关系都必须循礼，“只有人真正做到不折不扣地守礼，才是真正地遵循天道，才能持续生息繁衍”[⑤]，从而实现天人合一的和谐共存之道。

武才娃则将研究的目光聚焦于“天人合一”理念在中国古代建筑

---

① 参见乔清举《儒家生态思想通论》，北京大学出版社 2013 年版。

② 参见陈业新《儒家生态意识与中国古代环境保护研究》，上海交通大学出版社 2012 年版。

③ 吉恩煦：《从〈周礼·地官司徒〉中观儒家人本生态思想》，载《天人之辨——儒学与生态文明》，人民出版社 2013 年版，第 90 页。

④ 刘鹤丹：《礼以顺天——从〈左传〉子大叔论礼看先秦儒家的生态文明》，载《天人之辨——儒学与生态文明》，人民出版社 2013 年版，第 94 页。

⑤ 同上书，第 97 页。

中的体现。他认为，中国古人基于对环境和居住关系的理解，一直致力于实现“虽由人作，宛自天开”的居住状态，这就要求“人类在建筑过程中要顺应天道，无为而行……特别是在建造中尽量减少人对于外在自然环境的破坏”[1]。这种“天人合一”的居住观在建筑的选址、建设、造型等各个方面都有所体现。

3. 对于“天人合一”之生态意义的质疑

对于“天人合一”的生态意义，学界的主流态度是肯定的，但也有不同意见。这种质疑主要来自两个方面：其一，一些学者基于“义理之天”的理解，认为“天人合一”所表达的只是儒家心性论和道德哲学的思想，而其中某些涉及人与自然关系的论述充其量仅仅是一种比喻，并非儒学的关注焦点。例如，杨泽波在分析孟子的天人合一论时指出，学界常常将“牛山之木”、“不违农时”及“君子之于物也，爱之而弗仁”这三章视作孟子关于环境问题的经典表述而大加推崇，但实际上，此三章真正讨论的是道德哲学或政治问题，因而“虽然其间也涉及环境问题，但并不是其思想的主旨，只是孟子在阐释自己哲学和政治主张时衍生出来的副产品”[2]。进一步，杨泽波认为，孟子之所以在其论述中涉及环境问题，“完全是受到农耕文化影响的结果”，并非其自觉意识到保护生态环境的重要性；相反，孟子所重点关注的一直是性善论与仁政的问题。因此，学界在讨论孟子的天人合一思想时不应喧宾夺主，“将孟子有关环境的论述作为其天人合一思想的主要部分，把孟子打扮成一个战国时代的环境保护主义者”[3]。刘学智则基于前述的对于“天人合一”与“天人和谐”的区分，一方面肯定今人对于天人合一的重视；另一方面强调，“首先应关注的是其道德境界论意义上的‘天人一体’观念，其次才是‘形而下’的

① 武才娃：《天人合一与人居生态文化》，载《天人之辨——儒学与生态文明》，人民出版社 2013 年版，第 214 页。

② 杨泽波：《孟子天人合一思想中值得注意的两个问题》，《浙江社会科学》2001 年第 4 期。

③ 同上。

‘天人和谐’意义”[①]。李苹亦有类似的观点。他认为古代天人合一论有一定的生态意蕴，但“天人合一思想的重点不是环境保护，而是维护社会秩序、修身养性、预测吉凶、延年益寿”[②]。他还特别指出，儒家天人合一论并没有解决中国的环境恶化问题，其结果是“秦汉以来的中国生态就是一个逐渐恶化的过程”[③]。

其二，另一些学者则强调天人合一是中国传统哲学的命题，其所针对的是农业文明的生成条件和生态状况，因而对当今由工业化和现代化造成的环境问题并无太大的价值，解决现代生态问题还是要依靠科学技术。在这一点上，佘正荣的观点较具有代表性。他认为，儒家的生态伦理观“只适合于人类被血缘关系束缚和对土地直接依赖的农业文明”[④]，对解决现代环境问题的价值是有限的。在他看来，儒家生态伦理要获得新生，必须解决天人合一论只重“德性之知”而忽视“见闻之知”，即以道德性说明人与自然的关系，而忽略自然界自身规律的问题。因此，“必须以现代生态科学和新自然观的理论对儒家的天人观加以改造，才能克服其人道知识偏胜、天道知识薄弱的片面性，以加强其天人合一观的科学基础和哲学基础”[⑤]。具体地说，就是要掌握严谨的科学研究方法，采用现代技术手段，实现在更高的层次上因顺自然之理的目标。李苹亦认为，在解决环境问题的过程中，“想从古代的天人合一思想中寻找良方而鄙薄科学技术，这是迂腐的”[⑥]。相反，我们必须克制自己的欲望，依靠现代科学技术认识自然规律，开发出相应的环保手段，并结合发展途径，多管齐下地治理生态环境。

以上所述，乃是近些年来学界对“天人合一”论内涵的解说以及对其生态意蕴所做分析的研究成果和基本观点。在本文的结尾，笔者

---

① 刘学智：《“天人合一”即“天人和谐”？——解读儒家“天人合一”观念的一个误区》，《陕西师范大学学报》2000年第2期。

② 李苹：《中国古代天人合一观念与现代环境意识》，《东南学术》1999年第6期。

③ 同上。

④ 佘正荣：《儒家生态伦理观及其现代出路》，《中州学刊》2001年第6期。

⑤ 同上。

⑥ 李苹：《中国古代天人合一观念与现代环境意识》，《东南学术》1999年第6期。

仅就这一问题的研究现状和未来的趋向谈一下自己粗浅的看法，以就教于方家。

其一，目前学界对天人合一的理解还存在较大分歧，而造成分歧的主要原因是对“天”的含义未能达成共识，这实际上涉及如何构建更为合理的儒学理解范式这一根本问题。如前所述，学界对于天的含义大致有三种理解，即自然之天、主宰之天和义理之天，其中以第一和第三种理解为主。对此，笔者的基本看法是，自然之天在内涵上比义理之天更为丰富，因而我们应以自然之天为基础，补充天之主宰义，形成对儒家天观的全面理解。

一方面，义理之天所反映的是以道德心性之学来理解儒家的传统思路，它只关注人的社会关系或者说人与人关系的维度，而忽视了人与自然关系的维度，因而是片面的。我们常以“究天人之际，通古今之变”来概括儒者的学术追求，而这一表述本身即说明儒家对人与外部世界的关系和人的社会关系是给予同样关注的，而这种理论性质是与人的存在特征相吻合的。哲学本质上是人学，而人的存在客观地就具有两重维度，因此一流的哲学体系必须同时关注这两方面的问题。换言之，如果儒学是“得人”而“遗天”之学的话，很难想象它能历经两千余载传承至今并依然具有价值。在前文中笔者已经指出，由于义理之天是从道德形上学的角度理解天道，难以涵摄天地万物大化流行这一儒家天论的根本含义，故并不全面。相反，宇宙之大化流行之义作为人与万物最终的价值来源，包括道德原则。另一方面，“自然之天”在意义上似乎与“主宰之天”没有交集，而后者则是儒学在中国古代政治中能够发挥作用的天道论基础，是不应被忽视的。因此，我们应将“自然之天”与“主宰之天”之含义相结合，以形成正确理解儒学“天人合一”说的天道论基础。

其二，近年来，特别是2005年以后，越来越多的学者开始关注并肯定儒家“天人合一”的生态意蕴，这是一个可喜的变化。但同样需要承认，现有研究多以宏观介绍和说明为主，其研究范式多是从对天的界定和天人合一的内涵出发阐述其生态意义，更进一步的、更细致的研究还较为欠缺。因此，天人合一的生态哲学研究今后应向细节化、具体化的方向发展。更准确地说，需要从三个方面进行扩展，即儒家生态哲学史、中国传统生态保护制度和中西生态思想之比较。首先，学界应以“天人合一”作为中心命题，从生态哲学的角度重写中国儒学史，勾勒出天人合一的内涵在思想史中的演化过程，呈现其内在逻辑，同时揭示天人合一这一儒学的核心命题如何体现于历代儒家学者的思想内容中，从而构建儒家生态哲学的思想史基础。其次，进一步挖掘史料，探究儒家天人合一论与中国传统的礼仪制度及政令法规之间的内在关联，从而揭示天人合一在生态领域的实践手段。对于这一问题，学界已经开始关注并做了初步的探索，然而大多数学者仍受到传统学科划分的影响，将目光聚焦于先秦儒学典籍，如三礼、三传，很少涉及汉代的儒家著作以及秦汉之后各个中央王朝有关生态保护的诏书和政令法规，对历朝历代官修史书中有关生态问题的记述亦不够关注。这使得现有研究的视域不够开阔，文献来源也较为单一，从而造成天人合一的理论与中国古代环保实践这两者不能实现“史”与“论”的深度融合，这是下一步研究亟待解决的问题。最后，现有研究缺乏比较视野。多数学者对当代西方生态哲学之主要理论的了解较为有限，更谈不上将“天人合一”论与西方对人类中心主义的反思、深生态学、生态错综论、混沌论等西方生态哲学的前沿思想加以比较，从而使得对“天人合一”的生态分析由于缺少参考系而容易陷入自说自话的困境，难以与西方生态思想对话并参与到人类新的环境伦理的建构进程。因此，在了解西方生态理论的基础上进行更为广泛和深入的东西对话将是研究的另一重要方向。

其三，学界目前对天人合一之生态意义的批判存在不少问题。概括地说，现有的对于天人合一的生态意义的批判主要来自三方面：首先，一些学者认为，天人合一是一种道德形上学的表述，从而否定了它的生态意义。如前所述，此论的产生是基于特定的天道观，即以“义理之天”界定天之内涵。我们在前文中已经分析了这一理解的问题，在此不再赘述。

其次，另一些学者认为，天人合一作为一种诞生于农业文明的哲学理念，即便具有生态意义，也无助于解决当代社会由于工业和科技的发展及消费主义盛行而造成的全方位、深层次的环境危机。因此，解铃还须系铃人，要真正解决现在的生态困境，必须大力发展相关的科学技术。这实际上是一种唯科学主义的论调，其缺陷是显而易见的。天人合一论作为一种哲学理念，与科学技术一样，都是人类文明不可或缺的组成部分。并且，它与科学技术的关系并不是对立的，而其赋予人类正确价值观念的作用也是科学无法替代的。现代科学技术本身就是一把"双刃剑"，它是一种认识世界的方式和扩展人类实践能力的措施，自身并没有价值属性，因而既可以为善也能作恶。而要确保科学地向增进人类福祉的方向发展，则必须使掌握科学技术的人类获得正确的价值。而天人合一论作为中国古人所提出的正确处理人与自然关系的价值体系，其中蕴含的尊重天地万物生生之性，裁成辅相天地化育的思想正是今天人类所应当吸取的。

最后，还有一些学者认为，天人合一的生态思想并未阻止历史上中国的环境恶化趋势，因此其生态意义是不能成立的。在笔者看来，这是以现代人的眼光苛求古人，是一种非历史性的论断。一方面，如果我们结合中国经济史和人口史的研究就会发现，中国古代环境恶化的加速期主要是明清两代，而这是跟当时人口激增与环境承载力的矛盾密切相关，因而并不能笼统地说古代中国的自然环境一直处于严重恶化的状态。另一方面，此论显然是忽视了中国历朝历代的典籍中大量的有关生态保护及合理利用各种资源、达成人与自然的平衡相处的文献记录。事实上，中国古代各个政权都十分重视生态资源的保护，这也是中华民族能够生息繁衍至今的重要保证，而这些认识的哲学依据很大一部分都是来自儒家，特别是天人合一的观念，因此，我们怎能妄言天人合一无助于中国古代的生态环境呢？

法律抑或信仰?*

——纠纷情境中南宋民众的选择机制探讨

朱文慧

摘　要: 宗教及各种民间信仰对南宋时期民众生活影响很大。在人们解决民间纠纷问题时,个人信仰发挥着重要作用。在解决民众纠纷时,民间宗教信仰与国家权力之间力量形成某种耐人寻味的博弈值得深入探讨。

我们在讨论南宋时期的民间纠纷乃至社会生活时,绝不可忽略宗教以及各种民间信仰对民众生活的影响。赋税重、差役繁,豪强横行乡里,胥吏贪求内外,这是南宋民众生活的现实世界。在这个现实世界之上,还有流行于下层社会中的宗教与各种信仰。它们共同构成了南宋民众生活的世界。

纠纷发生后,一旦双方不能自行和解,就需要借助第三方的力量解决。不论是和解,抑或选择调解乃至诉讼,各种现实因素影响选择的背后,还有个人信仰在暗中隐隐约约地发挥着作用。社会中的宗教与信仰对于身处纠纷中的民众究竟有何影响?进而言之,对于这一在某种程度上构成了对国家权力威胁的民间宗教信仰,政府会做何反应?这些都是值得深思和玩味的有趣问题。由于篇幅所限,本文将集中讨论纠纷情景中影响民众选择的因素和机制。

关键词: 信仰　法律　实用理性

作者简介:朱文慧,西安电子科技大学人文学院历史系讲师。

*本文已发表于《南宋社会民间纠纷及其解决途径研究》(上海古籍出版社 2014 年版),有适当修改。

一 信仰的感召力与约束力

法律作为一种由国家制定的规范，对人民的行为具有强制约束力。宗教信仰也内含着一种规范，从其对人们的引导和约束来看，自政教分离后，虽丧失了国家的强力推行及保护，但仍具有惊人的约束力，乃至有时非法律所能比拟抗衡。在南宋社会中，信仰是如何通过其感召力发挥了对人们的引导、规范作用的？其感召力是如何建立起来的？又内含并向民众传达了哪些“普世”的价值与行为规范？这是下文要关注和集中讨论的问题。

1. 南宋社会中信仰感召力的生发

具有等同甚至超过法律约束力的信仰层面的规范，在现实社会中得以充分发挥作用，除了其独特的能对人心进行感召与融摄的教义、精神原则之外，在现实生活中，宗教人士乃至信众的言行也具有强有力的感召及凝聚作用。在地方社会的公共事务及各项慈善事业中，宗教团体尤其是佛教发挥着广泛的作用。与之相应的是，宋代特别是南宋社会中的佛教信徒空前增多，“今看何等人，不问大人小儿，官员村人商贾，男子妇人，皆得入其门。最无状，是见妇人便与之对谈”，而且相当虔诚，“俗人之奉佛者，每晨拜跪备至；及其老也，体多康健，以为获福于佛”。①

伴随佛教影响力扩大的同时，是佛教的福报观与中国本土的鬼神观、儒学中的伦理纲常、道教的方术，以及巫教色彩极其浓重的各种民间信仰的互动与融合，并日益向民间社会渗透取得主导地位。葛兆光先生指出，在唐宋文化嬗递中，道教出现的三种不同的发展趋向之一便是“与佛教中的因果轮回思想融汇，与儒学中的伦理纲常结合，突出了道教中的鬼神迷信与宗教伦理成分，以‘善有善报，恶有恶

① （宋）黎靖德编：《朱子语类》卷126，王星贤点校，中华书局1986年版，第3037—3038页。

报'为特点，向民间渗透"[1]。这种融合所表现出来的，其一是许多民间祠神附于寺观或由僧道主持香火，这在宋元方志中有不少相关记载，如《淳熙三山志》中所记龙迹山广施庙乃祈雨祠，"知县吴与以祠逼通衢，属有祷，亟得，乃命僧营葺，基山为殿，即亭之背列斋室，设庖厨"；而同一性质的灵泽庙（旧号五龙），"庙旁有田及莲塘二十余亩，州许蠲租，以僧掌之"，类似的记载不一而足。[2]

其二，是民众乃至士大夫在观念上并不严格区分佛、道及各种民间信仰，宗教信仰间的界限相当模糊。以《夷坚志》所载为例：

> 德安府应城县集仙观，罹兵火之后，堂殿颓圮。乾道初元，南昌法录吴道士自淮南来领观事，用符水治人疾，不择贫富，不受饷谢。或持办施常住，则一切桩籍，专充修造，十年之间，里外一新。县民无不信悦，相率诣之，请为民建黄箓大醮。吴深怖罪福，坚拒弗许。明年再请，乃勉从之。醮中百役，加意检勘，至六年甫就。遍访它郡邑黄冠有道行者十四员，到观清斋沐浴，课诵经文，两月之间，备极诚悫，及入醮筵，七日七夜始罢。夜梦门外男女，且千余人丛立，骤问为何，答曰："我辈皆是死而无主之鬼，闻有大功德，故不惮涉水登山，来听法受戒，冀求超生，解脱苦海。及得到此，但霑斋食钱物，至于经文分俵，不过殆成虚设，不免再来告投，愿为补足欠缺，则受恩不浅。"吴曰："吾数年办集，择道士十四人，六十日看经，各有分定之数，何缘却不足？"又答曰："经卷数固多，奈姓傅姓王两人，元不识

① 参见葛兆光《道教与中国文化》，上海人民出版社 1987 年版，第 251 页。贾二强也说唐宋时期佛教中国化的最突出标志"无过于佛教对民间信仰的渗透和民间信仰对佛教的改造，这种渗透和改造已到如此程度，在民间信仰的层面上，何为本来的佛教，何为固有的信仰都难以区分了"。参见贾二强《唐宋民间信仰》，福建人民出版社 2002 年版，第 286 页。有关儒、释、道以及民间各种秘密宗教和信仰的交互作用与融合，是一个相当大的问题，在本文有限的篇幅内不可能阐述清楚，只是关注这种融合对民众的观念产生了怎样的影响。

② （宋）梁克家：《淳熙三山志》卷 8 "龙迹山广施庙" "灵泽庙"，《宋元方志丛刊》第八册，第 7865 页。

> 字，以致于此。”吴惊愧而觉，忧恼至晓。次日，会众告之，傅王谢起罪，乞以所得施利，纳还库司。吴即时悚然，涕泣如雨，立退处净室，一意焚修，酬答亡者，历岁不辍。其后，傅道士溺死于团丰市水中，王生不知所往。[①]

这则故事中道教打醮祈福，亡魂却来求超度，佛道间的司职似乎混同了。而整个事件中都充斥着福报观，起初是吴道士“深怖罪福”，不愿意接受县民打醮的请求。后来勉强从之，在准备的过程中已经尽心竭力。在证实了“过失”后，“即时悚然，涕泣如雨，立退处净室，一意焚修，酬答亡者，历岁不辍”。故事中王姓和傅姓两个道士因对神不敬，最终遭到了所谓的报应。需要注意的是，这则个案还显示了信仰的感召力是如何建立的：吴道士用符水为人疗疾，不择贫富、不受谢礼；对于民众施舍的财物一概登记封存，专用于修造集仙观。他以技能、慈善以及无私赢得了民众的信赖，扩大了集仙观在当地的影响力和道教在当地的感召力。

又据《夷坚志·陈二妻》故事[②]，农民陈二向佛许愿不还，结果累及家人遭谴。可以推测，故事的讲述者是僧人或者佛教信众，目的是宣扬佛能庇佑众生，但对佛一定要虔敬，否则就会遭到报应。福报观可以说是中国民间社会宗教信仰内容的核心，也是其发挥影响、建立权威的力量源泉。

与福报观相应的是民众信仰的实用主义。这一点，美国学者韩森在其《变迁之神：南宋时期的民间信仰》中将之概括为“为灵是信”[③]。正是对“灵”的功利性追求，民众在观念上并不在意他所崇敬的神祇是佛教系统的、道教系统的抑或是普通祠神，甚至是巫教。然而，“灵”的内涵不仅包括祈祷有应，还应当包含“善有善报，恶

---

① （宋）洪迈：《夷坚志》三志壬卷8《集仙观醮》，何卓点校，中华书局2006年版，第1528—1529页。

② 《夷坚志》支乙卷九《陈二妻》，第860页。

③ 韩森：《变迁之神：南宋时期的民间信仰》，包伟民译，浙江人民出版社1999年版。贾二强也指出民间信仰具有多功利性的特征，“下层民众的求神奉祭，往往并不是真讲信仰，而是出于一个个十分直接的利益诉求”，参见《唐宋民间信仰》，第4页。

有恶报”的赏罚。这样，信仰方能在民众敬畏的心理上建立起权威，它所传达的一些原则、精神才能发挥强大的约束力。

2. 南宋社会民间宗教信仰中的价值规范

一方面，以儒学为治国之本的古代社会，儒家的伦理渗透于国家政治的方方面面。而自《唐律》完成引礼入法的进程后，国家法律中也贯穿着儒学“礼”的精神和规定。另一方面，在儒、释、道的融通中，儒家的纲常伦理也渗透于宗教信仰中，披上福报、轮回、天罚等外衣向民众宣扬。其中最重要的价值观就是孝道。中国民众孝道观念的根植，固然有儒学驯化之功，但若从后世返观，更主要的恐怕还是通过宗教信仰的渗透而深植于思想意识中。《夷坚志·陈十四父子》故事载：

> 赣州兴国县村民陈十四，事母极不孝，尝因邻人忿争，密与妻谋，牵其母使出斗。母久病瞽，且老，不能堪，捽拽颠仆至于死。遂告于县，诬云：“为邻所殴杀。”里巷及其妹共证为不然。县执陈系狱，未及正刑而毙，时乾道六年也。后三年，陈妻度溪视女，遭震雷，击死于水中。厥子闻之，奔至溪旁，采长藤入水缠母尸，挽而上之。岸上人劝以身负，不肯听。雷复震一声，亦击死，其家遂绝。①

故事的讲述人是知县穆淮。陈十四策划并牵其母出斗的行为客观上导致其母死亡，属于“恶逆”② 重罪。然而，未及正刑，陈十四已死。在法律惩处的可能性已然失去的时候，宗教信仰的“规范”力量适时发挥了作用：三年后陈妻及其子意外遭雷击都被视为不孝的天罚，其家绝嗣亦被视为不孝的报应。《夷坚志》中此类例子比比皆是，

---

① 《夷坚志》丁志卷12《陈十四父子》，第638页。

② 《唐律疏议》卷1《名例·十恶》四曰恶逆，“谓殴及谋杀祖父母、父母，杀伯叔父母、姑、兄姊、外祖父母、夫、夫之祖父母、父母”，刘俊文点校，中华书局1983年版，第8页。

此不赘举。[①] 在“杜三不孝”故事中，没有神力作用，完全是杜三酒醉误食砒霜硫黄而死，但洪迈仍将这一意外事件收入其书内，评曰：“其不孝之报欤?”[②] 可见，在一般士大夫观念中亦存在着不孝必遭天谴的“信仰规范”。

不孝可能引发天谴或遭报应。相反，因为行孝也可避免惩罚，如《吴二孝感》故事中，[③] 吴二信仰五通神甚虔诚，因此在大难临头时，得五通神通风报信。并且，吴二遭天罚是因宿恶累积，却因孝道感动天帝而最终免予受罚，故事将孝的福报夸大到了极致。类似例子还有衢人李五郎[④]、盐官县（今隶浙江嘉兴）张氏[⑤]。“丰城孝妇”则讲述了夫妇两人孝与不孝的不同遭遇，遗弃母亲的农夫为虎所食，而孝妇得银一笏。[⑥] 在同一事件中对孝与不孝行为的赏罚对比，无疑使故事更加具有渲染力和说服力。

除孝道这一主题外，《夷坚志》中的志怪故事还宣扬了“勿为恶害人”[⑦]“诚信守约”[⑧]“欠债当还”[⑨] 等价值信条。其中，“古田民得遗宝”中的村民，以巫蛊施毒与人，累年害人不少并由此致富发家，后为被毒者所告，因遇赦而与其子均被流配，其子死于流配途中。巫蛊害人不仅要受法律制裁，在信仰的讲述中也要遭到报应。这些信条也如孝道信条一样，由正面的鼓励与反面的惩罚建立起来。

民间宗教信仰所传达的信条中，有些直接为法律所规定，如孝道、禁巫蛊害人，而有些则与法律的精神相吻合。这些信条具有显著的道德性特点，对民众的约束力是通过正面的奖赏、庇佑和反面的惩

---

① 如鄱阳孝诚乡民王三十不孝震死，见《夷坚志》甲志卷8《不孝震死》，第71页；兴国军民熊二不孝而遭天谴，且背书朱字“不孝之子”，支甲卷3《熊二不孝》，第733页；洪州崇真坊民杜三不孝，乙志卷7《杜三不孝》，第242页。

② 《夷坚志》乙志卷7《杜三不孝》，第242页。

③ 《夷坚志》丁志卷16《吴二孝感》，第667—668页。

④ 《夷坚志》支癸卷2《李五郎》，第1233页。

⑤ 《夷坚志》甲志卷20《盐官孝妇》，第180页；《咸淳临安志》卷92，绍兴二十九年条亦载，《宋元方志丛刊》第4册，第4201页。

⑥ 《夷坚志》丁志卷11《丰城孝妇》，第627—628页。

⑦ 《夷坚志》支癸卷7《古田民得遗宝》，第1275页。

⑧ 《夷坚志》支癸卷6《舒七不偿酒》，第1268页。

⑨ 《夷坚志》甲志卷7《张屠父》，第56页。

罚、报应来实现的。与法律规定的强制力不同，这种约束力建立在民众的敬畏心理之上。但这并不表示，南宋社会民众在宗教信仰的统摄与引导下具有宽宏、容忍的胸怀和较高的德性。宗教信仰中的信条并没有理想化地被民众奉行，不论是从《清明集》还是从《夷坚志》中，我们看到的争竞之心与恶行并不少见。文本作者带有价值倾向的书写、编辑固然是一个因素，我以为更根本的原因还在于：在激荡的时代与社会环境中，民众固有的对宗教信仰功利性的态度被放大，一方面他们虔诚地侍神以趋利避害，另一方面在面对利益时也不轻易退让。如前引《夷坚志·陈二妻》故事中的金华农民陈二，在佛前许《孔雀明王经》求护佑其妻顺利生产，久不还愿，待遭神警示后，其妻仍以家贫不愿履行，且以“佛亦不应屑屑与吾较”为辞。① 也正是基于这一点，福报故事不仅在民间广为传说，而且能入儒学士大夫之眼，被记录下来，编辑成书。因为一旦成书，原本具有个案性质、地域特色的福报故事便具有了普遍意义，流传更广，影响更大，成为讽劝社会的“劝世书”。

二　法律在民众心理层面的形象与影响

美国学者伯尔曼在其名著《法律与宗教》一书中有一句著名的论断：“法律必须被信仰，否则它将形同虚设。”② 他要表达的是法律在人心层面上的统摄力及其所达到的效果之间的关系。虽然中西文明有着不同的结构及文化心理，但此一论断对于我们思考中国古代的法律文化以及法律现象仍具有指示意义。具体到南宋社会而言，当民众面

① 《夷坚志》支乙卷 9《陈二妻》，第 860 页。

② 哈罗德·J. 伯尔曼：《法律与宗教》，中国政法大学出版社 2003 年版，第 3 页。对“法律必须被信仰，否则它将形同虚设”（“Law has to be believe in，or it will not work”）这一命题，有学者已提出不同看法，认为存在翻译过程中的误解。“believe in”译为“相信”“信赖”“信任”更为贴切。参见张永和《信仰与权威》，法律出版社 2006 年版，第 181—183 页。然而，即使在现代法治社会，法律不能被信仰甚至不应该被信仰（这是张永和的观点），“法律是否能被信任（相信、信赖）”也仍是一个需要被证实应然与实然的问题，遑论在不同于西方沿袭法治传统发展而来的中国。

临纠纷时，能否信赖法律并主动选择司法途径解决争端？进而言之，法律在民众观念层面的形象如何？如果代表国家公权力的法律无法有效发挥其心理统摄作用，那么民众在利益被侵害时还有哪些选择和救济途径？

对这些问题的探索，我们不得不借助于笔记小说。《清明集》虽记录了大量真实的案例，但我们很难从已经经过审判者抽象概括的案件叙述中发现更多的心理层面的细节。而文集中虽包含不少人物传记，但墓志铭（或行状）的主人很少是普通民众，更重要的是这种文体都有一定的书写模式，同样不利于问题的探究。笔记小说虽有荒诞不经的部分，但亦有部分事实存在，且对于现实生活的细节多有生动的反映。《夷坚志》中有一则描摹民众心理非常生动的故事。商人王兰兴贩途中卒于村店，“主人见箧中之物甚富，与妻议，欲报官而输之。妻初以为然，既而言曰：‘官府未必公道，万一翻谓有隐匿，以我为谋，必受刑责。且此人更无骨肉证明，置我于狱，何时得出？今此孤身，神鬼不知，殆天赐我也！盍若隐之，可免祸’”[①]。从材料来看，不可否认店主夫妻隐匿客人遗产乃出于贪念，但最终导致该决定形成的却是对官府的不信任。这则故事非常具有典型性，将普通民众贪婪以及怕事的一面表现得非常充分，这应该是当时大部分细民的真实写照。

在普通民众眼里，官府所含纳的机构（衙门、公堂）和官员就是法律的象征和代表，并不存在明确的界限。这种人治模式使得民众将对公理和正义的期望完全寄托于官员身上，从广为流传并有众多版本的包公故事便可了然。被誉为“青天”的包公不过是一名循吏，他所做的只是尽可能查明案件真相，然后依据法律、参酌人情做出判决。对民众来说，法的良善与否是其次，重要的是官员在判案中能否公正无枉。同样，对“青天”的赞颂实际上是一种期待，表明了民众对官府信任的薄弱。这种不信任应该是长期经验累积的结果。元陶宗仪记福州（今福建福州）郑清之府风清堂石阶上有卧尸迹，“天阴雨时，迹尤显。盖其当宋季，以暮年登科，未几，拜相，至今闾巷表之曰

---

① 《夷坚志》补卷6《王兰玉童》，第1604—1605页。

‘耆德魁辅之坊’。郑显时，侵渔百姓，至夺其屋庐以广居宅，有被逼抑者，遂自杀于此。……若清风堂者，不过冤抑之志不伸，以决绝于一时耳。亦何为而然哉？岂幽愤所积结致是耶？”① 类似于此，以权压人谋夺私利的例子古今之间不可遍举。所以说，当法律遭遇权力，两相较量之下，法律往往是完败的一方。那些不畏强权，敢于坚持正义和法律的官员被民众赞誉、挽留甚至立生祠，他们的形象留于史书，正说明其难能可贵。因此，基于人治模式的古代官民关系是以不信任为基调的。而这种不信任因为官员与法律在民众眼中的同一性而被自然而然地投射到法律上来。

官员的昏聩腐败、胥吏舞文弄法固然是法律得不到信任的主要原因，亦有法制衰废的影响。宋初以来，逐渐形成了一套较为完备的检验制度②，然因循日久不能有效贯彻，到南宋时名存而实亡。郑兴裔在《请行检验法疏》中说：

> 窃谓立法之利民者，莫如检验一策。臣历按福建、浙东，逮今涖任浙西，每见诸州县积玩成风，检验之法无复存者，惟是任胥吏纳贿赂，出入律令。议事不原于法意，论刑不本于人情，执文以致罪，顺旨以成狱。断案前后，移易谳决，多不以实。茕茕小民扼于贪污官吏，真情未由上达，以故冤抑不得伸而无辜者时受枉法之累。③

检验是查明案情据以定罪断刑的基础。检验如不能很好地实施，就给官吏枉法以可乘之机。是故，郑兴裔制定了新的检验格目，进一步规范检验制度，通过填补制度漏洞的方法降低法律被舞弄的概率。④

有些情况下，即使官吏清正依法办案，仍有无法查明案件真实的

---

① （元）陶宗仪：《南村辍耕录》卷5《清风堂尸迹》，武克忠、尹贵友点校，齐鲁书社2007年版，第69—70页。

② 参见吕志兴《宋代法制特点研究》，四川大学出版社2001年版，第299—307页。

③ （宋）郑兴裔：《郑忠肃奏议遗集》卷上《请行检验法疏》，景印《文渊阁四库全书》第1140册，第200页。

④ （清）徐松辑：《宋会要辑稿》刑法六之五，中华书局1957年影印本，第6696页。

情况发生，这是证据技术不发达所导致。技术进步亦是一个代际积累的过程，今日犹有因证据错误而导致的冤案，古代这一情形可能更多。文学史上著名的《窦娥冤》故事，其实就是证据技术不发达所导致的悲剧。[1]《夷坚志》中亦有类似案例：

抚州民陈泰，以贩布起家。每岁辄出捐本钱，贷崇仁、乐安、全溪诸债户，达于吉之属邑，各有驵主其事。至六月，自往敛索，率暮秋乃归，如是久矣。淳熙五年，独迟迟而来，尽十月不反。妻颇以为念，夜梦其披发流血告曰："我此行不幸，到乐安曾家，为所戕杀，盍亟为我雪此冤！"旦与人言，皆曰："心疑生妄，勿信也。"次夕，梦如初，遂诉于郡太守王晓浚明。谓事干刑名，怪其评梦申理，扶之出。还家啜泣，夜闻户外剥剥弹指声。祝之曰："吾夫有灵，此声当入室。"俄顷，撼床枕不已，妻悲怖。翌日，再诣公庭哀祈，且拜且泣，守恻然，为下其事县宰张公茂老，悉集诸驵验究。有曾小六者在数中，白宰言："举室受陈氏恩，未可报，那敢作此大恶？既以某日离某家去矣。"张无以诘。后五日，里正报："严陁村道侧有卧尸。"牒尉检视，曾以甲首往会，曰："非也。"又五日，或与曾素仇，告其实杀陈泰，埋于舍后竹林中。于是捕送狱，才鞫问，即承伏云……[2]

现代证据技术可以通过现场指纹、痕迹、血迹 DNA 来找到真凶。而在上引故事中，如果不是后来有"人证"论告，则此案仍不得破。若进一步分析，案件得以发现是依靠陈泰托梦。在一般人的经验中，这是相当不可信的，所以当其妻和人说起时，大家都认为是心疑生妄，不可信；当陈妻向州府提出诉讼时，郡太守亦以凭梦申诉、无切

① 苏力先生对此有精彩的分析，详见苏力《法律与文学》第三章《窦娥的悲剧》，生活·读书·新知三联书店 2006 年版。

② 《夷坚志》支癸卷 5《陈泰冤梦》，第 1254 页。

实证据而拒绝受理。在案件调查的过程中，杀人者曾小六先是矢口否认，也是因为没有物证、人证，县宰“无以诘”；当发现尸体进行勘验时，由于曾小六充当了勘验人员（没有实行回避制度也是问题之一）而再次掩饰了罪行。最终的告发者其实也是有问题的。从前后文来看，告发者并不清楚地掌握曾小留杀人的实情（他指尸体埋于舍后竹林，而尸体实际发现地点为村道旁），最初只是因宿仇诬告，只不过因曾小六在鞫问中很快供认了犯罪事实最终才使案件“得破”。

通过以上分析，我们完全可以做出这样的推断：如果没有最初的神异（托梦）和后来的巧合，这起杀人案只能以陈泰无故失踪不了了之。在证据技术不发达的时代，即使官员清强能干都难免会产生错案、冤案，何况大部分属于平庸之辈。在这样的情况下，民众不会理智地分析，只会归咎于法律和官吏，从而产生和累积对官府、法律的不信任。

人为因素、制度漏洞和技术手段落后，共同造成了法律的“悲剧”和“无能”。而其中人为因素为主且往往掩盖其他两者，致使民众产生对法律不信任的心理。无论具体情况是怎样的，民众只会感到有冤亦无处（或无法）申诉，由此便产生了特殊的“应对机制”，集中表现为通过编造冥判、报应故事及发出诅咒，以对在现实中通过“公”“私”（尤其是“公”的）途径都无法维护的利益以及受挫的心理进行一种特殊救济。

其一，编造冥判故事。《夷坚志》中此类故事很多，例如：

> 明州人夏主簿，与富民林氏共买扑官酒坊，它店从而沽拍，各随数多寡，偿认其课。历年久，林负夏钱二千缗，督不可得，诉于州。吏受贿，转其辞，翻以为夏主簿所欠。林先令干者八人，换易簿籍，以为道地。夏抑屈不获伸，遭囚系掠治，因得疾。郡有刘元八郎者，素倜傥尚气，为之不平，宣言于众曰：“吾乡有此等冤抑事，夏主簿陈理酒钱，却困坐囹圄，何用州县为哉？恨不使之指我为证，我自能畅述情由，必使彼人受杖。”八人者浸浸闻其语，惧彰泄为害，推两人饶口舌者隔手邀刘，与饮于旗亭，摘语兹狱曰：“八

郎何管他人闲事，且吃酒。”酒罢，袖出官券二百千畀之，曰：“知八郎家贫，漫以为助。”刘大怒骂曰：“尔辈起不义之心，与不义之狱，今又以不义之财污我。我宁饿死，不受汝一钱饵也。此段曲直虚实，定非阳间可了。使阴间无官司则已，若有之，渠须有理雪处。”呼问酒家人：“今日所费若干？”曰：“为钱千八百。”刘曰：“三人共饮，我当六百。”遽解衣质钱付之。已而夏病棘，出狱而死。临命戒其子曰：“我抱冤以殁。凡向来扑坊公帖并诸人负课契约，尽可纳棺中，将力诉于地狱。”才一月，八人相继暴亡。又一月，刘在家忽觉头涔涔颤眩，谓其妻曰：“眼前境界不好，必是夏主簿公事发，要我供证，势必死。然料平生无他恶业，恐得反生，幸勿亟敛，以三日为期，过期则一切由汝。”是日晚果死。越两宿，矍然起坐曰：“比为两个公吏追去，行百里，乃抵官府。遇绿袍官人从廊下房中出，视之，则夏主簿也。再三相谢曰：‘烦劳八郎来，此处文书都了，只要略证明，切莫忧恼。’续见八人者，共着一连枷，长丈五六尺，而钻八窍以受首。俄报王坐殿，吏引造庭下。王曰：‘夏家事不须说，但楼上吃酒一节分明白我。’我供曰：‘是两人见招，饮酒五杯，买羹三味，与官会二百道，不曾敢接。’王顾左右叹曰：‘世上却有如此好人，真是可重。须议所以酬奖，试检他寿算。’一吏走出，须臾而至曰：‘合七十九岁。’王曰：‘穷人不受钱，岂可不赏？与增一纪之寿。’敕元追者且引看地狱了却来。既见，大抵类人间而被囚禁者，皆本郡城内及属县人。有荷枷絣缚者，有讯决刑杖者，望我来，各各悲泣。更相道姓氏居止，属我还世日，为报本家。或云欠谁家钱，或云欠谁家租，或云借谁家物，或云妄赖人田产。皆令妻儿骨肉，方便偿还，以减冥罪。它或乞钱财，或求功课，我不忍注目而退，犹闻咨嗟叹羡不已。再到殿前，王曰：‘汝既见了，反生时一一说与世人，教知有阴司。’我拜谢辞去。既出门，送吏需钱，拒不与。诟曰：‘两三日服事你，如何略不陈谢，且与我十万贯。’又拒之曰：‘我自无饭

> 吃，那得闲钱。’吏遂捽脱顶髻，推仆地，于是获苏甦。”摸其头已秃，而一髻乃在枕畔。济南王夷县尉，时居四明，亲见其说如此。淳熙中，刘年过八十而病。王往省问，甚忧之。刘曰：“县尉不必虑，吾未死。”后果无恙，盖屈指冥王所增之数也。至九十一岁乃卒。王今为饶州理掾。[①]（文中着重号为笔者所加）

这则故事中，夏主簿的冤屈固然因胥吏受贿偏私而致，而因簿籍被换易，其官司难胜亦在意料之中。对于此难申之冤抑（“此段曲直虚实，定非阳间可了”），只有靠阴司冥判解决了。从文中看，夏主簿本人对阴司的存在确信不疑，而且相信自己的冤屈一定可以伸张。这则故事的劝世意义在于冥王的话语“汝既见了，反生时一一说与世人，教知有阴司”。不过，值得玩味的是，阴司公吏亦向人索贿。由冥司审判平复冤抑的类似故事还有“陈李冤对”[②]“毛烈阴狱”[③]“郁老侵地”[④]。

阴司冥判观念与东岳信仰有关。[⑤]“毛烈阴狱”中，陈祈冤抑在人间官府不得直，有神梦告曰“此非吾所能办，盍往祷东岳行宫，当如汝请”。又有《孔都》故事：

> 饶州狱卒孔都，素与酒家妇人游。一日过其门，用他故争阋，郡牙校夏生适见之。明晨，妇人诉于郡，夏生颇左右之。孔受杖，心衔其事。后数日出，至永平监之东，欲买酒，而夏生又先在彼，望见孔入，从后户佚去。孔径回，抵赡军库，以私酝告官。官亟追卖酒人，并比邻送狱。狱成，酿者坐徒刑，且籍产拆屋，四邻皆均赏钱。夏生亦被罪。酿者当出赏百余千，无以偿，至于鬻其女。不胜怨，率邻人共

① 《夷坚志》支戊卷5《刘元八郎》，第1086—1088页。

② 《夷坚志》支乙卷8《陈李冤对》，第854。

③ 《夷坚志》甲志卷19《毛烈阴狱》，第168页。

④ 《夷坚志》甲志卷16《郁老侵地》，第137页。

⑤ 泰山神信仰的流变可参考贾二强《唐宋民间信仰》，第13—39页。

诣东岳行宫，具诉孔夏私隙迁怒破其家，祈神为主。（文中着重号为笔者所加）

东岳神似乎相当灵验，后孔溺死于淡津湖。“盖孔挟一时之忿，致诸家扰坏如此，故神殛之云。”[①] 受冤民众通过冥判、神报得到心理上的补偿。

其二，编造报应。同样见于《夷坚志》的众多记述中，如：

宣城水阳镇，宗室寓居者四十余人。师恭、师珏者，从兄弟也。其庐在空相寺侧，相距数百步。淳熙中，两人同殴杀一僧，恭以计脱，独珏任其事，坐锁闭泉南外宗司，用己酉霈恩得自便。其父伯冷为平江府将领，珏留家治母墓，尝抵暮还舍，闻门外有呼赵三者，连声甚厉，恐，避入室，族姻数辈在彼亦闻之。明日，再往墓次，误蹴伐下一木遭压。扶以归，得疾，痛楚不能兴，遂死，时绍熙壬子秋也。众知为僧冤报，而师恭自以向来免祸，姓名不经案牍，了无所惧。至癸丑之秋，因讼事逮赴府，舟楫已具，戒使先解缆待于前步。少顷独行就舟，人讶久弗至，其家望溪畔亦未见举棹，然皆不疑有他故。有两行客过官道，怪其痴立于草间，撼之再四，始应曰：“恰为三哥邀去饮酒一杯，颇觉昏醉。”两客噀其面曰：“渠死已一年，汝定见鬼。”方悚悟。即诣寺命僧设供席礼忏竟夜，冀消宿愆，不旬日亦卒。[②]

这则报应故事的主角是僧人和宗室。因为宗室的特殊身份，犯罪的两人并未得到应有之惩罚，僧所负冤抑，便只能借报应来解决。在“陈李冤对”故事中，陈李争讼，李生挟势力归曲于陈翁，致陈冤死狱中，故事最终，李亦系狱，“旋亦死焉，乃昔岁陈翁绝命处也”[③]，也体现了报应观念。报应故事揭露的是法律惩恶的疏漏，所要传达的

---

① 以上均见《夷坚志》丁志卷14《孔都》，第656—657页。
② 《夷坚志》支乙卷8《水阳二赵》，第853—854页。
③ 《夷坚志》支乙卷8《陈李冤对》，第854页。

是“天网恢恢，疏而不漏”这样一种理念，而它的主要社会价值功用在于戒恶，所谓“为恶必遭报”。

其三，诅咒。诅咒是对他人的过错、邪恶等行为设定报应。[①] 以《夷坚志》中《丘秀才》故事为例：

> 抚州民张生，以财雄乡闾，讼辄得胜。所居兹龟岭，其田与艾氏邻，当岁旱，陂塘涸，攘艾水以溉灌，因致争，殴伤艾仆。交诉于郡县，累岁不得直。一漕使至，艾往披诉，乞以事付清强官，且与张共约，立罪赏讫，以今所定为据，无问是否，彼此勿得再言。漕委宜黄丞，邑士丘秀才善于丞，受艾饵往祷。丞先入吏语，置不领略，丘陈情以告曰："此无累君德，而吾所白理正如是。愿君平心处之，使滞屈获伸，吾亦可以少霑补助，于计为两得。"丞为之感动，如其请。裁决以报，张氏三仆逮系狱，姓李者病死，二受杖。张愤甚，而不可复竞，唯岁设僧供具，列其事，若诅咒然。淳熙丁未，张竟怏怏以终。丘秀才就馆于乡豪，正对主人坐，忽瞢腾如分辨状，久之始言："吾且死矣。适被吏追我至一王者居，见张老及李仆索命。吏称旧名唤吾前，吾拱曰：'自名为某，与所指不同，可证其妄。'王令讯张、李，叫呼曰：'果此人不谬。'吾执前说，仍引去年秋试中待补生为验，言未已，一吏负大簿前，题曰《丙午年诸州军待补簿》，检视至抚州，有今姓名。张、李曰：'汝断送我命，何得以改名故辄欺冥王。'王使释两人，而引吾听判语，吏读示云：'本界土地契勘，限十五日到。'吾揖退，遂得苏。"因念虽以计获宽，度必不免，求解馆归诀妻孥。主人强留之，然觉其气息奄奄。迨十四日始归，未到家而卒。[②]（文中着重号为笔者所加）

① 参见张永和《信仰与权威》，法律出版社 2006 年版，第 18—21 页。

② 《夷坚志》支景卷9《丘秀才》，第 955—956 页。

客观地说，在张、艾纠纷中，张生是过错方。因张财雄擅讼，艾虽交诉而累岁不得直，无奈之下贿托丘秀才左右诉讼。如果审判是公正的，将张氏三仆系狱、杖刑并无不妥。但因判决的结果是基于贿赂请托而成，张自然不能心服，只因在裁决前与艾达成协议以该次审判为最终依据，所以不得不接受判决。由此可知，冤抑感的产生并不必然以事实上的占理和行为无过错，却遭受了不公正的审判为前提。由于它更强调的是当事人心理上的状态，所以在本案中，张生虽是理亏一方，因对判决过程的公正性不满而产生了冤抑感。既然通过法律手段达到诉求已无望，便只能诉诸鬼神信仰，实施诅咒。又如，在前引"毛烈阴狱"中，"（陈）祈以诬罔受杖，诉于州、于转运使，皆不得直。乃具牲酒诅于社。梦与神遇，告之曰：'此非吾所能办，盍往祷东岳行宫，当如汝请'"①。

在以诅咒方式平复冤抑中，有明确的诅咒人和诅咒对象。诅咒人并不必然是受害人，基于诅咒人的主观冤抑感而实施。南宋社会中，因求助于法律失败而起的诅咒往往与冥判相联系，具有仪式性的特点，诅咒人供具牲酒等诅于社或东岳行宫。这些都反映了诅咒人对"公平正义"的心理诉求。

三 实用理性：纠纷情境中民众的选择机制

在某种程度上说，法律与宗教信仰是对立的。法律鼓励人们寻求公平正义，积极维护自身权利。而宗教信仰引导人们互爱、忍让。南宋社会中并存着"好讼"与民间宗教信仰异常繁盛的局面，该如何解释这看似矛盾的现象？显然不能只顾其一而忽视对方：不能因为争讼多，就推导出在南宋商品经济刺激下民众竞逐利益的结论；同样，也不能因为民间宗教信仰在下层社会的盛行，就得出相反的结论。身处这样的社会中，面对纠纷民众作何选择，既是上述"矛盾"的社会现象所衍生的问题，或许反过来又可帮助我们理解何以这两种现象能够

① 《夷坚志》甲志卷19《毛烈阴狱》，第168页。

共存。

韩森所揭示的中国民众唯“灵”是信的特质或是一种合理的解释。民众在信仰问题上的实用理性也贯穿生活的其他方面。同时，社会的复杂和人的心理的复杂，造成了种种看似矛盾的社会现象，但它们其实并不矛盾，都是复杂社会的一个面向。因此，民众在纠纷情境中的选择可能就不是一个定解，并不局限于前面所分析过的诉讼、调解方式，也不是选择一种方式后就一路走下去。

以例为证。典田纠纷是南宋时期多发的一类案件，《清明集》中载有不少相关案例，可见民众在面临田土利益时的必争之心。《夷坚志》中有一则事例则揭示了面对此种关乎生计利益纠纷时的其他选择。据载：

> 广都人张九，典同姓人田宅。未几，其人欲加质，嘱官侩作断骨契以罔之。明年，又来就卖，乃出先契示之。其人抑塞不得语，徐谓之曰：“愿尔子孙似我。”欲语言而不得，洒泪而去。①

张某（被张九欺罔者）面对纠纷的态度是自认倒霉并发出诅咒。材料并没有透露他是如何做出这一选择的，也没有相关的背景提示（如张九和张某的身份、力量等），但可以稍加推理：他放弃诉讼或因为人忠厚木讷，尤其是不善言辞，诉讼于己不利；或许他为人精明，盘算过若提起诉讼，反而损失更大（胜诉的可能极小而成本却很大）。

在有些情况下，基于外部因素，做出的选择不得不改变。朱熹批评当时官员的止讼方式时说道：

> 今世士大夫惟以苟且逐旋挨去为事，挨得过时且过。上下相咻以勿生事，不要十分分明理会事，且恁鹘突。才理会得分明，便做官不得。有人少负能声，及少经挫抑，却悔其太惺惺了了；一切刓方为圆，且恁随俗苟且，自道是年高见

① 《夷坚志》乙志卷5《张九罔人田》，第223页。

识长进。当官者，大小上下，以不见吏民，不治事为得策，曲直在前，只不理会，庶几民自不来，以此为止讼之道。民有冤抑，无处申诉，只得忍遏。便有讼者，半年周岁不见消息，不得了决，民亦只得休和，居官者遂以为无讼之可听。风俗如此，可畏！可畏！①

可见，即使民众寄望于诉讼，但若官司久拖不决，耐不住烦累和高昂的成本，无奈之下亦不得不退让和解。

纠纷处理的选择无疑是多元化的。就个体而言，身处纠纷时到底做何选择，是个性、信仰、对利益的衡量和外部环境综合作用的结果。就整个社会而言，分明可以看到南宋时期民众对利益的积极诉求与维护，不仅从好讼的一面体现出来，宗教信仰（冥判、报应）对法律的“修正”，既是对“公平正义”的渴求，其中也夹杂着维护利益的诉求。

四　结语

民间纠纷能否迅速、有效地解决关乎地方社会的稳定。而纠纷途径的选择及解决的效果实际反映了社会相关运行机制是否良好的问题。故此，当民众身陷纠纷时会做何选择就是一个很重要的问题。诉讼的成本和选择调解的动因固然影响到纠纷的解决，不能忽视的是选择哪种方式并不只是成本、利益的简单计算就可得出的结论，还有一项重要的可变因素——精神世界的影响，在南宋社会，具体说来就是纷繁复杂的各种民间宗教信仰的影响。

南宋民众的选择可以说是充满着实用理性的。但民间宗教信仰强大的感召力、对民众精神的强大统摄力及所“表达”出来的向世俗权力领域的扩张性，势必会引起当政者的高度警惕。因此，冥判、鬼神报应等雪冤故事的讲述就超越了追寻公平、正义的一般意义，它以凌驾于世俗权力的姿态向后者提出了严峻的挑战。

① 《朱子语类》卷108《论治道》，第2686页。

知道者悖论的推理错误与重构

孙江可

摘　要： 知道者悖论不是严格的逻辑悖论，而是一个逻辑谬误，推理存在漏洞。首先，推理的前提假设是错误的；其次，推理的时间秩序是反常的；最后，推理应用“由假得全”的逻辑规律，这样的推理是不足道的。通过厘清推理的逻辑谬误，可以对这个悖论进行重构，从而得到一个严格的悖论。

关键词： 意外考试疑难　知道　时间秩序

20 世纪 50 年代以来，知道者悖论（The Knower Paradox）一直是悖论研究的核心话题之一。伴随着我国改革开放和逻辑研究的发展，知道者悖论越来越被学界重视。国内外学者大多致力于提出完善的解决悖论方案并已经取得丰硕成果，但对如何构建严格的知道者悖论关注不够。本文以意外考试疑难为例，分析学生的推理中存在的逻辑错误，说明意外考试疑难不是严格的逻辑悖论而是一个逻辑谬误，经过逻辑改造消除谬误后才能得到一个严格的悖论。

一　意外考试疑难

知道者悖论在历史上有很多版本，最早提出知道者悖论的是英国

作者简介：孙江可，西安电子科技大学人文学院哲学系讲师，吉林大学哲学博士，研究方向为分析哲学、逻辑学。

学者奥康纳（D. O'Connor），1948 年，他在著名的 *Mind* 杂志发表了 "Pragmatic Paradoxes" 一文。[1] 此后学者提出许多类似的悖论，故事的主角可以是法官和囚犯、国王和求婚者、老师和学生。① 下面的表述采用最后一个版本——意外考试疑难：

星期天，老师对学生宣称：下周周一到周五的五天内将有且仅有一天举行考试，并且我保证在考试的前一天你们不知道明天是否举行考试。

有一个聪明的学生做如下推理：

（1）考试不可能安排在周五。假设考试安排在周五，则到周四的晚上，我已确知在周一到周四的四天里没有考试，而考试一定安排在周一到周五的五天内，所以我可以肯定周五一定安排考试，即我已经在周四晚知道第二天会有考试，这与老师的保证“在考试的前一天你们不知道明天是否举行考试”相矛盾。所以考试不可能安排在周五。

（2）考试也不可能安排在周四。假设考试安排在周四，则在周三晚上我已确知周一、周二和周三没有安排考试，所以考试只能安排在周四和周五。但是我在（1）中已证明周五不能安排考试，所以考试一定安排在周四。这样我已在周三晚上知道周四一定安排考试，这与老师的保证相矛盾，所以周四不能安排考试。

（3）同理可证，周三、周二和周一也不能安排考试。

（4）综上所述，下周根本不可能安排考试。

此学生对自己的推理非常得意。可是在星期四的早晨他大吃一惊，老师确实在周四安排了考试，而且他在此之前确实不知道周四将安排考试。[2]

在此，我们不得不面临一个尴尬的局面：根据学生推理，意外考试不可能存在，但同时又可以实施。一个不可能存在的考试却被现实地举行了，问题出在哪里？如何解决？

---

① 不同的版本分别被人冠以“刽子手悖论”“求婚者悖论”“意外考试悖论”等名称。

国内外不少学者认为学生的推理在逻辑上严密无误，① 我们面对一个新的悖论：认识论悖论。笔者认为，意外考试疑难并不是一个严格的逻辑悖论，学生的推理存在明显的逻辑漏洞。考试可以举行，就证明学生的推理存在问题。[3]学生事先并不知道周四将安排考试，完全符合考试要求。老师完美地实现对学生的承诺，用事实证明学生的推理是错误的。

学生的推理错在何处？学生的推理是类似"归谬法"的递归推理，推理过程中，推理（1）无疑十分重要。如果推理（1）正确无误，则（2）、（3）、（4）都是正确的。如果承认周五不能举行考试，接下来就不得不承认周一到周四都不能举行考试。反之，如果推理（1）存在漏洞，则接下来的一系列推理都有问题。笔者认为，推理第一步就是错误的，以后的每一步都重复着相同错误；推理（1）没有完全反映学生在周四晚上的真实处境，论证和结论都是片面的；即使学生的推理过程准确无误，推理也是应用了由假得全的逻辑规律，推理的结论却并不唯一，存在众多其他可能，可以安排考试只是其中之一。下文将具体分析推理中存在的逻辑漏洞，证明意外考试疑难是一个逻辑谬误，经过复杂的逻辑改造后才能建立一个货真价实的悖论。

二 "知道"的循环

奎因认为，意外考试疑难并不是一个严格意义上的悖论，而仅仅是一个逻辑谬误，学生的推理第一步就是错误的。[4]因为，如果学生根据推理（1）想当然地认为周五不能举行考试，并对此深信不疑，那么在周五举行考试会让他大吃一惊：老师确实安排了考试，而且他认为周五不能举行考试，所以根本不知道周五将安排考试。

为什么会出现这种情况？推理的漏洞何在？

---

① 例如国内的陈慕泽先生认为学生的推理在逻辑上毫无问题，详见《不可能知道的真理》，《中国人民大学学报》2004 年第 2 期。国外的以 R. Shaw 为代表，Shaw 认为老师的命令存在自我指涉，老师的命令是悖论的根源，学生的推理没有问题。详见"The Paradox of the Unexpected Examination"，*Mind*，Vol. 67，1958，pp. 382 – 384。

或许换一个视角可以把推理的漏洞看清楚。我们把推理（1）的思维过程重塑如下：

对学生来说，

甲：考试要么安排在周五，要么安排在周五之前（周一到周四四天之内）。

乙：如果考试安排在周五，周四晚上学生将会意识到考试安排在周五（因为考试肯定安排在周一到周五五天内，到周四晚上还没有考试，学生肯定会意识到周五将安排考试）。

乙明显与老师的通告矛盾而被排除，考试不能安排在周五，所以必然选择甲，考试只能安排在周一到周四这四天内。

奎因认为，学生此时面临的不仅是上述两种情况，而是四种可能情况。分别是：

Ⅰ：在周一到周四的某一天安排考试；

Ⅱ：考试安排在周五，并且学生事先知道；

Ⅲ：没有安排考试；

Ⅳ：考试安排在周五，学生事先并不知道。[5]

上述四种可能情况，Ⅱ和Ⅲ同老师的通告相矛盾，可以排除，但Ⅰ和Ⅳ可以满足通告，不能被排除。学生的推理只注意到Ⅰ、Ⅱ两种可能性，没有考虑Ⅲ、Ⅳ这两种情况，故而错误地认为排除Ⅱ之后就只剩下Ⅰ，进而否决周五安排考试的可能。相同的错误出现在后续推理的每一步。

为何学生会忽视Ⅲ、Ⅳ的可能性？换个视角或许我们可以看清楚问题的所在。重新审视学生的推理过程：推理（1）证明如果考试安排在周五，周四的晚上学生知道第二天有考试。推理结论包含两部分内容：第一，考试安排在周五；第二，学生知道这一点。推理结论表明，在周四的晚上，学生需要考虑的不仅仅是明天有没有考试，还需要考虑他对此是否知情。这时，学生需要考虑的不仅是有关考试时间的甲乙两种可能，而是综合考量“明天是否安排考试”和“他是否知道”两个因素的四种可能情况，分别是：

A：学生知道周五将安排考试；

B：学生知道周五不安排考试；

C：学生不知道周五将安排考试；

D：学生不知道周五不安排考试。

推理的漏洞一目了然：学生的推理只考虑A的可能性，而忽视另外三种可能性的存在，忽视C的存在，即忽略了“Ⅳ：考试安排在周五，学生没有意识到”这种可能情况。上述四种可能性中，C满足考试要求，周五依然可以安排考试。事实上学生的推理已经否决周五安排考试的可能性，如果考试安排在周五学生不可能事先知道。这符合C描述的情况，周五可以安排考试。所以学生推理的第一步就是错误的，不能排除周五安排考试的可能，考试可以安排在周五。推理（1）是错误的，后续的推理失去了递归基础自然也是错误的。

是什么原因让学生在推理中“天然地”排除掉Ⅳ（C）① 的可能性？奎因认为，学生排除Ⅳ（C）是混淆了“通告可执行”和“知道通告可执行”这两个不同的假设。[6]学生的推理需要两个前提假设：

a. 通告可执行；

b. 我知道通告可执行。

a和b是不同的，假设了a并不等于假设了b。[7]例如祝英台是女的，但是梁山伯最早并不知道这一点。但假设了b也就假设了a，例如梁山伯知道祝英台是女的，祝英台确实是女的。可能有人说万一梁山伯搞错了呢？如果这样的话梁山伯就不是知道祝英台是女的，而是以为祝英台是女的。

合理的归谬推理应该只假设a，然后试图得出相反的结论，否定a。学生的论证同时假设a和b，假设b是不合理的，特别是学生始终不能肯定通告是否可以执行，假设b就更不合理。错误的假设导致学生做出似是而非的推理，所以意外考试疑难并不是严格的逻辑悖论，而仅仅是一个逻辑谬误，取消错误的预设谬误就不复存在。

以上分析说明推理（1）是错误的，错误的推理使得周五可以安排考试，不能排除周五安排考试的可能。同理，由于学生错误地排除周一到周五所有安排考试的可能，老师可以在周一到周五五天里任意安排考试，任何一天安排考试都符合老师的承诺。如果学生的智力仅

---

① C描述的情况和Ⅳ的情况基本相同，二者可被视为同一种可能情况。

限于此，幸福的老师洞悉学生的推理后可以随意安排考试，任何一天考试对学生来说都很意外。但是，如果学生是足够聪明的理性人，接下来发生的事情将十分有趣。下面以周五是否可以安排考试为例，以Si代表学生的思维状态，推理（1）作为推理的起点，学生的推理过程如下：

S1：根据推理（1）得知，周五不能考试；

S2：老师会知道S1，周五将安排考试；

S3：学生知道S2，周五不能考试；

S4：老师会知道S3，周五将安排考试；

S5：学生知道S4，周五不能考试；

S6：老师会知道S5，周五将考试；

……[8]

如果用自然语言表达，推理表述如下：

①根据推理（1），学生认为周五不能安排考试；

②老师知道学生认为周五不能考试，所以周五可以考试；

③学生知道（老师知道“学生认为周五不能考试”，所以周五可以考试），所以周五不能考试；

④老师知道［学生知道（老师知道学生认为周五不能考试，所以周五可以考试），所以周五不能考试］，所以周五可以考试；

⑤学生知道（老师知道（学生知道（老师知道学生认为周五不能考试，所以周五可以考试），所以周五不能考试），所以周五可以考试），所以周五不能考试；

⑥老师知道（学生知道（老师知道（学生知道（老师知道学生认为周五不能考试，所以周五可以考试），所以周五不能考试），所以周五可以考试），所以周五不能考试），所以周五可以考试；

……[9]

如果学生是足够聪明的理性人，他会陷入无休止的猜测网络之中。[10]周五是否可以考试呢？答案只能在可以、不可以之间无穷震荡，学生无论如何无法得到准确的结论。学生无法确定周五是否安排考试，当然就无法排除周五安排考试的可能，进一步证明推理（1）是错误的。

学生的推理网络中，有一个有趣的现象：推理层次差距为 $2n$（$n=0$、1、2、3…）时，结论完全相同。如果跳开推理网络，仅从结论来看，我们无法知道学生是在哪个推理层面上得到的结论。以②和⑥为例，学生都知道考试安排在周五，但②是“老师知道（学生知道（老师知道……）……）……”之后得到的结论，⑥是“老师知道（学生知道（老师知道（学生知道（老师知道……）……）……）……）……”之后得到的结论，②和⑥的思考层次是完全不同的。从结论看，②和⑥都是学生知道考试安排在周五，但两个“知道”的内涵完全不同。在这个无尽的推理网络中，存在无穷个“学生知道……”究竟哪个“知道……”才算是真正知道，如何区分它们，这都需要精确地定义知道的内涵。那么，如何定义知道呢？这是一个意义深远的问题，牵涉大量知道逻辑的内容。限于本文的篇幅和主旨，笔者只提出问题，不再展开讨论。

三　颠倒的时间秩序

推理（1）轻松排除周五安排考试的可能，问题是，如果学生在现实中遭遇推理（1）的情景，他还会像推理（1）一样轻易排除周五考试的可能吗？笔者相信，学生在周四晚上不会像推理（1）一样轻松排除周五安排考试的可能性，很可能会度过一个充满困惑的不眠之夜。

重新审视推理（1），它包含两部分内容：

（i）周一到周四没有考试，周五是考试的唯一选择；

（ii）学生周四晚上知道周五安排考试，这与通告矛盾，所以周五不能安排考试。

学生归谬推理的时间秩序采用倒叙的方式，从周五推及周一。周五不能安排考试，考试可以安排在周一到周四的四天里。推理没有问题，问题是推理中时间可以从周五回溯到周一。现实生活中的人，除了本杰明·巴顿（电影 *The Curious Case of Benjamin Button* 的主人公①）外，正常的时间秩序应该是从周一到周五，没有人可以返老还童，没有人的生命可以时光倒流。如果在现实中遭遇意外考试疑难，考试直到周四还没有举行，周四的晚上，聪明的学生还会坚持认为周五不能安排考试吗？现实的学生应该不会像推理（1）那样肯定周五不能安排考试。周五不安排考试，推理（1）可以在颠倒的时间秩序中把考试时间回溯到周一到周四这四天之中，但在正常的时间秩序中，如果学生已经过完这四天时间并且没有安排考试，我们无法像推理（1）那样回到过去。正常的时间秩序下，学生在周四晚上的推理结果肯定会与推理（1）大不相同，或许这才是周四晚上学生真正知道的东西。

根据推理（1）可知，周五是仅剩的考试时间，老师如果安排考试，周五是唯一的选择。所以，考试必须安排在周五。周四的晚上，学生预知考试安排在周五，如果周五安排考试将与通告矛盾，因此考试又不能安排在周五。周四的晚上，学生推理的结果是周五既可以安排考试又不能安排考试，而不是简单地认为周五不能考试。[11]

根据老师的通告，学生推理认为周五可以考试又不能考试。问题是如果周五安排考试，周四晚上学生知道第二天安排考试，与通告矛盾；如果周五不安排考试，周一到周五都没有安排考试，也与通告矛盾。也就是说，从学生的角度看，无论周五是否安排考试，通告都不可能实现。正常时间秩序下，周四的晚上，聪明的学生会对明天是否安排考试犹豫不决，进而怀疑通告本身是否可以实现。

因此，周四晚上学生推理结果不应是推理（1）：学生知道周五安排考试，因而周五不能举行考试；而应该是对通告本身提出质疑，认为通告不可能实现。② 正常的时间秩序中，尽管学生认为通告不能实现，但周四晚上他仍不知道周五是否安排考试，所以周五依然可以安

---

① *The Curious Case of Benjamin Button*，中文译名《返老还童》，美国电影，由大卫·芬奇导演，布拉德·皮特主演。影片讲述一个人出生时是一个老头儿，几十年后越活越年轻，最终又变成一个婴儿在襁褓中死去这样一个奇异的故事。

② J. M. Chapman，R. J. Butler 认为学生周四晚上的结论应该是或者通告是假的，或者周五安排一场意料之中的考试，笔者认为“周五安排一场意料之中的考试”也会与通告矛盾，证明通告不能实现，所以周四晚上学生的推理结论应该是通告不能实现。

排考试，学生事前也不可能知道，这完全满足通告要求。我们生活在正常的时间秩序之中，在颠倒的时间秩序中推理的结论自然同现实的结论不同，推理（1）似是而非，现实的情况并非如此。颠倒的时间秩序中不可能存在的考试在正常的时间秩序中自然是可能的，不同的时间秩序是二者差距如此之大的深层次原因。

四　假命题蕴含任何命题

上述分析主要说明学生推理的第一步存在问题，递归推理失去了根基也是错误的。但即使第一步推理正确无误，整个推理过程也存在问题，这就是学生推理中存在的第三个问题：推理过程应用了“由假得全”的逻辑规律，这样的推理是不足道的。

为了方便起见，我们把学生的归谬论证重新表述如下：

1. 假设通告是真的；
2. 根据推理（1）　周五不能安排考试；
3. 根据推理（2）　周四不能安排考试；
4. 根据推理（3）　周一、周二、周三都不能安排考试；
5. 根据推理（4）　本周没有考试；
6. 5 与假设矛盾，假设不正确，通告为假。

上述归谬论证表明，通告是假的。根据通告学生推理认为本周没有考试，由于通告是假的，等于说学生从一个假命题推出“本周没有考试”这个结论。推理没有问题，问题是，稍有逻辑常识的人都知道，假命题蕴含任何命题，从假命题出发可以得到任何命题，最著名的例子就是罗素从 2 + 2 = 5 推出罗素是教皇。① 学生的推理也应用了这个逻辑规则。[12] 学生的推理没有问题，但问题是从错误的命题出发，学生既然可以推出考试安排在周五，也可以推出考试不安排在周

① 具体论证如下：（1）假定 2 + 2 = 5；（2）由等式两侧减去 2，得出 2 = 3；（3）易位后得出 3 = 2；（4）由两侧减去 1，得出 2 = 1；（5）因为教皇与罗素是两个人，既然 2 等于 1，教皇与罗素是一个人。因此罗素是教皇。

五，他可以得到任何结论，而不是唯一的结论。[13]学生根据通告推出本周不能安排考试，我们也可以根据通告推出任何一天都可以安排考试。①

或许学生可能这样为自己辩护：老师的通告有错误，错误并非产生于学生的推理过程，而是预先存在于通告之中。Ardon Lyon 认为，老师的通告没有任何确定意思，唯一可以确定的是从头到尾没有保证通告是不矛盾的。通告是错的本身并无太大问题，问题是学生从错误的通告推理下周不能安排考试。[14]学生从错误的前提推理认为下周不能安排考试，老师也可以从中推理得出下周可以考试；学生仅注意通告的一个可能结论而忽视其他可能情况，这才是学生推理的漏洞所在。学生认为下周不能安排考试，实际上不但下周可以安排考试，任何命题都可以从通告中推理得出。不仅学生认为不可能安排的考试是可能的，甚至一切命题都是皆有可能的。

虽然意外考试疑难存在众多逻辑谬误，但修正以后可以得到一个严格的悖论。R. Shaw 指出，知道者悖论中存在着自我指涉。自我指涉虽然没有明确出现在通告中，但老师的承诺“在考试的前一天学生不知道明天是否举行考试”的真实含义是“学生不知道根据我的承诺在考试前一天不知道明天是否举行考试”。这个语句本身出现在老师的承诺中，它的内部涉及老师的承诺，因此存在自我指涉。悖论的根源就是通告的自我指涉。[15] R. Shaw 认为经他修改后的通告具有真正的悖论性质，但 R. 蒙塔古与 D. 卡普兰认为并没有充分的理由支持这一点。[16]但只要对通告稍加改造，一个新型的严格悖论即可建成。也就是说，在原预告中再增加一个“除非”句而形成如下新的预告：

除非学生在周日晚上知道本预告为假，否则下列要求之一将被满足：

（1）考试在周一而不是在周二进行，而且学生在周日晚上不知道基于本预告“考试在周一进行”为真；

---

① 继续学生的推理思路，根据推理（4）命题为真则本周不能安排考试，即周一到周五任何一天安排考试都将导致命题为假，现在已知命题为假，考试可以安排在周一到周五的任何一天。

（2）考试在周二而不是周一进行，而且学生在周一晚上不知道基于本预告“考试在周二进行”为真。[17]

在此基础上，将考试的可能日期的数目缩减至零，将得到一个类似说谎者悖论的结论：学生在周日晚上知道本预告为假，使知道者悖论成为一个真正的逻辑悖论。

上述分析表明，意外考试疑难中，学生的推理至少存在上述三方面的漏洞。根据张建军先生的观点，公认正确的背景知识、严密无误的逻辑推导、可以建立矛盾等价式是构成严格意义的逻辑悖论必不可少的三要素。[18]很明显，意外考试疑难不是一个严格意义的逻辑悖论，只是一个逻辑谬误。虽然逻辑改造之后，可以得到一个严格意义上的逻辑悖论，但我们不能不加区分地认为意外考试疑难就是严格的逻辑悖论。厘清学生推理的漏洞所在，明白悖论的逻辑改造过程，这是研究知道者悖论的基础。没有这种清理地基的工作，后续工作将无法开展，这就是本文的意义所在。

参考文献

[1] D. O'Connor, "Pragmatic Paradoxes", *Mind*, Vol. 57, 1948, pp. 358 – 359.

[2] 李大强：《知道者悖论与“知道”的语义分析》，《自然辩证法通讯》2002 年第 5 期，第 26 页。

[3] Ardon Lyon, "The Prediction Paradox", *Mind*, Vol. 68, 1959, p. 511.

[4] W. V. Quine, "On a So – Called Paradox", *Mind*, Vol. 62, 1953, pp. 65 – 67.

[5] W. V. Quine, "On a So – Called Paradox", *Mind*, Vol. 62, 1953, p. 66.

[6] 同 [5]。

[7] 陈慕泽：《不可能知道的真理》，《中国人民大学学报》2004 年第 2 期。

[8] Jack M. Holtzman, "A Note on Schrodinger's Cat and the Unexpected Hanging Paradox", The British Journal for the Philosophy of Sci-

ence, Vol 39, 1988, p. 398.

[9] 李大强:《绝妙推理》, 北京理工大学出版社 2008 年版, 第 64 页。

[10] 威廉姆·庞德斯通:《推理的迷宫》, 李大强译, 北京理工大学出版社 2005 年版, 第 136 页。

[11] J. M. Chapman, R. J. Butler, "On Quince's 'So - Called Paradox'", *Mind*, Vol. 74, 1965, p. 424.

[12] B. Meltzer, I. J. Good, "Two Forms of the Prediction Paradox", *The British Journal for the Philosophy of Science*, Vol. 16, 1965, p. 50.

[13] James Kiefer, James Ellison, "The Prediction Paradox Again", *Mind*, Vol. 74, 1965, pp. 426 - 427.

[14] Ardon Lyon, "The Prediction Paradox", *Mind*, Vol. 68, 1959, p. 513.

[15] R. Shaw, "The Paradox of the Unexpected Examination", *Mind*, Vol. 67, 1958, pp. 382 - 384.

[16] 张建军:《知道者悖论的提出》,《逻辑与语言学习》1994 年第 1 期。

[17] 张建军:《逻辑悖论研究引论》, 南京大学出版社 2002 年版, 第 202—203 页。

[18] 张建军:《逻辑悖论研究引论》, 南京大学出版社 2002 年版, 第 7 页。

“撤点并校”政策的演变轨迹、双重逻辑及优化机制

张丽珍

摘　要：“撤点并校”政策是由中央提出的一项旨在扩大农村中小学学校规模，优化教育资源配置的教育改革，而地方政府的过度撤并导致中国教育出现“城挤、乡弱、村空”的危局。依时间维度追溯，“撤点并校”政策经历了政策图景确立、决策者注意力改变及制度性摩擦等关键节点，进一步剖析发现，该政策暗含三组主导逻辑，即公平与效率、行政权力与公民权利、公众参与与精英决策，而每组逻辑水平均有程度不一的失衡。因此，需要果断终结地方政府的撤并决策及行为，审慎界定农村教育功能，在此基础上通过与村民广泛协商以确定布局调整方案，并从制度设计上完善绩效评估体系，否则农村教育危局难解。

关键词：“撤点并校”政策　政策图景　制度性摩擦　农村教育功能　政策终结

一　议题的提出

农村中小学布局调整，简称“撤点并校”。“点”即教学点，一

---

*作者简介：张丽珍，西安电子科技大学人文学院政治学系讲师，管理学博士，主要研究方向为政策科学与政府管理。

般是指四年级以下，多设在人口较少的偏远贫困村寨；"校"是指完小，从一年级到五年级或六年级。"撤点并校"要求撤掉教学点将几个学校合并成中心校。此政策乃始于20世纪90年代末推行逾10年的教育改革，其目的在于扩大学校规模，优化教育资源配置。然而政策执行中，过度的学校撤并导致学生上学远、上学贵、上学难，与政策初衷渐行渐远，农村教育出现了"城挤、乡弱、村空"的危局。能否克服此危局，关乎科教兴国战略目标的实现，也关乎新农村建设的效果及社会进步的速率，更关乎千千万万农村家庭及其子女的平等受教育权。十八大报告中明确提出大力促进教育公平，合理配置教育资源，重点向农村、边远、贫困、民族地区倾斜，让每个孩子都能成为有用之才。可见在现阶段，中共中央依据我国社会经济发展现状与教育发展的可能性为教育平等规定了新内容与新形式。

对文献考察发现，学界对"撤点并校"政策的探讨集中在三个方面：一是从价值判断角度分析"撤点并校"政策的负面效果；二是从教育事业角度陈述"撤点并校"政策的教育学意义与误区；三是从国别比较角度介绍美国等国家中小学布局调整现状。整体来讲，当前研究在"撤点并校"政策的历史及效果等方面已达成共识，但缺乏宏大叙事视野及深度探究精神，对政策发展的建构意义不足。本研究从政策科学角度梳理"撤点并校"政策的演变轨迹，挖掘政策制定的深层逻辑并提出优化建议是社会科学回应现实问题的应有之义。

二 "撤点并校"政策的演变轨迹

（一）政策图景的确立："撤点并校"政策的制定

政策图景是指政策在公众和媒体中怎么样理解和讨论，通常与政策信仰和价值观相关，是经验信息和感情要求的混合物。[1]鲍姆·加特纳和琼斯认为政策图景（Policyimages）与政治制度互动的结果将会产生政策变迁，随着科学研究的变化、媒体导向的调整、重大事件的出现，政策图景将会发生转移。政策图景的展示涉及政策价值、内容、过程及具体措施等。政策图景的生成与政策制定相互交织，政策制定者在宣示政策目标及结构的同时，也是在表明政策图景。“撤点并校”政策的制定主体为国务院，推动因素既有经验信息，也受客观情境变迁及政策理念影响。

20 世纪 80 年代中期，中国进行了第一次较大规模的农村中小学布局调整，终结了此前“村村有小学，乡乡有初中”的格局，各级地方政府以农村初、高中为重点，逐年撤并了许多小学及初高中。“普九”期间，国家强调办学网点下移，使农村孩子得以就近入学。进入 21 世纪，随着城镇化加速及计划生育政策的推进，农村适龄生源减少，进城务工子女增多，家长对高质量教育的需求提高，而现有的规模小、质量低、条件差的教育现状难以应对这种新的教育环境变迁。依照均衡发展原则，对过于分散的农村中小学进行布局调整成为新的政策愿望与图景。这与当时我国基本普及九年义务教育和基本扫除青壮年文盲目标初步实现相契合，与改善基础教育总体水平还不高、发展不平衡、一些地方政府对基础教育重视和投入不足的目标相一致。政策制定者在决策过程中是被无穷系列情境拴住的人，还是这一系列情境的产物和创造者及多种技能的实践者。2001 年，《国务院关于基础教育改革与发展的决定》将政策图景转化为政策文本，该文件第 13 条“因地制宜调整农村义务教育学校布局”明确指出“按照小学就近入学、初中相对集中、优化教育资源配置的原则，合理规划和调整学校布局。农村小学和教学点要在方便学生就近入学的前提下适当合并，在交通不便的地区仍需保留必要的教学点，防止因布局调整造成学生辍学”。政策陈述表明政策制定者在追求规模办学、优化教育资源的同时，特别强调因地制宜，分类规划，避免行政“一刀切”式推进对农村教育带来伤害。此规定还明确由县级人民政府对本地农村义务教育负主要责任，做好中小学的规划、布局调整、建设和管理工作。

（二）决策者注意力的改变：“撤点并校”政策的调整

政策的大幅度调整，不是源自偏好的改变，而是注意力的改变。人们对公共政策的注意力有限，政策网络的关注焦点在不同时间不尽相同。当政策反对者力图形成新的政策图景，并吸引新的参与者进入政策网络与政策场域时，将会朝促进政策结构短期内发生重大变迁。

随着农村适龄儿童生源数量日益缩减，"撤点并校"政策在资源集约方面取得一定成效，但中小学寄宿制建设与管理中暴露出一系列问题，为此教育部在2006年下发通知，进一步要求将中小学布局调整纳入地方教育发展规划统筹安排、稳妥实施。"撤点并校"政策实施中衍生的学生上学路途遥远、家庭教育支出增加、政府责任转嫁、教育资源浪费、乡土文化断裂等问题伴随着"校车安全事件"的曝光引起媒体与政府当局的重视与反思。2009年，中央再次强调对农村"撤点并校"应在深入调查研究和广泛听取群众意见的基础上进行。诸多高校及研究机构以田野调查方式对"撤点并校"政策的实施效果进行了追踪研究。2011年在北京举行的21世纪农村教育高峰论坛期间发布的《农村教育布局调整十年评价报告》显示，从2000年到2010年，农村地区每天消失63所小学、30个教学点、3所初中。[2]根据教育部官方数据，从1997年到2010年，农村地区每天消失64所小学，占全国撤并小学的82%（见表1）。

表1　1997—2010年农村小学数与全国小学数变化情况对比

单位：所，%

	1997年	2010年	减少学校数合计	平均每天减少学校数
全国农村小学数	512993	210894	302099	64
全国小学数	628840	257370	371470	78
农村小学校数所占比例	81.5	81.9	81.3	82

资料来源：中华人民共和国教育部官方网站公布数据。

农村中小学的迅猛撤并，上学路途骤然变远，发展寄宿制成为解决上学远的主要措施，但配套生活设施不到位，学生营养状况堪忧，"不同年龄段比走读生身高低3—5厘米"[3]。撤点并校后学生上学距离平均变远4.05公里，交通安全隐患增加；住宿生的平均花费为1157.38元，家庭负担增加。[4]不少家庭进城陪读，加剧了乡村人口结构失衡，也带来亲情断裂、乡村文化凋敝等深层次问题。而合并后的学校，在教师及资源的配置上并未明显改善，学生接受的依然并非优质教育。在媒体及教育研究者等行动主体的影响下，“撤点并校”政策的负面效果逐步显现并引发了行政机构和社会公众的注意力改变和积极反思。

（三）制度性摩擦的僵局：“撤点并校”政策的暂停

条块分割现状下，制度性摩擦既发生在不同政策之间，也出现在政策制定者与实施者之间。“政策制定者并不是非常鲜明的具备身份特征，也不是那样强而有力。政策制定依赖于那些能帮助政策制定者在具体的备选方案中择优的人，依赖于那些执行方案的人，依赖于那些在法律或在实践上共同促使政策出台的人以及同样多地依赖那些（通过施与信任或收回信任的方式）能够培育或抹杀方案成功机会的人。”[5]“撤点并校”政策由国务院制定，实施主体为县级人民政府。国务院关于农村学校布局调整的主要动机是整合教育资源，节约教育经费投入，并强调关注学生受教育的权利及机会。但地方政府出现“选择性执行”，将减少教育运作成本作为直接目标，过度追求教育规模，忽视学生就近入学的基本权利。2010 年到 2011 年，全国各地发生的令人心痛的校车安全事故与“撤点并校”政策直接相关，盲目撤并教训惨痛。中央政府与地方政府之间的制度性摩擦，使得本为教育管理常态的学校布局调整政策目标及价值变形。为全面了解各地贯彻落实农村中小学布局调整情况，2012 年 5 月至 8 月，根据国务院部署，审计署组织全国 1445 个审计机关，对 27 个省所辖 1185 个县 2006 年以来义务教育阶段农村中小学布局调整情况进行了专项审计。调查发现，由于上学路途远及家庭负担加重等原因，实际辍学人数上升幅度较大（主要集中在初中学校），重点核实的 1155 所学校，辍学人数由 2006 年的 3963 人上升到 2011 年的 8352 人，增加了 1.1 倍。[6]2012 年 9 月，国务院办公厅出台《关于规范农村义务教育学校布局调整的意见》，提出“保障适龄儿童少年就近入学是政府的法定责任，严格规范学校撤并程序和行为”，“坚决制止盲目撤并农村义务教育学校”，“在完成农村义务教育学校布局专项规划备案之前，暂停农村义务教育学校撤并”，实施了 10 余年的“撤点并校”政策被叫停。

政策科学领域的间断均衡理论可以解释“撤点并校”政策调整轨

迹并为问题的解决提供参考。间断均衡理论从政策变迁基础、时间、动因、障碍、场域、模式等几个因素进行构建（见表2）。[7]政策效果与政策目标的偏离瓦解了“撤点并校”政策的意义，打破了政策均衡的状态。尤其是2011年最后两个月，江苏徐州丰县首羕镇及甘肃庆阳正宁县榆林子小博士幼儿园重大校车事故，将“撤点并校”政策再次推向舆论的风口浪尖。但问题绝不只是校车安全改善这样简单的技术问题。当问题被描述为技术问题而不是社会问题时，专家可以主导决策过程。当这种政策的伦理、社会或政治因素成为核心内容时，立即就会有相当大范围内的参与因素被考虑在内。舆论媒体、专家学者、知名网友、政府官员、政策企业家等行动主体介入政策讨论与评价中，不断渲染着政策的负面效果。但由于政策垄断、法规制定的程序障碍及碎片化政治体系等原因，重大校车安全事故发生一年后“撤点并校”政策才被叫停。中央层面的政策叫停，为地方政府行为提供规范约束，而地方政府是否真实执行中央意图，则取决于复杂的政治系统设计。“撤点并校”政策的演变轨迹体现出间断与稳定的交替，也体现着多元的政策输出、有限变化及间断式变化。根据间断均衡理论的分析，可以剖析政策变迁的深层逻辑并从变迁场域、动促因素、变迁障碍等方面优化“撤点并校”政策。

表2　　间断均衡理论的特征

变迁基础	政策垄断均衡的扰乱与瓦解
变迁时间	突变或十分短暂的时期，被称为急剧的和突变的
动促因素	利益集团、政治党派、选举官员、立法委员会、危机、战争、新技术、科学
变迁障碍	政治企业家、法院和法规、政策垄断、有限理性、新的公共政策理念的可接受性、碎片化的政治系统
变迁场域	政府管辖区域
分析层次	各层级政府之间
变迁模式	根据鲍姆·加特纳和琼斯研究，以政策基调与政治沟通来衡量，变迁存在间断与稳定的交替；根据其他最新研究，从政策结果来看，属于多元政策输出模式，包括没有变化、有限变化和间断式变化

三 “撤点并校”政策的双重逻辑

（一）效率与公平

观念在社会问题界定过程中引导着政策科学远离了经验条件分析，转而关注后实证主义、社会知识的产生和传播问题、公共价值的正当性问题等。赫胥黎在1983年“传奇小说讲座”（Romanes Lectures）中提道：“就是要保留和改善（与自然状态相对立的）一种有组织的政治形态的人文状态。”这种人文状态是由人的价值滋生的。“撤点并校”政策伴随着工具理性与价值理性，体现在效率与公平两种维度。

随着越来越多进城务工人员眼界的开阔，对城镇教育优势的认同，加之国家对农民工子弟学校的政策扶持，农村学生进城读书，成为一种不可逆转的潮流。农村学校教师素质参差不齐，教育经费紧张也是不争的事实。农村中小学实行“撤点并校”政策主要基于生源数量减少和学校资源匮乏两方面的考虑。通过科学合理调整中小学布局，整合教育资源集中办学，以规模办学、规范办学、科学办学“提高农村办学效益”，撤销合并生源少、效益低的学校是教育政策对效率价值的满足。1999年至2003年，诸多部门密集出台政策文本，将集中规模办学作为促进教育公平与提高教育质量的主要途径，凸显了教育政策的“效率优先”思维。[8]然而，整合农村教育资源、降低生均教育成本、增加校舍单位面积、提高办学资金利用率这些以提高效率为目标的举措却以成本转嫁的方式，增加了农民的财务负担、学生的时间成本和交通安全隐患。况且，过早（10岁以下）地寄宿对亲子关系、家庭教育、人格教育的冲击恐怕也是政策制定者未曾考虑而又不容忽视的政策后果。“撤点并校”政策也强调关注学生受教育的权利及教育机会均等，要求“在方便学生就近入学的前提下”，做到“交通不便地区仍需保留必要的教学点”，适当合并农村学校。在公共治理及政策有效性中，平等是基本取向。但在政策执行过程中，平等、公平、均等等价值被效率目标替代，在中央政府试图追求教育公平的政策下农村教育唯效率目标是从。应然状态下，效率与公平是相互支持、补充和增强的关系，而"撤点并校"政策过多偏向效率，导致公平缺失。

（二）行政权力与公民权利

行政权力是其职责范围内的影响力和支配力，呈现出渗透性、扩张性、强制性等特征。行政权力的使用具有相对独立性并且不断追求独立性的趋势。[9]只要行政机构依然依赖于来自公共领域与政党政治的输入，那么，能够强化选择功能的自我反思就会被禁止。[10]有些地方政府积极执行"撤点并校"，不是为了追求教学质量的提高，而是为了减少办学点缩减政府教育投入。由政府主宰的教育政策，如果只考虑政府利益，而不尊重教育规律和受教育者权益，就会出现撤并过度，甚至强行撤并。

农村教育在国家教育体系中具有基础性与全局性地位，解决农村教育问题单用行政权力主导的城市化思维背离了农村教育实际与以生为本的教育观。农村中小学布局调整并不等于简单的撤并，既包括撤并学校，也包括扩建或者恢复学校，甚至包括重新配置资源，改变学校功能。实践中的布局调整，以行政权力的强制性稀释了布局调整方案的多样性与科学性，用粗浅的"撤并"代替其他可能的调整方案，置农村需要什么学校，农村孩子需要什么教育以及有权利接受什么样的教育于不顾，农村学生就近接受教育、接受优质教育的权利无疑将会受到损伤。宪法及其公共管理的公共性要求保护基本人权与正当利益，不仅强化对自由权的保护，而且要强化对平等权的保护。以保护公民权利，为行政权力划片禁区，重在落实。首先，切实保障权利平等行使；其次，为权利行使提供必要的物质资源；最后，有效防止权利遭受公权力侵害，建立健全救济机制。而"撤点并校"政策对公民权利的保护有点乏力，对行政权力的维护相当给力。

（三）公众参与与精英决策

精英主义认为公民个人在民主体制中的作用是微弱的。"撤点并校"政策的出台听取了专家学者、教育工作者、地方政府官员的意见，一定程度上体现出决策的民主化取向。尽管如此，现实中，政府往往是不可控制的，它们常常抵制学者们就其处理的问题所提出的

"专家"建议。在公共政策的现实世界里，分析的优越性往往屈从于政治的需要，[11]知识精英受制于政治精英。而作为政策一方当事人村民的缺席，表明公众参与不足，精英决策有余。哪些社会成员及组织参与政策制定是由宪法和法律的条文，以及所涉及参与者的权力和知识资源决定的。不同政府部门利益诉求不同，政策主体与政策客体利益诉求不同，他们对同一问题的解释可能是对立的，怎样解决这个问题会影响政策的采用和执行。精英决策呈现出政策垄断特征，即政策制定中最重要的行动者或行动者联盟（多为体制内部的政策研究部门）倾向于组成集中的、封闭的体系，将其他参与者排斥在外，只有这种垄断被新的参与者打破时才可能出现明显的政策变迁。精英在知识、经验、技能等方面比普通公众表现优异，却并不能取代公众作为平等参与人的资格，更不能抹杀公众贡献合理建议的可能。

"撤点并校"政策蕴含的多组双重逻辑本应相互补充，相互支持，但现实中的不当偏倚直接影响政策的合法性与合理性，进而影响政策执行力与政府公信力。因而，根据间断均衡理论以及中国政治生态实况，需要以教育自身发展规律为基础，尊重农村村民的客观真实需要，抓住时机，果断实施政策终结，制定出新的更符合乡村文化传承的布局调整政策。

四 "撤点并校"政策的优化建议

（一）果断的政策终结策略

政策过程涉及一系列随着时间推移而发展的复杂的互动因素。如果问题已经被完全认识到了，那么问题被提出来的方式和形式便是决定者最终解决问题的重要决定因素。从某种程度上讲，议程设置就是从政府角度认识问题的过程。罗斯认为公共政策是由社会团体活动推动的，这是多元主义的标志性特征。但经验证据表明，在许多情况下，政策程序是由政府成员而不是社会团体启动的。[12]

2012 年 11 月 22 日，教育部要求各地暂停"撤点并校"；2013 年福建、河北、湖南、云南等省相继暂停"撤点并校"；2013 年 3 月 9

日，教育部部长袁贵仁再次谈及“撤点并校”要暂缓，并肯定了“撤点并校”政策总体上是好的，但在撤并过程中出现了操之过急的情况，当务之急是要做好规划再来考虑。在没有做好规划之前，暂时停下来。此种政策现象在政策科学中称为“政策终结”，即对过时的、失效的、已完成使命的政策经过评估后采取废止的政策行为。催生“撤点并校”政策终结的诱因颇多，诸如农民负担的增加、校车事故频发、安全隐患增多、大班额的出现与大批师资力量闲置并存，更有甚者，因为孩子年龄小，难以适应学校生活，身心健康受到影响。

在多层级政府系统中，政策变革不仅通过创新、终止或者政策、项目及组织替换的形式发生，而且可以作为政府之间责任和关系转移的结果发生。政府终结某项政策不再承担这部分事务的管理并不表示这部分公共事务就不需要继续管理了，而是需要政府采取新的管理理念与方式。“撤点并校”政策纵向涉及中央到地方多个层面；横向涉及党委、教育主管部门、财政部门、教师、学生及学生家长等利益相关方，实施中可以分批终结，由易到难，由点到面，同时要有新的政策生成为农村中小学布局给予合理有效的指导。

（二）审慎的农村教育功能定位

有些公共问题的解决需求来自社会，有些是政府自主提出来的。“撤点并校”政策的未来亟须政府主导，与政策相关方对农村教育功能定位取得共识。2000 年到 2010 年，广西率先操作集中办学的鹿寨县学校数量减幅 84%，陕西全省小学数量减幅 69.7%，内蒙古全区小学数量减幅 78%。[13] 如此大力度地分散办学向集中办学转变能否承载农村教育的实际需求，“撤点并校”政策是否有重复城市模式、尾随城镇化应试教育之嫌？农村中小学布局调整是否追求以城市教育取代农村教育，以学校进城，学生进城带动家长进城，提高城镇化率为目标？这一系列问题的解答需要厘清农村教育功能。农村教育功能定位决定学校布局调整的思路及策略，关乎农村教育建设成败，关乎中国的可持续发展。

“撤点并校”政策的优化必须跳出政策制定、政策执行与政策环境这些格式化因素，追问乡土教育的本原。回归教育本原，就要以人为本，以乡土为根，以学生与农民自身的需求为出发点，培养勤劳、勇敢、有爱心的学生，兼顾教育的本体化功能与社会化功能，提高学生自由选择的能力。[14]随着农村学校的消失，乡村教师作为“乡间知识分子”传播文化与推崇知识角色的消失，农村活力与生机将一并消失。不同地区也在探索多元化教育生态体系，陶行知先生的“生活即教育”理念变为现实的实验课堂；将农村教育纳入乡村建设，通过与乡村联系起来传承乡村传统美德与文化以延续农村文明被高度认可。教育部门的政策定位与设计，是要在基础教育和义务教育课程框架内城乡同轨还是城乡各有一条轨道？农村教育如何定位解决不了，农村教育就不可能成功。

（三）透明的讨论协商程序

总的来说，所有关于制度的设计方案，在终极的意义上，都是出于解决利益矛盾和利益冲突的目的。[15]“撤点并校”政策同样以政策资源与接受教育为中介架起了政府与农村家庭的桥梁，是节省政策资源，还是保障农村孩子就近入学成了天平的两个砝码。孰轻孰重，能否平衡，对应着双方利益能否平衡。政府作为公共物品提供者，在价值选择与供给方式上都应考虑相对人的合理诉求。农村教育能否走出困境，在“后撤点并校”时代，必须吸取教训，尊重村民意见的表达权，让公众作为政策相关方在决策过程中充分表达意愿，并能实质性影响决策的过程和结果。邀请村民就学生上学路程、寄宿管理、校车接送、学校班额、教育质量等问题进行充分讨论，在协商一致中达成解决方案。要回归“以学生为本”的布局轨道，就要赋予利益相关的全体村民商议权，否则规划布局调整的标准和程序就有失广泛的认同感和公平感。对村民权益的尊重，正是国务院《关于规范农村义务教育学校布局调整的意见》的落脚点，也是政策制定中整合理性决策方法所主张的以公民参与为基石，将不同的事物与物质相互渗透、相互交换，资源共享，经由公众合议形成决策，使政策合法化。[16]教育部基础教育司一司司长介绍，要把保障学生就近入学作为非常重要的前提条件，而且如果撤并学校的数量比较多，要报上一级政府审批，凡是要撤并学校的，必须征求群众意见，特别是农民群众、家长的意见；如果没有这个程序，坚决不允许撤并学校。[17]

（四）合理的绩效评估设计

我们的政治系统是用来约束那些对民众不负责任的权力的运用，而不是用来确保对于国民的负责任的权力的运用。[18]合理的绩效评估制度既有利于约束不负责的使用权力，也能鼓励负责任行为的产生。由于客观条件的复杂多样性，等量资源不可能在不同区域有等量产出，等量努力也不可能有等量政绩效用，所以评价政府绩效必须根据客观条件与可能条件进行对比和综合分析。"撤点并校"过程中，行政强力的介入，以超前规划、一步到位的强制命令，以指标化、政绩赛的方式撤销本来生源很好的学校，或者以撤并农村学校带动人口流向城市，为农村撤点并校政策模式抹上了异样色彩。[19]

"撤点并校"政策能否回归教育的"以孩子为本"，并且影响教育过程，获得良好的教育结果，需要高超的顶层设计。用合理科学的评估引导积极公平的政策效果，要求做到如下几点。首先，严格备案审核制度。各地将农村学校规划布局上报国家教育体制改革领导小组同意备案审核，先备案审核，审核通过才能执行。其次，尊重实际，严格程序。在撤并过程中，必须依据农村实际情况，依据群众需求、学生人数、交通状况，征求村民意见，充分论证，提出后续相关问题的解决预案，获得多数村民同意后才能撤销。审计署发布的对 1185 个县农村中小学布局调整专项审计结果显示，2000 年到 2012 年间，全国小学在校生减幅 23.72%，撤并系数达到 3.44，亦即小学数量减幅超过同期在校生数量减幅的 3 倍，严重背离农村实际。[20]再次，将学生与家长满意与否作为衡量布局调整的核心指标。最后，加强监督。强化人大对政府的监督、上级对下级的监督以及媒体对政府的监督，有利于增强撤点并校政策的公共性。农村学校布局目标和措施不宜用单一经济主义效率思维，而应从必要性、效率性、有效性、代表性、回应性、责任性等方面考虑教育公平与教育质量。

五　结语

20 世纪 90 年代的义务教育工程以巨额财政支出基本实现了"一

村一校”格局，满足了农村孩子就近入学的愿望。但规模小、条件差、师资弱的“麻雀”学校与城镇化过程中农村生源减少、村民要求优质教育、地方财力趋紧的现实之间冲突加剧。基于此，旨在扩大教育规模、优化教育资源配置的“撤点并校”政策应运而生，在实践中却沦为地方政府的政绩竞标赛。“一村一校”曾是地方政府引以为豪的业绩，10 多年后，“撤点并校”政策再度以撤并速度与幅度为不少地方政府争得面子。一项关于国家可持续发展、民族兴旺繁荣、社会和谐文明的农村教育政策，如何摆脱短促命运，真正成为功在当今、利在千秋的大业，不仅需要政策科学的辅佐，也需要教育领域相关者的参与，更需要公权力行使者的责任与智慧。

“撤点并校”政策的演变既是环境变迁的要求，也受政策主体的控制，在公平与效率、行政权力与公民权利、公众参与与精英决策之间进行逻辑博弈。而政策发展依赖这三组主导逻辑的平衡，要求政治决策实现政策辩论规范与经验主义方法的有机统一。根据保罗·迪森（Paul Diesing）的观点，政治决策有三个基本因素：依存于社会复杂性的讨论关系；由参与者的讨论关系和参与态度产生的系列作用；一整套信仰和价值。由此来看，政治决策建立在能够确保规范的接受性，或者能够确保对于各种参与者来说实现共同目的的能力上。[21]

受此启发，“撤点并校”政策要实现行动者共同目的须对四个选项进行组合：一是采取果断的政策终结，废止文本主义执行方式；二是审慎界定农村教育功能，提供符合教育规律与农村建设的制度指南；三是在此过程中，尊重政策客体的利益诉求，以沟通协调影响决策的矛盾性因素，增加各种政策共同体之间相互容忍的能力；四是建构蕴含价值规范的科学合理的绩效评估，作为政策纠偏与政策发展的保障策略，同时用于检测政府承诺与公众愿望的距离，以期促使“撤点并校”政策更富成效，发挥政策改变政治经济和重塑公共问题的能力。基于四项选择的组合，“撤点并校”政策有望解决农村教育“城挤、乡弱、村空”的危局，推进农村教育的复兴。

参考文献

[1] 朱春奎、严敏、陆娇丽：《公共预算决策中的间断均衡模型》，《公共行政》2013 年第 2 期。

[2] 孟繁祝：《中国每小时消失4所农村学校，10年减少一半》,http：//chuzhong. eol. cn/focus_ 9144/20121118/t20121118_ 870496. shtml。

[3] 同 [2]。

[4]《2001年"撤点并校"政策施行，农村小学数量十年少五成》，http：//www. ah. xinhuanet. com/news/2012 -05/21/content_ 25264216. htm。

[5] [英] 杰弗里·维克斯（Geoffrey Vickers)：《判断的艺术——政策制定的研究》，陈恢钦等译，中国青年出版社2004年版。

[6] 瞭望编辑部：《农村中小学布局调整大事记》，《瞭望》2013年第24期。

[7] 同 [1]。

[8] 周大平：《农村学校布局调整的曲与直》，《瞭望》2013年第24期。

[9] 卢子娟：《"把权力关进制度的笼子里"：为什么关？怎么管?》，《中国党政干部论坛》2013年第7期。

[10] [德] 尤尔根、哈贝马斯：《合法化危机》，刘北成、曹卫东译，上海世纪出版集团2009年版。

[11] 胡宁生：《现代公共政策学——公共政策的整体透视》，中央编译出版社2007年版。

[12] 同 [11]。

[13] 同 [8]。

[14] 屈一平：《乡村教育变革之路》，《瞭望》2013年第24期。

[15] [美] 詹姆斯·E．安德森：《公共政策制定》，谢明等译，中国人民大学出版社2009年版。

[16] 朴贞子、李洪霞：《政策制定模型及逻辑框架分析》，《中国行政管理》2009年第6期。

[17]《教育部回应农村中小学数量下降：撤并须征求家长意见》，http：//www. chinanews. com/edu/2012/05 -22/3904851. shtml。

[18] 同 [5]。

[19] 同 [14]。

[20] 同 [8]。

[21] 弗兰克·费希尔：《公共政策评估》，吴爱民、李平等译，中国人民大学出版社2003年版。

论儒家德性涵养的内在性和超越性及其关系

张鹏伟

摘　要： 儒家德性涵养的核心目标在于道德主体的挺立和道德人格的成就。道德主体的挺立即"为仁由己"，"我欲仁，斯仁至矣"的道德担当精神之挺立；道德人格的成就，即以成就圣贤人格为最高追求。道德主体的挺立和道德人格的成就，彰显了儒家德性涵养的内在性和超越性的统一。所谓内在性即以人之所以为人的仁性和善性作为道德修养的内在依据和内在动力；所谓超越性即以至诚无息于穆不已的天命天道作为道德的超越依据和终极支撑。在儒家德性论中，天命即性，性即天命，或者说内在性即超越性，二者是天人合一之道德本体的一体两面。

关键词： 儒家　德性涵养　内在性　超越性

在传统文化复兴的背景下，儒家传统需要进行多面向的展开和创造性转化，然其最根本的核心问题是如何发挥其涵养德性和成就人格的功能。从根本上准确理解和把握儒家德性论的内涵，是传承儒家精神的重中之重。要准确把握儒家德性论的内涵，就必须涉及德性涵养的内在性和超越性及其关系问题。

近现代以来，在中西比较的文化境遇中，现代新儒家以"内在超越"来诠释传统儒家及其精神特质，以与西方哲学的外在超越相区

作者简介：张鹏伟，男，哲学博士，西安电子科技大学人文学院讲师，主要从事中国儒学研究。

别。自此以后，这一提法在海内外学界引起了广泛争论。[①] 争论的焦点主要在于是否承认儒学具有超越性。之所以有学者否认儒学的超越性，主要是“以西解中”的结果，也就是以西方哲学的超越性概念来理解裁断儒学的超越性，以西方哲学超越和内在的二元对立来质疑儒学超越性和内在性的统一。但这样的对比是不相应、不恰当的，因为中西文化各有其不同的思维架构和理论预设，即使是讲同一个问题，也具有不同的方式。西方哲学主客二分的思维模式，主要是就认识论和伦理学层面而言的，西方没有中国式的德性工夫论；中国哲学特别是儒学的义理架构，主要是就价值论和道德实践层面而言的。所以问题的关键并不在于儒学是否具有超越性，而在于儒学具有何种意义上的超越性？又具有何种意义上的内在性？超越性和内在性的统一何以可能？这就涉及中西比较上的视角转换问题。

如果说，以西方哲学为参照，适当地“以西解中”，是中西文化初步接触时代实现中国传统哲学现代转化的无奈之举。那么，在西学东渐一百多年后的今天，我们能否有中国哲学话语主体性的自觉，能否以我为主，努力做到“以中解中”，以避免削足适履之弊，实现对民族文化传统的相应性诠释呢？我们可否换个角度，从儒家德性论本身出发，对超越性和内在性做出符合儒学义理和儒学精神的界定，并对其关系进行阐明？这样，我们的问题就不再是儒学有没有西方意义上的超越性，而是西方哲学有没有儒家德性涵养层面的超越性和内在性了。因此，笔者拟从这一视角出发来探讨这一问题。

一 超越性的界定

对儒学来说，超越性从来就不是一个理论悬设，而是从三代以来天命观的嬗变中，从天的道德化中凸显出来的。天命、天德、天道之天都是义理之天，是人之行为和价值的终极根源，而且与人的“德”

---

① 关于儒学的宗教性和超越性的争论及其观点分歧的讨论，参见郭齐勇先生《中国儒学之精神》，复旦大学出版社 2009 年版，第 242—249 页。

和行为形成了一种相互对应关系。西周以来的敬德、祈天永命的观念，都是将人和天相关联，从人的行为中遥契天的意旨。如“克明峻德”（《尚书·尧典》），“天道福善祸淫”（《尚书·汤诰》），“皇天无亲，惟德是辅”（《尚书·蔡仲之命》），“天视自我民视，天听自我民听”（《尚书·泰誓》），“天矜于民，民之所欲，天必从之”（同上）等。春秋以降，天逐渐人文化，而非人格化。人文化的天、天命、天德不是创世主，却是世界生生不息的主宰力量，是人安身立命之精神根基。儒学的超越性和内在性及其关系，必须从人的道德生活中去体证和把握，从德性涵养中去实现。在超越性和内在性二者当中，学术界对内在性这一概念有比较清晰的认知，基本没有歧见。因此，这里着重对超越性概念的内涵及使用予以明确规定。本文所谈的超越性，不是泛谈儒学的超越性（儒学当然具有超越性），而是在儒家德性论中，德性涵养的超越性及其表现方式。也就是说，本文仅限于在道德实践层面来谈论超越性。在此层面上，超越性有以下几个方面的含义：

1. 本源性

在儒家哲学中，此本源性既具有本体论的含义，也具有宇宙论的含义。从本体论的含义来讲，天和人都有体有用，而且是体用不二的。天德天道是天地生化流行之本体，与天地异质而同在。人的明德是人的生命之本体，是人生之主宰，与人的自然生命异质而同在。从宇宙论的含义讲，天地和人是一体之存在，天德和人之明德，天道和人道是合一的。人之德性源于天之德性，天之所命即人之本性。所以，涵养德性也就是通过道德修养实践，复其天性，全其天功。正如《周易·系辞》所言：“与天地合其德，与日月合其明，与四时合其序，与鬼神合其吉凶”，唯有超越了自身局限之大人，方能与天合一。孟子讲：“形色，天性也。惟圣人可以践形”，圣人能够变化气质，将形色之性充其极。而变化气质，也就是超越其现实气质之偏蔽，提升其气质。

2. 价值理想性

天德、明德的内涵即是仁和诚。《易传》中凸显了天地的生生之德，“天地之大德曰生”，上天生生之德，即仁德；《中庸》强调了天道的“至诚无息”之德，天道博厚、高明、悠久，“不见而章，不慟而变，无为而成”，“其为物不贰，则其生物不测”。天德之仁、天道之诚，乃是化育万物的根本动力。无论是仁德还是诚德，都是人的道德心灵和价值理想对宇宙大化的投射，面对同样的宇宙，只有以仁者之心观之，方可见到仁；以至诚之心观之，方可见到诚。这都是人的德性自觉，是道德主体的彰显，也体现了中华人文精神的特质。因此，德性不是人的现实性，而是代表了人的价值理想性。

3. 终极指向性

天德、明德既是天和人的道德本体，所以也就成了道德修养的终极指向和归宿。道德修养的终极目的，是通过进德修业，崇德广业，切磋琢磨，最后止于至善。从道德境界来说，是达到“以天地万物为一体”[1]15，上下与天地同流，参天地、赞化育之境。当然此种境界，也是一种极致的快乐之境，能够超越世俗之贫富、贵贱、穷达等外在处境对生命的限制，这便是孔颜之乐。孔子之乐即“饭疏食饮水，曲肱而枕之，乐亦在其中矣。不义而富且贵，于我如浮云”（《论语·述而》），颜回之乐即“一箪食，一瓢饮，在陋巷，人不堪其忧，回也不改其乐”（《论语·雍也》）。孔、颜之乐何以能够实现？正在于具有“天生德于予”（《论语·述而》）的超越意识。

4. 修养次第性

超越性的实现，必须在现实人生中通过道德涵养不断提升道德和生命的境界与层次，从人生的过程来说，正如孔子所说“吾十有五而至于学，三十而立，四十而不惑，五十而知天命，六十而耳顺，七十而从心所欲不逾矩”（《论语·为政》）。所谓志于学，并非单纯之知识，而主要是如何做人之学。所谓而立，主要也是指道德人格之独立，到后来的不惑、知天命，已经上升到对人生整体的体证，到耳顺、从心所欲不逾矩，就已经上升到道德自由之境了。孔子对生命过程的揭示，说明了道德修养的次第性；从人格类型上说，孟子讲人格之善信美大圣神，“可欲之谓善，有诸己之谓信，充实之谓美，充实而有光辉之谓大，大而化之之谓圣，圣而不可知之之谓神”（《孟子·尽心下》），从善到信，再到美大圣神，代表了人格气象的不同层次。正是在德性涵养的过程中，才能逐步实现人格气象的不断超越和提升。

二 德性涵养的内在性和超越性及其统一

（一）为仁由己——德性涵养的内在性

1. 德：德，古字为“悳”

《说文·心部》：“悳，外得于人，内得于己也，从直，从心。”德既有直道而行之意，又有身心自得之意。就内得于己而言，得什么呢？得道。孔子曰：“朝闻道，夕死可矣。”（《论语·里仁》）可见“道”对人成德立身具有决定性意义。儒家之道，是天地人三才之道，是天地人运行的常性常则，是天地人运行的常性常则，是礼乐教化的终极依据。道得之于己方谓之德，此德即仁义礼智。孟子曰：“仁义礼智根于心，其生色也睟然，见于面，盎于背，施于四体，四体不言而喻。”（《孟子·尽心上》）仁义礼智真实地植根于内心，方能显现于面背和四体，显现于各人的视听言动、行住坐卧。孔子又曰：“志于道，据于德，依于仁，游于艺。”（《论语·述而》）立志求道，以德为据，以仁为依或以仁为本，游憩于礼乐射御书数六艺之中，这即是涵养德性的过程。道是总体性的，德是道在一人一物一事上之具现，而人之德即仁。

2. 性：性即人之所以为人的本性

此本性之本，不是时间意义上的本来、原来之本。在时间意义上以流溯源式的追寻人性之原初表现，仍然停留于人性的事实层面，这是告子的思路。这种思路无法揭示人的价值性和道德性。人之所以为人的本性，必须从本体层面揭示人性的价值根源和价值追求。因此，人之所以为人的本性，即是人之所以异于禽兽之内在规定性，这也就是孟子所言善性，此善性即人的良知良能和良心本心，发而为恻隐、羞恶、辞让、是非之四端和仁义礼智四德。善性是人的天植灵根，是人内在的道德本性，也是人的教化和德性涵养之所以可能的内在依据。

3. 明德尽性：德性涵养的内在性也就是明德尽性，以德润身，以德养身

德是性之德，明德即是明性，明性方能尽性，《中庸》曰：“唯天

下至诚为能尽其性，能尽其心则能尽人之性，能尽人之性则能尽物之性，能尽物之性则可以赞天地之化育，可以赞天地之化育则可以与天地参矣。”从尽己之性，到尽人之性，再到尽物之性，最后到赞化育、参天地，是一个以德养身的过程。

尽性也就是为仁、行仁。孔子曰：“为仁由己，而由人乎哉?”孔子的“仁”发现了一个内在的道德世界。这里所谓的内在，不是一个事实和场域的概念。不是人己内外之分意义上的内在，也不是与他人社会相封闭的私己场域意义上的内在。内在性是指道德的根源和道德的动力来自一个人的内心、心灵之诚敬。也就是一个人内心真正建立对道德的敬畏、对人之善性的自信自觉，对修身养性的心向往之。因此，内在性并不以个人的独处为前提，如果一个人没有从内心得到道德的动力，没有建立道德的主体，即使独处也是枉然。只要建立了道德的主体，寻找到道德的动力，无论动静，无论内外，都能以德润身，以德养身。这也就能做到程颢所说“无将迎，无内外，动亦定，静亦定”[1]460，独处时则慎独，待人接物则一团和气，无所滞碍。道德涵养必须首先是仁义礼智根于心，然后才有其生色也睟然，才有征于色，发于声，才有见面盎背，施与四体，四体不言而喻。这就是德性如实地呈现，如实地显现。非如此，只将圣贤之言当作一场话说，不能切己自反，则德只是空中楼阁。德固然要知，但更重要的是养。知并不是知识的知，而是身体力行之知，是修养中的知。

（二）乐天知命——德性涵养的超越性

1. 天命（天德天道）与命

儒家思想的发展中，天命观逐渐经历了由宗教到道德的转化。西周时期的天命观，具有宗教神权的意味，是政权合法性的保证。春秋时期，宗教神权的天命观逐渐解体，代之以道德法则的含义，对此，徐复观先生说：“春秋承厉幽时代天、帝权威坠落之余，原有宗教性的天，在人文精神激荡之下，演变而成为道德法则性的天，无复有人格神的性质。”[2]45在孔子的思想中，对天、天命和天道有不同的表述。孔子对天命的表述，一是知天命，二是畏天命。知不是对客观的了解，而是在生命的体悟中去知。其实天命和命是一体之两面，天命默示人当知人生之可欲、可求、可为，即当欲、当求、当为。天命即是性，率性即是道，修道即是教；命昭示人当知人生中之不可欲、不可求、不可为，即不当欲、不当求、不当为。孔子说：“不知命，无以为君子也。”（《论语·尧曰》）无论是天命还是命，都是人的道德意识的觉醒，以及对生命意义和价值的领悟。

天命天道天德，实质上说，是天地之常性，是天地运行的常法、常态，也就是天地精神。人如何知道天地精神呢？天地不言，孔子曰：“天何言哉？四时行焉，百物生焉，天何言哉？”（《论语·阳货》）虽然天地不言，但四时行、百物生可以说即是天地之言。天地之大德，是通过日月之代明、四时之错行来向人间显示的，人必须通过生命的体悟去默识心通天地之精神。因为人本身即是天地中的一员，是最有灵性的生命，所以人能够理解天，做天地之友。因此，这个意义上的超越性，其实是人对天地精神的体认、敬畏、顺应和依从。

天的默示方式跟西方文化中的上帝的言说方式是不一样的，人必须聆听上帝的言说，上帝自然不可能直接言说，必须以先知或基督为中介，必须通过教义言说和宣示才能为人所知，为人所信。所以，在西方，上帝归上帝，世俗归世俗；宗教是宗教，哲学是哲学。在西方文化中，超越的不可能内在，内在的不可能超越，泾渭分明。但在中国文化中，这样的鸿沟和界限是不存在的，中国文化是亦哲学亦宗教，亦超越亦内在的。就儒家来说，更强调超越和内在在现实人生中的统一，即王阳明所说“不离日用常行内，直造先天未画前”[3]872。

2. 乐天知命

天道的超越性必须通过人的德性涵养过程来体现，也就是通过生命的层层提升来实现，即“吾十有五而志于学，三十而立，四十而不惑，五十而知天命，六十而耳顺，七十而从心所欲，不逾矩”的道德涵养过程。孔子对人生过程的经典论述就是人实现自我超越的必由之路。志于学才能立，此学不是理论知识，而是身心性命之学，身体力行之学。《周易·系辞》说：“乐天知命故不忧，安土敦乎仁，故能爱。”乐天即乐天道之至诚无息、为物不二，知命即知天命之于穆不已。乐天知命所以不忧不惑不惧。仁者爱人，仁不离土，安于土方为仁，不忘根本，报本反始，饮水思源之意。乐天即知命，知命即乐天。

（三）天命之谓性——内在性和超越性的统一

1. 天理良知——天人合一的本体论

儒家发展到宋明理学，以天理为道德本体的总称，天理即天命、天德、天道，以上诸称谓皆是从不同角度对道德本体的揭示。在王阳明哲学中，进一步指出良知即天理，天理即良知，彻底地在本体论上将天人打通。在先秦儒学中，天命、天德、天道是从客体方面揭示道德的根源，孔子的仁、孟子的良心本心、良知良能是从人的主体方面揭示道德的根源，前者侧重于表征道德的超越性，后者侧重于表征道德的内在性。但超越性之所以显现，是基于对主体内在生命之体悟，非此则超越性无以实现；而主体性之彰显，是从超越的天命观中透显出的以道自任的担当精神。当然，在先秦儒学中，天人合一的本体论并未建立起来，其理论建构直到宋明理学才得以完成。

2. 践形与践行——天人合一的工夫论

天人合一的本体论是和工夫论密不可分的。儒家德性涵养的工夫可以分为践形和践行两个方面。践形"以'善性'、'慎独'为依据，以'诚意'为动力，要求将内在之'善'与'德'全面地彰显于主体的视听言动和貌相形色之间"[4]36，践形既是将德性人格化的过程，也是将人格德性化的过程，是真正的身心受用，悠游涵泳；践行"以见之于客观的'行'为最高指向，并且也主要是作为主体之'言'与'知'的兑现和落实提出的"[4]36。在二者当中，践行的知和行之间是一种主客观的关系，而践形"主要不是一种主客观关系，而是一种在体与用、本体与现象双向统一基础上纵向立体的内外关系"[4]36。从德性涵养的过程来说，践形和践行是不可分割的，既需要在践形中践行，也需要在践行中践形。前者更侧重内在心性情的顺适条畅，后者更侧重在人伦日用中的笃行实践。

3. 仁者以天地万物为一体——天人合一的境界论

一方面，一己之生命在天地万物之中；另一方面，天地万物在己身之生命中。因此，天地万物跟自己是同源同类的。德性涵养的最高境界即"以天地万物为一体"。当然，在入手处，需要由近及远，层层扩充。孟子说："亲亲而仁民，仁民而爱物。"（《孟子·尽心上》）

这一段话，即表现了爱有差等，这是儒家仁爱的特质，是符合人之常情的。儒家德性强调诚，也就是真实无妄。对亲、民、物虽有爱，但程度深浅不同，此程度深浅绝不是出于私心私意，而是出于人情感之诚、情感之实，这正是天理之分限。如果抹平其中的分限，必不能诚，不诚之爱其实正是人欲（偏而不正，杂而不纯），不是纯粹的自然之爱。张载的“民胞物与”，也是儒家之爱的经典表达。是乾父坤母的宇宙人伦次序之表现，爱之施也是由民及物，层层扩充。因此，儒家修养的终极境界从心灵状态来讲，正如朱子所言，是“私欲尽去，便纯是温和冲粹之气，乃天地生物之心”[5]112。“私欲净尽，天理流行”，其指向和关怀是天下一家、中国一人的境界。

三　儒家德性涵养论的当代意义

一个民族要自立于世界，必须要守护住自己的文化根基和精神血脉。儒家的德性涵养论是我们民族文化传统之瑰宝，是传统文化之核心和精华。在民族文化主体意识觉醒和传统文化复兴的今天，儒家在当代社会的价值和转化固然有很多方面，但其核心始终是修己和成德，也就是要为国人的安身立命提供精神动力和终极关怀。

修己方能成己，成己方能开物成务。无论是社会事业还是制度建设，最根本的担当者仍然是人。人是社会制度的制定者，也是执行者。个人的涵养和德性不仅决定着制度的制定是否合乎人性人情之常、是否能尽人性人情之实，而且决定着制度的执行和运转是否彻底、有效和持久。因此，德性的涵养是每个人分内之事。从信仰的角度看，只有在义理层面透彻理解儒家德性涵养的超越性和内在性及其统一，方能真正建立起道德主体，真正树立对天理良知的敬畏，建立起对天理良知的信仰，真正在日用常行中去存心养性，尽心知性，通过涵养心性、变化气质，不断提升人格操守和道德境界。

参考文献

［1］程颢、程颐：《二程集》，中华书局 1981 年版。
［2］徐复观：《中国人性论史·先秦篇》，上海三联书店 2001 年版。

[3] 王守仁:《王阳明全集》,上海古籍出版社 2011 年版。
[4] 丁为祥:《践形与践行——宋明理学中两种不同的工夫系统》,《中国哲学史》2009 年第 1 期。
[5] 黎靖德:《朱子语类》第 1 册,中华书局 1996 年版。

以道观之与物我齐一

——《庄子·齐物论》平释

陈志伟

摘　要：《庄子·齐物论》是一篇奇文，也是对中国古典哲学产生过重大影响的哲学文献，而这样一篇重要文献，其主旨之难明、结构之难解，尽人皆知。如何从《庄子》文本自身的角度出发，寻绎出一条解释《齐物论》的可能理路，应该是今人必须承担的一项责任。本文希望以《齐物论》的主旨之一齐"物我"出发，通过对文本的细致疏解与合理重构，从逻辑上推演《庄子》哲学所关注的主题之一：消解自我的观念之限阈和情感欲望的宰制与约束，从而实现"以道观之"，达到"道通为一"的精神境界。

关键词：庄子　齐物论　以道观之　物我齐一

《庄子·齐物论》是一篇非常难以理解的奇文。要想真正地理解《齐物论》，我们要将整个《庄子》的文本作为一个整体来把握，注意将某一句话与其前后语境、文本脉络相联系，把这句话放在整个《庄子》的宗旨下解读，特别是此一句话中所出现的术语、词汇、概念，是否在《庄子》其他文脉中也出现过；如果出现过，就需要比较两处语境下这些术语、词汇、概念的含义之异同。只有如此，对这些语句的理解庶几可近之。经典之解读，都应该按照这样的原则来进行，正如柏拉图在《斐德若》中所说，一部好的作品应该是个有机

作者简介：陈志伟，西安电子科技大学人文学院哲学系副教授，哲学博士，研究方向为先秦哲学、古希腊哲学、现象学和中西哲学比较。

体，各部分都相互联系而成为一个整体，每一部分言辞都反映所要论述之灵魂的天性，以使各种天性和谐共处（264b7 – c5，275d4 – 276a7 以及 277b5 – c7）。[①]《庄子》是一部好作品，而且《庄子》中任何单独的一篇，都是非凡之作，《齐物论》更是出类拔萃，所以我们更应该将其看作一个有机体，其内部的词句都是有内在联系的。

《齐物论》不仅在《庄子》中处于核心的地位，是《庄子》内外杂篇相关义理得以发挥的总枢纽和总根据，而且还是其后魏晋玄学、佛学和宋明理学相关哲学问题的总根源，如魏晋玄学的有无之辩、言意之辩以及总体而言的名教与自然之辩等，佛学的空无、动静、物我等概念，宋明理学的体用、理气、心物关系等问题无不与《齐物论》有着极为密切的思想史关联。[②]因此虽然历史上和现当代不少人都对《齐物论》有过诸多阐释，[③]但作为一篇处于中国思想史源头的经典哲学文本，我们有必要一再回望，从中寻找哲学智慧的新的可能道路。

一 《齐物论》题解及“彼我”之对待

古典历史上对《齐物论》主旨的解释主要有两种，其一是齐“物论”，即主张庄子在此篇中要齐的是纷纷纭纭的是非之观点，持此旨者以王夫之为代表，[④]近人钟泰唱和之；[⑤]其二是“齐物”论，即认为庄子要齐的是世间复杂多样的万物，持此旨者人数众多，以宋人为主。今人陈少明在这两种主旨之外，又提出一种新的理解，即齐“物我”，他在认同如上两种主旨均为《齐物论》文本内含之意而不应两

---

① 参见刘小枫编译《柏拉图四书》之《斐德若》，生活·读书·新知三联书店 2015 年版，第 365、393—394、398 页。

② 陈少明：《〈齐物论〉及其影响》，北京大学出版社 2004 年版。

③ 解《齐物论》者，自成一家之言的有郭象、成玄英、吕惠卿、林希夷、王夫之、章太炎、钟泰、陈少明、杨国荣等。

④ 王夫之：《庄子解》，载《船山全书》，岳麓书社 2011 年版，第 93 页。

⑤ 钟泰：《庄子发微》，上海古籍出版社 1988 年版，第 26 页。

相对立或排斥之外，还主张庄子所齐的还有“物我”二者，即从“天地与我并生，而万物与我为一”这句出发得出的一种必然结论。[①]在陈少明看来，《齐物论》的这三种主旨呈一种层层递进的关系，从齐“物论”（齐是非）进而至于齐“万物”，因为“物”是“论”之所以兴起的客观依据，物之不齐则是非难一，万物齐一则是非之论不起；再从齐“万物”进至于齐“物我”，一方面，我原为万物之一物，万物之齐，自然包含其他物与我的齐一，这样齐“万物”就成了齐“物我”的一个前提条件或本体论根据；[②]另一方面，物为客观之存在者，我则为生存着的主体，而无论是齐“物论”，还是齐“万物”，或者齐“物我”，动词“齐”的施动者都是“我”，这使得“我”在诸“齐”中居于一个非常特殊的位置，用海德格尔的术语来说，“我”是一个“此在”，而这个“此在”的独特之处就在于，它是提问者，同时又是对所提问题的应答者，在一问一答的过程之中，存在之意义得以显现。因此，齐“物我”中的“我”其特殊性就在于：这个“我”在施以“齐”的过程之中被“齐”，即施动的主体在施动的过程之中得以消解，从而融入于另一个更高的存在——道——之中，庄子用“吾丧我”以及“心斋”“坐忘”“化”这样的观念来表达这一主旨。由此可见，齐“物我”又成为达到齐“物论”和齐“万物”之目的的唯一方式。

庄子之所以要齐“物我”，根本原因在于他明确意识到物我对待的关系是产生各种“物论”或“是非”的根源。这充分表现在《齐物论》的如下一句话之中，即“非彼无我，非我无所取”，这是《齐物论》在论述了天籁、地籁、人籁以及人的各种心理状态和行为模式之后，突然插入或转入的一句话，很突兀。那么，这句话本身是什么意思？这句话为什么在这个地方出现？它与前文在逻辑上是接续在一起的吗？如果是，其中有什么样的逻辑关系？

“非彼无我，非我无所取”，寥寥九个字，其中包含这么几个关键

---

① 陈少明：《〈齐物论〉及其影响》，北京大学出版社2004年版，前揭，第13—28页。

② 同上书，第71页。

术语："彼""我""取"。而我们还记得就在《齐物论》中南郭子綦刚刚向我们展示了"形如槁木，心如死灰"的"吾丧我"之超越境界，并在解释"天籁"时明确提出"咸其自取怒者其谁"的观点。如果再往下寻找，在《齐物论》的下文里，庄子说："物无非彼，物无非是。自彼则不见，自知则知之。故曰：彼出于是，是亦因彼。彼是方生之说也"以及"是亦彼也，彼亦是也，彼亦一是非，此亦一是非，果且有彼是乎哉？果且无彼是乎哉？彼是莫得其偶，谓之道枢"。所以这九个字所构成的简短语句，其中的关键词汇，在《庄子·齐物论》中都不止一次出现，这就为我们理解这个突兀的句子提供了明确的线索。

首先，我们来看一下前人对这句话及其中术语词汇的疏解。郭象将"彼"字训为"自然"，并把"彼""我"关系看作是相生相成的关系，他说："彼，自然也。自然生我，我自然生。故自然者，即我之自然，岂远之哉！"① 这种解释将"彼""我"之间的相互对待关系完全遮蔽，从《齐物论》上下文脉来看，明显与庄子原意不符。成玄英接受了郭象的这种疏解，并进一步将"彼""我"两者等而同之，在某种程度上甚至完全取消了它们之间的相互对待关系。② 我们注意到，无论是郭象还是成玄英，他们二人都没有将这里的"我"字与《齐物论》前文的"吾丧我"联系起来解读，也没有将此处的"彼"字与《齐物论》后文中的"彼是方生"观念联系起来诠释，笔者认为，这是郭、成二人对此句疏解失败的一个主要原因。

另，林希夷的解释表面上看与郭注成疏不同，但细绎之则相通。他把"彼"字解释为紧接上文的"旦暮得此，其所由以生乎"的"此"，同时又将这个"此"字解释为"造物"，即下文的"真宰"，因此也就是郭象所说之"自然"。③ 在这一点上，钟泰吸取了林希夷的观点，也将"彼"字释为上文的"此"字，却并没有把"此"字解释为"造物""真宰"或"自然"，而是认为它指代的是前文所说

---

① 郭庆藩：《庄子集释》，中华书局2012年版，第62页。

② 成疏："彼，自然也。取，禀受也。若非自然，谁能生我？若无有我，谁禀自然乎？然我则自然，自然则我，其理非远，故曰是亦近矣。"同上。

③ 林希夷：《庄子鬳斋口义校注》，中华书局1997年版，第18页。

的“喜怒哀乐，虑叹变慹，姚佚启态”这十二种心理状态，并认为正是因为有这些心理状态，与我相待而生，故称“彼”。钟泰认为，“离彼心，即不复有我”，这即是将“彼”“我”看作对待而存在的两物。[①]

方以智在《药地炮庄》中将“彼”字释为“物”，而这个物是与“我”相对待之“物”，故他说：“此正明我见本空，以对物有我。物不自物，由我而物。如我不取，物亦无有。”[②] 虽然方氏以“空”来释庄子的“我”或“我见”，显然是受佛教思想影响，从而得出大大偏离庄子宗旨的“物亦无有”的结论，但其将“我”与“物”相对，则是基本符合庄子原意的。

王夫之在《庄子解》中将此句中的“彼”字释为“外物”，并明指“彼我相待而成，如磁芥之吸于铁珀，此盖无所萌者，而抑不然：我不取则物固莫能动也”[③]。磁石与铁块的关系就是相互吸引的关系，两者不即不离，而“彼”与“我”的关系亦是如此，相待而生，相对而成。

章太炎在《齐物论释》中明确将此处的“彼”“我”作为相互对待之二物来看待，他疏解此句说：“绝待无对，则不得自知有我，故曰非彼无我。若本无我，虽有彼相，谁为能取，既无能取，即无所取，故曰非我无所取。由其以谈，彼我二觉，互为因果，曾无先后，足知彼我皆空……”[④] 值得注意的是，章太炎在其《齐物论释定本》中又补充了如下一段文字：“此因丧我之说，而论真我幻我也。庄生子綦之道，以无我为户牖，此说丧我，《逍遥游》云：‘至人无己。’《在宥》云：‘颂论形躯，合乎大同，人同而无己。无己，恶乎得有有！’《天地》云：‘忘乎物，忘乎天，其名为忘己。’皆说无我也。

① 钟泰：《庄子发微》，上海古籍出版社2002年版，第33页。

② 方以智：《药地炮庄》，华夏出版社2011年版，第127页。

③ 王夫之：《庄子解》，载王夫之《老子衍·庄子通·庄子解》，中华书局2009年版，第88—89页。

④ 章太炎：《齐物论释》，载《章太炎全集·齐物论释·齐物论释定本·庄子解故·管子余义·广论语骈枝·体撰录·春秋左氏疑义答问》，上海人民出版社2014年版，第14页。

我苟素有，虽欲无之，固不可得。我若定无，证无我已，将如乔木枯腊邪？为是征求我相名色，六处我不可得，无我所显，真如可指，言我乃与人我法我异矣。"[①] 这是将此处的"我"与《庄子》前文的"至人无己""吾丧我"以及《庄子》后文的"无己""忘己"这种"无我"的状态关联起来，从而将"彼""我"作为一副对子，正确地指出，庄子持一种"彼""我"双遣的态度，从而达到"无己""丧我"或"忘己"的"心斋""坐忘"之超越境界。

另外，钱穆在疏解《齐物论》中这句话时引严复"'彼''我'，对待之名，'真宰'，则绝对者也"[②]。这是直接将"彼""我"看作相互对待的双方。

综观上述所引历代注庄解庄者对"非彼无我，非我无所取"的解释，凡是将"彼""我"和"取"这三个关键词汇与《庄子》中其他地方出现的相同词汇对应起来理解者，几乎都能一致性地得出，这里的"彼""我"是一种对待关系，而"我"则是"吾"之所要消除之"我"，是观念和形体之"我"，观念"我"的消除，其效果即是"心如死灰"，形体"我"的消除，其效果即"形如槁木"。尤其让我们无法接受的是，郭象、成玄英的解释没有看到庄子此处真正想要说什么。庄子用"非彼无我，非我无所取"这句话强调的是，"彼""我"这种对待双方表明了有彼，才会有我；有我，才会进一步有所择取，有所择取则必定有是非观念的产生，自己所择取的，就判其为"是"，而被自己所抛弃的观念，则判其为"非"。而如果"彼""我"这种对待的关系被取消，则无彼无我，无我就无所择取，那么，庄子在《齐物论》后文所批判的是非观念也就不会出现了。这只能通过对观念之我和形体之我的消除来实现。观念"我"与形体"我"的共同消除，其效果则为"吾丧我"，也就是《庄子》前文所说之"至人无己"和后文所说之"心斋"、"坐忘"。在这里，"我"是带有"成心"的，这种"成心"使"我"有所"取"，所取者即"非彼无我"

① 章太炎：《齐物论释定本》，载《章太炎全集·齐物论释·齐物论释定本·庄子解故·管子余义·广论语骈枝·体撰录·春秋左氏疑义答问》，上海人民出版社2014年版，第83—84页。

② 钱穆：《庄子纂笺》，生活·读书·新知三联书店2014年版，第16页。

之“彼”，因为“彼出于是，是亦因彼”，况且“是亦彼也，彼亦是也”。而结合“彼亦一是非，此亦一是非”可知，根本而言，拥有“成心”的“我”真正所“取”的恰恰是“是非”：定己为是，断他为非，并且在“是非”相争的过程中，“与接为构，日与心斗”，“终身役役而不见其成功，苶然疲役而不知其所归”，终陷于“其形化，其心与之然”这种为形躯所驱使、被外物所诱导而不能自我定位、自己做主的人生大悲哀之中。

二 “吾丧我”

庄子从彼我对待中看到只有取消此对待方可摆脱如上境地。在庄子看来，取消对待的方法不是取消外物，而是要消除“我”，这即是《齐物论》开篇所提出的“吾丧我”。

关于“吾丧我”这三个字的意义，罗安宪在《庄子“吾丧我”义解》一文中有详细的考证和解释。[①] 其观点之要者有如下两点：第一，“吾”与“我”在先秦文献中有明显区别，“吾”仅是指对我这一客观存在之对象的描述，着眼的是我的外在性因素，没有突出强调主体性含义，而“我”则是带有突出强调自我之主体的含义，往往与他者或彼者相对立而存在，是一种特殊的、情意性的表达；第二，“丧”字不是庄子后文所说的“坐忘”之“忘”，而是特指原来有而后丢弃掉的意思，而“忘”只是认识或观念中的遗忘，却不是真正的丢弃。对于罗安宪的如上看法，虽然我们接受他将“吾”与“我”明显区别的这个立场，但我们最多只能有保留地承认其对“我”的部分解释，却很难认同其对“吾”和“丧”这两个字所持的观点。

从上文的分析可知，庄子明确意识到彼我对待所产生的严重后果，因此希望通过某种方式取消这种对待。庄子取消此对待之势的方式是取消“我”而不是取消物，因为按照道家自然之观点，“物”是不可能取消的，取消了物也即是取消了自然之载体，因此只能走取消

① 罗安宪：《庄子“吾丧我”义解》，《哲学研究》2013 年第 6 期。

"我"的途径。如何取消"我"呢？庄子认为，只有化解"我"的主体性，使"我"与万物齐一，也就是说，将情意之我和观念之我完全去除，令"我"与万物没有差别，让"我"变成万物之一物。如此一来，就能达到取消彼我对待的目的。但是，问题就在于，"取消""我"的这种行动本身也必须要有一个施动者才是可能的。正是在这个意义上，庄子区分了"我"与"吾"，认为"吾"是不同于"我"的且能够施加"取消""我"之行动的这样一个施动者。由此可见，庄子的"吾"无论如何也不可能是一个纯然客观的只有外在性因素的存在对象，而应该是一种自我之个体的本真性存在，是体悟了道且达至道通为一之境界的庄子意义上的圣人、神人或至人的存在形态。从另一方面来看，在将"物""我"齐一之后，如果不能留下任何与"物"不同的自我，这显然不符合庄子的本意。《庄子·缮性》篇认为："丧己于物，失性于俗者，谓之倒置之民。"也就是说，庄子反对将自我完全等同于物或消解于物，相对于物而言，自我（人）拥有绝对的优先性。[①] 所以庄子说"不以物害己"（《庄子·秋水》）、"不以物易己"（《庄子·徐无鬼》），并提出"物物者"这样的存在者："物物者非物"（《庄子·知北游》，另见《庄子·在宥》），"物物而不物于物"（《庄子·山木》），首先，这是强调"道"在存在论上的优先性；其次，这也突出了人这种存在者对于其他存在者（物）的绝对优先性地位。

如果按照罗安宪对"吾"与"我"的解释来看，"吾丧我"的意义将难以显明，因为他的解释并没有突出这两个意义相近的自我指称之间的根本差异。而关于"吾"与"我"之间是否存在根本性的区别这个问题，时人亦有分歧。有趣的是，我们在汤用彤先生所著《汉魏两晋南北朝佛教史》中，发现汤先生引用《四十二章经》的第二十章的文字如下："佛言，熟自念身中四大，名（疑是各字）自有名，都为无吾，我者寄生亦不久，其事如幻耳。"并明确强调："'无我'此译'无吾'，汉魏经典又称'非身'。盖无我仅认为精灵起灭，寄生不久，形尽神传，其事如幻。释迦教义，自始即不为华人所了

① 杨国荣：《庄子的思想世界》，华东师范大学出版社2009年版，第21页。

解。”从而将佛教的三世因果思想“误认为鬼道之一，内教外道遂并行不悖矣”。[①] 按照汤先生的考证，《四十二章经》是佛教传入中国后的第一部汉译抄佛经，且其翻译甚早，“东汉时本经之已出世，盖无可疑”，而汉晋间已有多人引用此经。[②] 汤用彤先生之所以认为“释迦教义自始即不为华人所了解”，端在于《四十二章经》将“无我”译为“无吾”，而这种译法本身无疑是受到先秦道家哲学尤其是庄子哲学的深刻影响。汉末及魏晋间，为从黑暗的政治现实中解脱出来，给心灵寻找到寄托之所，士人喜谈玄论道，尤好老庄。而东汉明帝前以及之后的魏晋时期恰恰是佛教传入中国之时，佛典就在此时开始翻译成汉语。由于佛道之间理念上似是而非的相似性，为方便计，同时亦为使佛教适应中国思想之土壤，译者在翻译佛典过程中，往往参考老庄之言，用道家概念来译佛学术语，此谓之“格义”[③]，这样，就出现了上引《四十二章经》中的有趣译法。而在“都为无吾，我者寄生亦不久”这种译法中，“吾”与“我”正是沿用了《庄子·齐物论》中“吾丧我”的区分，只不过《四十二章经》的译法与庄子“吾丧我”在区分的意义上恰恰是相反的。在《齐物论》中，“吾丧我”之“吾”是个体之本真存在，而“我”则属肉身存在和作为偏见和执见的观念存在，因此需要靠本真存在之“吾”通过心斋坐忘的工夫去除（“丧”）掉作为肉身存在和观念存在的“我”，从而达到“形如槁木，心若死灰”的精神境界。而《四十二章经》中“无吾”，按照汤用彤先生的观点，即“非身”，所以这里的“吾”即个体之肉身存在，“我者寄生亦不久”说的是作为本真存在的“我”寄生于这

---

① 汤用彤：《汉魏两晋南北朝佛教史》，上海人民出版社 2015 年版，第 61 页。

② 同上书，第 24 页。不过，吕澂先生的考证却得出了与汤用彤先生不同的结论，即认为《四十二章经》并不是佛教传入中国的第一部译抄经，而是晚于《法句经》，因为前者是从后者的汉译本中抄录出来的。详情参见吕澂《四十二章经抄出的年代》，载《中国佛学源流略讲》附录，中华书局 1979 年版，第 276—279 页。但即使吕先生的考证更可靠，也不影响本文的论证。

③ 所谓格义，即是指为了将佛典中的佛学术语尽量准确地翻译成汉语并使读者充分理解，最初的汉译者往往取中国典籍中的概念与佛学术语进行比较，把其中相类同的固定下来，从而作为理解佛学名相的规范，即“以经中事数，拟配外书，为生解之例”。参见吕澂《中国佛学源流略讲》，中华书局 1979 年版，第 45 页。

个肉身存在之中，因此，这里的区分与《庄子·齐物论》的区分在意义上是相反的。而且，《四十二章经》的译者之所以如此来译这两句话，原因就在于他并没有真正地理解佛教观念，因为此经中的“无我”是指前面所说“身中四大”虽各有名称，假名而立，却俱无自性，这里的“我”是独立自存的根据之义。故后来随着对佛教观念理解上的逐渐深入，在《四十二章经》后世流传过程中，上引经文也发生了变化，例如当今流行的经文是：“佛言：‘当念身中四大，各自有名，都无我者；我既都无，其如幻耳。’”[①] 这就与佛教观念相吻合了：各自有名，即假名而立，但都无我者，是确定它们都没有自性，即我身是空，也就是“四大皆空”。而庄子哲学中却绝没有“空”的概念。

但是，无论如何，《四十二章经》作为传入中国的第一部佛教经典，译者最初的译法却在一定程度上反映了那个时代一般人对道家哲学尤其是庄子哲学的理解，即在他（们）看来，《庄子·齐物论》中“吾丧我”表明了庄子对“吾”与“我”二者作了严格的区分，唯其如此，译者才能对佛教经文做如上译法，并产生误解，即认为佛教也有本真之我和肉身与观念之我的区别。

在《庄子·应帝王》中，蒲衣子向齧缺描述了泰氏“未始入于非人”的境界：“泰氏其卧徐徐，其觉于于。一以己为马，一以己为牛。其知情信，其德甚真，而未始入于非人。”所谓“未始入于非人”，即是强调得道之人在取消了“我”的同时，并没有使自己完全变成物（非人），而是在道的支撑之下，保存了本真之我（其知情信，其德甚真）。所以，庄子认为“圣人法天贵真，不拘于俗”（《庄子·渔父》）。庄子指出“物物者非物”（《庄子·在宥》），“物物者与物无际，而物有际者，所谓物际者也。不际之际，际之不际者也”（《庄子·知北游》），“物物者”即是“道”或得道之人，后者“以道观之”“道通为一”，也可以“与物无际”，也就是泰氏的“一以己为马，一以己为牛”，这就是在“丧我”之后作为个体存在所呈现的与物齐一的状态。“物”是有分际的，因为每一物之所以成为这个物，

① 赖永海主编：《佛教十三经》之《四十二章经》，尚荣译注，中华书局2010年版，第46页。

原因就是与其他物有所区别，这个区别就是“际”，而当齐“物我”之时，“我”与“物”没有分际，但是这个没有分际，又不是完全的混同为一，因为那个“我”还有其存在的“情信”“德真”这种本真性在那里，这是保证“未始入于非人”的前提，如果连这个前提都没有了，那么这种个体的存在就成为不可能的了。因此，“吾丧我”中的“吾”就是得道之人的本真性存在。而其中的“丧”字最堪玩味，既包含原来有而后怅然若失之义，还有虽然遗失但却又保有所遗失之“我”中的“情信”“德真”的存在，而并非完全丢弃掉。那么，这种“丧”不恰恰是“坐忘”中的“忘”吗？忘掉的是情意我、肉体我和观念我，但同时“吾”又是实施“忘”的那个主体，即一种本真性的存在又在这种“忘”之中得以保存。这即是庄子意义上的语言深层的“吊诡”（《齐物论》）。这种以“情信”和“德真”为特征的本真之人，其所遵循的不是世俗之是非、善恶和礼义观念，而是“天”，即自然，因此，“在庄子那里，‘天’相当程度地构成了本真之‘人’的实质规定”①，所以庄子也称这种本真之人为“天人”：“不离于宗，谓之天人。”（《庄子·天下》）“忘人，因以为天人矣。”（《庄子·庚桑楚》）“不离于宗”即本于天性或自然，而“忘人”即忘掉世俗之人所遵循的诸多规范与原则，包括是非、对错、善恶以及儒家的仁义，还有肉体的各种欲望和情感，等等，只有如此才能超越世俗的存在方式，而成为“天人”或本真之人。这就与“坐忘”相关，而“坐忘”是庄子通过颜回的修道进阶过程来展现的，因此我们需要进一步转向如何“离形去知”而“同于大通”这个问题。

三　坐忘：离形去知

《齐物论》开篇给我们展示的南郭子綦的“吾丧我”，是其得道之后的精神状态的呈现。但如何才能获得这样的精神状态呢？庄子认为必须打破我们的观念之限阈以及情感和欲望对心灵的宰制与约束。

---

① 杨国荣：《庄子的思想世界》，华东师范大学出版社2009年版，第29页。

庄子在《齐物论》中亦以人体感官之间的关系以及感官之上是否仍有一个真宰这样一种问题意识，表达了“与物相刃相靡，其行尽如驰，而莫之能止”的心为形役的悲惨状态，最终必将陷入“终身役役而不见其成功，苶然疲役而不知其所归”的境地。心灵为物欲所驱使，则欲望指向哪里，心灵就随之跟到哪里，庄子用这种方式说明肉体之我对心灵自我的影响，即“其形化，其心与之然，可不谓大哀乎？”而他将这种心为形役的状态判断为人生之“芒”，即人生的迷惘。无独有偶，先秦时期对这种人生状态的关注并不只是庄子，儒家人物也同样对此有所省察，例如孟子曾说：“耳目之官不思，而蔽于物，物交物，则引之而已矣。”（《孟子·告子上》）从而提出心官和耳目口鼻之官的大体小体之辨。由此可见，心物之间的关系是先秦诸子普遍关注的重大问题。当然，孟、庄虽然在某些具体表述上有重合之处，但根本旨趣和最终目标却完全不同：孟子强调大体贵于小体。这或许也是某种小大之辨，但庄子却要超越小大之辨、贵贱之分，从而在更高的层面上来看待对立的两者，从而达到“两行”，即小大、贵贱、对错等价值均停留于“天钧”① 之上而随造化自然交替流转，

---

① 韩林合在其所著《虚己以游世：〈庄子〉哲学研究》一书中对此处的“钧”字作过考证，认为这个“钧”字应是指制造陶器的机器中间的那个转轮，而不是成玄英所说“自然均平之理”。参见韩林合《虚己以游世：〈庄子〉哲学研究》，商务印书馆 2014 年版，第 77 页脚注（参见郭庆藩《庄子集释》，中华书局 2012 年版，第 79 页）。不过，韩林合先生以研究维特根斯坦著名，他也强调此书是以维特根斯坦思想为参照重新解释庄子，而其竟未察识维特根斯坦在他的晚年留下的最后笔记式文本《论确实性》中有几段话，恰可看作庄子“天钧”之后世共识：

“某些命题不容怀疑，好像就是这些问题和怀疑赖以转动的枢轴（hinges）。”（第 341 条）

“某些经验命题的真实性属于我们的参照系。”（第 83 条）

“具有经验命题形式的命题，而不仅仅是逻辑命题，属于一切思想（语言）运作的基础。”（第 401 条）

“我不能怀疑这个命题而不放弃一切判断。”（第 494 条）

以上引文参见维特根斯坦《论确实性》，张金言译，广西师范大学出版社 2002 年版。

维氏受英国经验主义影响，一再强调他的“命题”是“经验命题”，在这一点上，庄子可能与维氏有着根本差异。但承认逻辑上存在确定性（明）所必然依赖的某种基础性和本体性前提，在这一点上，庄子与维特根斯坦应该是一致的：前者用“天钧”作比喻，而后者则用“赖以转动的枢轴”（hinges on which those turn）来表达。参考 Wittgenstein，*On Certainty*，Edited by G. E. M. Anscombe and G. H. von Wright，Translated by Denis Paul and G. E. M. Anscombe，Basil Blackwell，Oxford 1969。

使“是”与“非”共在却和而不同（《庄子·齐物论》：“和之以是非而休乎天钧，是之谓两行。”），这与孟子“惟义所在”（《孟子·离娄下》）的价值选择、明辨是非的智识取向有着明显的差异。

除此之外，《齐物论》还以另外两个人物形象的对话向我们展示了观念限阈的解除方式。齧缺与王倪之间关于“子知物之所同是乎”？的对话，以王倪的三问三不知的方式揭示了对“物”的知识进路的把握的深刻反思。齧缺问他的老师王倪[①]“子知物之所同是乎？”王倪答：“吾恶乎知之！”齧缺又问：“子知子之所不知邪？”王倪又答：“吾恶乎知之！”齧缺不依不饶地接着问：“然则物无知邪？”王倪仍然答：“吾恶乎知之！”表面上看，“物之所同是”恰恰是庄子在《齐物论》中所要确定的一个观点，即齐“万物”、齐“物论”以及齐“物我”，也就是世界的统一性问题，但王倪对“物之所同是”的这样一种坚持到底的“无知”态度却又表明，庄子又不以“齐”为是。从自然角度来看，物之不齐，乃物之本然，世界本来就是纷繁复杂变化多样的，强为之齐，必然是对自然状态的公然否定甚至破坏，这样就违背了道家的基本立场。正是基于此，庄子笔下的王倪面对“物之所同是”这样的论断绝对不可能给出一个断然肯定的回答。而巧妙之处在于，庄子并没有让王倪直接面对“物”是否“同是”即“物”是否“齐”这样的问题，而是面对他知不知道“物之所同是”。齧缺这个问题已经表明，“物之所同是”是不言自明的，他想问王倪的只是，后者知道不知道这个不言自明的论断以及物之“同是”之点何在。显然，齧缺陷入了庄子所提出的“以是其所非而非其所是”的执念之中，并且更严重的是，从后面紧接着的两个问题来看，齧缺还坚执于知与不知的区别之中。由此可见，王倪三问三不知的态度首先是对齧缺提问本身的一种否定，即在王倪看来，齧缺之问本身是没有疑

---

① 《庄子·天地》：“尧之师曰许由，许由之师曰齧缺，齧缺之师曰王倪。”《庄子·应帝王》开篇记叙齧缺问王倪“四问而四不知”大喜雀跃，“行以告蒲衣子”，蒲衣子对齧缺教诲以“非人”之意，崔撰曰：“蒲衣，即被衣，王倪之师。”其实《齐物论》中王倪对于齧缺之四问，只有前三问以“吾恶乎知之？”来答，当齧缺又以“利害”相问时，王倪不再以“不知”对之，而是向齧缺描述了“至人”的生存状态，以表明“利害”这种功利性目标并不是得道之人所关注的问题。

义的。康德说："知道应该以合理的方式提出什么问题，这已经是明智与洞见的一个重要的和必要的证明。因为如果问题本身是荒谬的，并且所要求的回答又是不必要的，那么这问题除了使提问者感到羞耻之外，有时还会有这种害处，即诱使不小心的听众做出荒谬的回答，并呈现出这种可笑的景象，即一个人（如古人所说过的）在挤公山羊的奶，另一个人拿筛子去接。"① 在《庄子》文本里，提出"知不知"的问题似乎就是这样一个没有意义的问题，因此被提问者往往答非所问或竟致以沉默对待。但是面对一个没有意义的问题，王倪并不回避，而是迎上前去，给出三个连续的反问式否定回答；作为老师的王倪，这样一种态度即是在强调，对于他而言，知与不知的区别并不重要。

但是，王倪并没有就此打住，而是向齧缺提供了关于知与不知的辩证法的长篇大论。王倪说："庸讵知吾所谓知之非不知邪？庸讵知吾所谓不知之非知邪？"这是他对齧缺的"尝试言之"，即姑且说说看的意思。有时候，我们所谓的"知"往往是一种"不知"，而我们所谓的"不知"，却很可能是一种"知"。这是因为，当我们确切地对某物做出判断之后，这个判断的确然性就将此物的其他判断加以排斥。我们说这个物"是"，那它就不是"非"，反之亦然。但任何判断都是在一定的立场和前见之下做出的，立场和前见的改变往往会使得本来是合理正确的同样判断变得不合理而成为谬误，但坚执于一种立场，被自己的前见所拘囿，往往很难洞察与这种立场和前见相对立的其他识见的合理性。相对于自己的立场和前见来说，自我之知是某种真知，但若从其他立场和前见来看，自我之知却反而成为不知。王倪的两个反问，目的就是要消弭判断者所持有的立场和前见，从而给自我提供一个更为广阔的视野。从上篇《逍遥游》的立意来看，这正是庄子由"小知"走向"大知"的必要方法。

正是基于此，《齐物论》中庄子继而借王倪之言向我们描述了处于不同情境和立场从而以不同视角看相同事物而得出的不同结论，同是湿地，人与鳝的感受就完全不一样，从而对湿地的评价也不同：人

① 康德：《纯粹理性批判》，邓晓芒译，人民出版社 2004 年版，第 56 页。

非之而鳝是之；同是树梢，猿猴悠然荡乎其间，如履平地，而人则“惴慄恂懼”，胆战心惊：猿猴是之而人非之；其他如各种动物的饮食习惯，每一物种所欣赏的交配对象，以及进一步深入到仁义和是非，谁能定出唯一的能统一各家的标准呢？所谓“正处”“正味”“正色”，都是事物所处情境与我们的视角所决定的“是”之标准，脱离开具体的情境与视角，则此标准立即失效，从而就变成了“非”。在这一点上，庄子似乎与现代西方哲学中的两位哲学家是一致的，其一是尼采，他在真理观上坚持视角主义或透视主义的立场：“世界是可以有不同的解说的，它没有什么隐含的意义，而是具有无数的意义，此即‘透视主义’。”“世界是由这些生命体组成的，而且对每个生命体来说都有一个细小的视角，生命体正是由此来衡量、觉察、观看或者不观看的。”[①] 其二是海德格尔，他提出情境解释学，[②] 为后来伽达默尔的解释学基本原则奠定了前提性基础，并在其后期思想中坚持澄明、显现、揭蔽的真理观，而对本质主义和基础主义的真理观提出批判。将“是非”的标准看作情境或视角的产物，即是抽离了所是所非的基础和前提，这样一来，我们才能跳出“是非”之淆乱，从而走向消弭观念之限阈的路途。因此，王倪说：“自我观之，仁义之端，是非之涂，樊然淆乱，吾恶能知其辩！”（《齐物论》）这是打破自我之观念限阈的方式。

齧缺并未就王倪的话表示满意，而以“利害”再问王倪：“子不知利害，则至人固不知利害乎？”这是直接以世俗功利的态度来理解“至人”，对此，王倪不再回避，以“至人”的生存状态的描述回答之。至人的这种生存状态在《逍遥游》中已经有所呈现，此处重提是为了进一步揭示与“自我观之”所不同的另一重境界。“自我观之”是以“我”的视角来看待世界，这样一种视角必然携带着非常严重的自我偏向，在庄子看来，这既是“是非”观念产生的前提，也是“利害”考虑生发的根源，正如老子所说：“吾所以有大患者，为吾

---

① 尼采：《权力意志》，孙周兴译，商务印书馆 2007 年版，第 122、224 页。

② 海德格尔：《对亚里士多德的现象学解释——现象学研究导论》，赵卫国译，华夏出版社 2012 年版。

有身也；及吾无身，吾有何患？”（《道德经》第十三章）“是非”是自我的观念之限阈，而“利害”则又回到了自我的情感与欲望层面。当然，对于普通人而言，情感与欲望的层面才是更为切己的自我，所谓“其嗜欲深者，其天机浅”（《庄子·大宗师》），因此齧缺才有此问。王倪所答，“大泽焚而不能热，河汉沍而不能寒，疾雷破山、飘风振海而不能惊”，这是强调至人“神”的一面，而至人之所以能做到这种神奇绝妙，端在于至人已经摆脱了肉体情感和欲望的限制与约束，而达至化境，所谓化境，即火来则为火，水来则成水，雷来则化为闪电，风来则变成空气，热则同热，寒则共寒，如此水火雷风又如何能伤害他呢？这是对“荅焉似丧其偶”的一种形象描述，成玄英释“偶”为“匹”，认为“身与神为匹，物与我为偶也”，这是继承了郭象注的解释；[①] 俞樾认为“偶”释为“匹”不妥，因为不合后文“吾丧我”之意，而主张应遵循司马彪的解释，即“耦身也”，同时又认为“然云身与神为耦则非也。耦当读为寓。寓，寄也，神寄于身，故谓身为寓”[②]。其实这两种解释只有微弱的差异，抛开此微弱差异不论，“耦”首先为肉身则当无疑，而“荅焉”是“解体貌”，[③] 这样就与上引老子之言相一致了。至人“丧其耦”即舍弃或忘掉了肉身之欲，才能做到无“利害”而逍遥乎四海之外：“乘云气，骑日月，而游乎四海之外，死生无变于已，而况利害之端乎！”（《齐物论》）所谓“死生无变于已”仍然是强调“化”，庄子妻死鼓盆而歌（《庄子·至乐》）即是依据这一“化”境对惠施作了解释。正因为至人消弭了肉身，所以“无已”，既然“无已”，何来死生之变？正是从这个意义上来说，王倪认为至人从一开始就摆脱了“利害”的担忧。

紧接着瞿鹊子向长梧子转述孔子的话也表达了同样的意义：“圣人不从事于务，不就利，不违害，不喜求，不缘道，无谓有谓，有谓无谓，而游乎尘垢之外。”（《齐物论》）对“利害”皆淡然处之（“利害齐矣”[④]），无世俗之欲求，尤其是不去刻意地遵循道，而是达

---

① 郭庆藩：《庄子集释》，中华书局 2012 年版，第 48 页。

② 同上书，第 49 页。

③ 同上。

④ 钟泰：《庄子发微》，上海古籍出版社 1988 年版，第 56 页。

乎自然中道,[①] 当此之时，言辞（谓）已失去了其特定功能，或者说，圣人之行为方式已达至超名言之域，言说与沉默皆无可无不可，则“语默齐矣”[②]。因此《庄子·寓言》中有“终身言，未尝言；终身不言，未尝不言”之说，《列御寇》且将“不言”置于“言”之上：“知道易，勿言难。知而不言，所以之天也；知而言之，所以之人也。古之人，天而不人。”“知而不言”是默而识之，如此必无是非之辨而纯任自然（之天），反之，“知而言之”则在观念表达中必有是非之产生（之人），是非一起，何谈自然？又将陷入观念之争而樊然淆乱矣！齐“利害”、齐“道欲”、齐“语默”，这些都是“齐物论”中所内含之意，其指向则在“物论”“万物”“物我”之中。

王倪“吾恶乎知之”的不知态度以及摆脱“利害”的至人境界，包括上文所分析的瞿鹊子引述孔子之言，被庄子借颜回的话总结为“离形去知，同于大通”，也即“坐忘”（《庄子·大宗师》）。因此，无论是王倪的自认不知，圣人的“无谓有谓，有谓无谓”，还是狂屈的欲答而忘答，或者无为谓的“不知答”（《知北游》），抑或泰氏的“其卧徐徐，其觉于于”（《应帝王》），都可归于颜回的“坐忘”。[③]

四 小结：“以道观之”作为对待世界之本真方式

以上是从观念之限阈和情感与欲望的肉身宰制与约束这两个方面说明如何达到“吾丧我”。庄子最终将此归结为“以道观之”和齐“物我”，后者我们在上文中已有所论述。“以道观之”是《庄子·秋水》篇中所表达的一种观念，河伯问：“若物之外，若物之内，恶至而倪贵贱？恶至而倪小大？”北海若答以“以道观之”“以物观之”

---

① 杨国荣：《庄子的思想世界》，第48页。钟泰将“不喜求，不缘道”解释为“道欲齐矣”，与上文的“利害齐矣”相一致。

② 钟泰：《庄子发微》，上海古籍出版社1988年版，第56页。

③ “坐忘”又以“心斋”（《庄子·人间世》）为前提，此处不赘述。

“以俗观之”“以差观之”“以功观之”“以趣观之”。[①] 河伯之问着眼于如何分辨贵贱和小大，恰与《齐物论》的主旨相关联，北海若的回答对不同的观念标准加以区分，从而说明了我们为什么会有贵贱与小大之别。“物”“俗”“差”“功”“趣”均属世俗标准，而“道”则是本体标准，或曰天地标准、自然标准、终极标准。以世俗标准来看这个世界，自然会有世俗的贵贱、小大之别，而以终极标准来看这个世界，则世俗之区分自然泯灭，从而“物无贵贱”。“以道观之”要以“道通为一”（《齐物论》）为前提，也即是说，将“道”作为沟通万物为一体的统一性之本体，是我们“以道观之”的基本前提。在这里，“道通为一”之“道”是作为本体的“道”，是“无所不在”的“道”（《庄子·知北游》），是《老子》中“道之为物”（《道德经》第二十一章）的那个“道”；而“以道观之”中的“道”则是作为一种观念标准的“道”。[②] 正是从后一种意义而言，庄子才说：“是非之彰也，道之所以亏也。道之所以亏，爱之所以成。”（《齐物论》）但对于前一种意义上的“道”，即作为本体的“道”来说，却无所谓增减亏损。[③] 当然，对庄子而言，作为世界中的存在者，我们人的观念亦是其中之一物，所以作为观念标准的“道”并不与本体之“道”相违背。

“以道观之，物无贵贱”，因此破除观念之限阈和情感与欲望的肉体宰制与约束，最终需要以道作为终极标准来看待世界。庄子在《齐

① 《庄子·秋水》：“以道观之，物无贵贱；以物观之，自贵而相贱；以俗观之，贵贱不在己。以差观之，因其所大而大之，则万物莫不大；因其所小而小之，则万物莫不小。知天地之为稊米也，知毫末之为丘山也，则差数睹矣。以功观之，因其所有而有之，则万物莫不有；因其所无而无之，则万物莫不无。知东西之相反而不可以相无，则功分定矣。以趣观之，因其所然而然之，则万物莫不然；因其所非而非之，则万物莫不非。知尧舜之自然而相非，则趣操睹矣。”

② 陈少明认为“以道观之”的“道”主要是“‘观’的方式，一种视角或一种看法”，参见陈少明《〈齐物论〉及其影响》，北京大学出版社2004年版，第60页。但在庄子那里，“道”不是一般的视角或看法，而是看待所有视角与看法、评价一切观点和主张的终极标准。从这个意义上说，庄子与上文提到的尼采的视角主义或许更为类似，因为尼采也有其终极标准，即“永恒轮回”和“超人”的标准，而“永恒轮回”恰恰类似于庄子的“天钧”。

③ 成玄英持此观点，参见郭庆藩《庄子集释》，中华书局2012年版，第81页。

物论》中已经预示了“以道观之”的可能性：“众人役役，圣人愚钝，参万岁而一成纯。”所以要“和之以天倪”，郭象认为“天倪者，自然之分也”，而班固释“倪”为“研”，“天倪”即是“天研”，[①]钱穆引马叙伦“当从班固作‘天研’。《说文》：‘研，礳也。’‘天研’，犹言自然礳之。礳道回旋，终而复始，以喻是非之初无是非也”[②]。如果班固之解合于庄子，那么，这里的“研”字还有“研判”之意，而结合“是不是，然不然。是若果是也，则是之异乎不是也亦无辩；然若果然也，则然之异乎不然也亦无辩。化声之相待，若其不相待”以及“忘年忘义，振于无竟，故寓诸无竟”这样的表述来看，庄子并非要将是非完全和而同之，而是任是者为是，非者为非，自然如此则循自然之道不刻意去改变，不因他人之“声”（言辞）的变化而自己也随之变化（化声），也即是说，在庄子看来，争辩只不过是相待于他人之言辞而改变自己的言辞罢了，与其这样，还不如“若其不相待”，也即“知忘是非，心之适也”（《庄子·达生》）。所以“和之以天倪”即是以自然之分判而不以自我或他人的世俗之标准来看待世间万物，由此而使自我之内心与万物自然相适而不违，所以遵循“天倪”即是“以道观之”。

庄子通过《齐物论》消弭物我之对待，先遣是非之知，再遣明此是非之知者，又同生死，[③]一万物，通过这种方式而做到“离形去知同于大通”，且“无为名尸，无为谋府，无为事任，无为知主”（《庄子·应帝王》），将世俗的声誉、功利、权谋、操劳乃至以知识为目的的主体性统统消解，[④]从而达到“忘年忘义，振于无竟，故寓诸无竟”（《庄子·齐物论》）的游于至极无穷之域的境界。从这个意义上来看，《齐物论》最终是为获得《逍遥游》中所提出的“逍遥”、游于“无何有之乡”或者“以游无穷”境界的一种手段。

---

① 郭庆藩：《庄子集释》，中华书局2008年版，第114—115页。

② 钱穆：《庄子纂笺》，生活·读书·新知三联书店2014年版，第32页。

③ 成玄英语，参见郭庆藩《庄子集释》，中华书局2008年版，第116页。

④ “无为名尸，无为谋府，无为事任”，这是消解肉体欲望的宰制，即“离形”，而“无为知主”则是消弭观念之限阈，即“去知”。